乡村振兴战略背景下
新农民群体的新媒体空间参与与乡村社区认同感研究

庄廷江◎著

河海大学出版社
HOHAI UNIVERSITY PRESS
·南京·

图书在版编目(CIP)数据

乡村振兴战略背景下新农民群体的新媒体空间参与与乡村社区认同感研究 / 庄廷江著. -- 南京：河海大学出版社，2023.10
　ISBN 978-7-5630-8343-5

Ⅰ. ①乡… Ⅱ. ①庄… Ⅲ. ①农民－社会地位－研究－中国 Ⅳ. ①D422

中国国家版本馆CIP数据核字(2023)第171890号

书　　名	乡村振兴战略背景下新农民群体的新媒体空间参与与乡村社区认同感研究
书　　号	ISBN 978-7-5630-8343-5
责任编辑	杜文渊
文字编辑	徐　涵
特约校对	李　浪　杜彩平
装帧设计	徐娟娟
出版发行	河海大学出版社
地　　址	南京市西康路1号(邮编：210098)
电　　话	(025)83737852(总编室)　(025)83722833(营销部)
经　　销	江苏省新华发行集团有限公司
排　　版	南京布克文化发展有限公司
印　　刷	广东虎彩云印刷有限公司
开　　本	710毫米×1000毫米　1/16
印　　张	12.75
字　　数	230千字
版　　次	2023年10月第1版
印　　次	2023年10月第1次印刷
定　　价	78.00元

基金项目标注和作者简介

基金项目:

教育部人文社会科学研究青年基金项目:乡村振兴战略背景下新农民群体的新媒体空间参与与乡村社区认同感研究(编号:19YJCZH280)资助

作者简介:

庄廷江,男,山东临沂人,河海大学公共管理学院新闻传播学系副教授,新闻学博士,硕士研究生导师。主要研究领域为新闻传播史论、新媒体传播、文化产业等。近年来主持教育部人文社科青年基金项目等课题3项,参与国家社科基金等项目4项,出版专著1部,参编著作2部,发表相关研究领域学术论文近30篇。

目 录

第一章　绪论 ·· 001
　第一节　研究背景与意义 ·· 001
　第二节　核心概念说明 ·· 008
　第三节　研究主题与研究思路 ··· 016
　第四节　研究方法与资料来源 ··· 020
　第五节　统计分析方法 ·· 024

第二章　理论文献综述 ·· 027
　第一节　关于"认同"研究的国外文献梳理 ······················· 027
　第二节　关于"认同"的国内研究文献梳理 ······················· 030
　第三节　关于"农村社区认同感"的国内外研究 ··············· 037
　第四节　文献研究述评 ·· 043

第三章　新农民群体的崛起与特征 ····························· 045
　第一节　改革开放以来农村改革与新农民群体的发展壮大 ········ 045
　第二节　新农民群体的构成与规模 ································· 062
　第三节　新农民群体的特征 ·· 075

第四章　新农民群体的新媒体空间参与与身份认同 ······ 084
　第一节　新农民群体身份认同的研究背景 ······················ 084
　第二节　测量指标操作化和研究假设 ····························· 086
　第三节　新农民群体的新媒体空间参与与身份认同状况分析 ······ 091
　第四节　影响新农民群体身份认同的新媒体空间参与因素分析 ··· 108
　第五节　本章研究结论与讨论 ·· 114

001

第五章 新农民群体的新媒体空间参与与乡村社区文化认同 …………122
第一节 新农民群体的新媒体参与与乡村社区文化认同的研究背景 ………………………………………………………………122
第二节 测量指标操作化和研究假设 ……………………125
第三节 新农民群体的乡村社区文化认同现状分析 ……………129
第四节 影响新农民群体乡村社区文化认同的新媒体空间参与因素分析 …………………………………………135
第五节 本章研究结论与讨论 ……………………140

第六章 新农民群体的新媒体空间参与与乡村社区归属感 …………145
第一节 新农民群体乡村社区归属感的研究背景 ……………145
第二节 测量指标操作化和研究假设 ……………………147
第三节 新农民群体的乡村社区归属感现状分析 ……………151
第四节 新农民群体乡村社区归属感的影响因素分析 ……………159
第五节 本章结论与讨论 ……………………164

第七章 基于新媒体空间的新农民群体乡村社区认同感提升策略 ……171

附录一 调查问卷 ……………………………………178
附录二 访谈提纲 ……………………………………182
附录三 被访人员基本信息 ……………………………183
附录四 农业规模化标准 ………………………………185

第一章 绪论

第一节 研究背景与意义

一、研究背景

农为邦本,本固邦宁。我国是一个农业大国,农业、农村、农民问题(简称"三农"问题)是关系国计民生的根本性问题,更是影响中国现代化进程的关键性问题。1978年改革开放以来,农村率先实施了家庭联产承包责任制改革,家庭联产承包增强了农民生产的主体性和积极性,农村生产力得到空前解放,农业得以快速发展。然而由于历史和现实的各种因素的影响,自20世纪90年代以来,"三农"问题开始暴露凸显。进入21世纪以来,伴随着中国改革开放的扩大,国民经济实现高速增长,国家综合实力显著提升。但"三农"危机依然没有得到根本好转,"农业农村仍然是我国现代化建设的短板"[①]的现状仍然没有根本改观,城乡社会发展失衡的状态依然存在。

为了解决"三农"问题,1998年党的十五届三中全会提出了"建设有中国特色社会主义新农村"的战略目标。2002年党的十六大规划了"全面建设小康社会"宏伟目标,提出"统筹城乡经济社会发展,建设现代农业,发展农村经济,增加农民收入,是全面建设小康社会的重大任务",从而把"有中国特色社会主义新农村"建设提高到了新的历史高度。2006年3月颁布的《国民经济和社会发展第十一个五年规划纲要》,指出"建设社会主义新农村"是我国现代化进程中的重大历史任务,提出要从社会主义现代化建设全局出发,统筹城乡区域发展。坚持把解决好"三农"问题作为重中之重,要按照"生产发展、生活宽裕、乡风文明、村容整洁、管理民主"的要求,扎实推进社会主义新农村建设。建设社会主义新农村成为贯彻落实科学发展观的重大举措。2017年

[①] 习近平:《加快建设农业强国推进农业农村现代化》,《求是》2023年第6期。

10月党的十九大报告提出实施乡村振兴战略。乡村振兴战略由此成为新时代"三农"工作的总抓手、新旗帜和大战略。2018年2月中央下发了《关于实施乡村振兴战略的意见》，指出全面推进实施乡村振兴战略，不仅关系到农业农村现代化的实现，更是实现中国式现代化的关键所在。要求"按照产业兴旺、生态宜居、乡风文明、治理有效、生活富裕的总要求，建立健全城乡融合发展体制机制和政策体系，统筹推进农村经济建设、政治建设、文化建设、社会建设、生态文明建设和党的建设，加快推进乡村治理体系和治理能力现代化，加快推进农业农村现代化，走中国特色社会主义乡村振兴道路，让农业成为有奔头的产业，让农民成为有吸引力的职业，让农村成为安居乐业的美丽家园"。[①] 这一战略，显示了党要从根本上彻底解决新时代城乡差别、乡村发展不平衡等"三农"问题的决心。

"三农"问题是关系整个国民经济的非常复杂的系统性社会矛盾，其核心是农民问题，即关于"谁来种地"的问题。这是解决"三农"问题的关键，更是实现乡村振兴战略目标的瓶颈。进入21世纪以来从2004年到2022年，中共中央国务院已经连续发布了19个部署和指导"三农"工作的中央一号文件。这19个中央一号文件在指导思想和内容体系上都是一脉相承的，构成了完善的惠农富农强农的政策体系。在这一系列中央一号文件中，发展现代农业，加大农民技能培训，培育新型农民，强化农民在农业发展中的主体地位，一直是历年文件中发展农村经济不变的遵循。如果说解决"三农"问题是全党工作的"重中之重"，那么培育新农民，则是实施乡村振兴战略、解决"三农"问题的"重中之重"。

中国正在经历一个农业现代化和农村发展模式急剧转型的过程。新农民作为中国农村现代农业发展的主力军，他们在促进创业、解决农村剩余劳动力、提升农村社会活力等方面发挥着积极的作用。新农民群体规模的持续扩张，不仅能够推动农业经济结构的快速转型和升级，而且还能够增加社会流动的机会、促进社会结构的合理化。新农民群体作为农村改革开放与农村社会变迁中产生的庞大社会群体，他们既是当前农村社会转型、农业结构升级的时代产物，更是国家新农村建设、乡村振兴战略的政策产物。他们在农村改革开放振兴发展的洪流中，承载与见证着中国农村经济的发展和农村社

---

① 《中共中央国务院关于实施乡村振兴战略的意见》，http://www.gov.cn/zhengce/2018－02／04/content_5263807.htm? isappinstalled=0

会的进步与变迁。他们是有知识、懂经营、会管理、爱学习,并且运用网络信息科学技术、尊重科学发展生产规律的农业产业带头人。他们是践行推动"三农"新发展、推动食品安全事业发展,承担历史使命、更有行动力的人。他们不仅拥有比一般农民更加灵活的农业经营理念,而且还拥有更加雄厚的资本实力和更高的新媒体素养,懂得如何让自己的经营搭上网络营销快车。他们的发展动态与社会融合的状况与农村农业的现代化、信息化、网络化发展息息相关。毋庸置疑,随着农业农村现代化信息化的发展,农村社会结构转型是必然的,这必然会进一步引起涉农社会成员关系的转换,其中新农民群体的身份变化最为剧烈。政策制度安排或社会流动带来的新社会身份的出现,使新农民群体的身份归属更加多元化和模糊化。这预示着,社会结构的转型极有可能导致新农民群体的乡村社区认同发生系统性变化,以及随之出现的乡村社区认同困境。与此同时,从农村社区发展来看,改革开放以来,由于生产方式的转变,快速的城市化,现代信息技术的发展以及国家基层治理的转型等因素,农业发展最重要的劳动力要素大规模地向城市和非农产业集中。据国家统计局数据,2001年全国乡村人口约为79 563万人,到2020年全国农业劳动人口已经下降到50 979万人左右,下降幅度达到36%。[1] 由此导致了农村新阶段的新"三农"问题即"农村空心化""农业边缘化""农民老龄化"。[2] 农村人口的大量流失,最终导致了"我国农村社区认同总体趋向消解"。[3] 然而乡村振兴战略20字总要求是"产业兴旺、生态宜居、乡风文明、治理有效、生活富裕",乡村振兴绝不只是产业振兴,它是乡村社会的一个全面全方位振兴。新农民群体作为乡村振兴的骨干力量,面对"空心化"的乡村,他们对乡村社区的认同感急剧下降。"经济进入,社会拒入"成为新农民群体的普遍心态。由此导致乡村全面建设与治理主体的根本缺位,这成为乡村全面振兴亟待解决的问题。[4] 没有农民群体的乡村社区认同,就不会有乡村的全面振兴。面对农民群体乡村社区认同感消解的状况,学界展开了诸多研究,为重建乡村社区认同开出了许多"药方"。

随着互联网和智能手机在农村的普及,一个被新媒体支配的社会图景正

---

[1] 国家统计局:《2022年国民经济顶住压力再上新台阶》,http://www.stats.gov.cn/xxgk/sjfb/zxfb2020/202301/t20230117_1892123.html
[2] 项继权、周长友:《"新三农"问题的演变与政策选择》,《中国农村经济》2017年第10期。
[3] 吴理财:《农村社区认同及重构》,《中共天津市委党校学报》2011年第3期。
[4] 葛燕林:《村落过疏化与乡村认同重建》,《中国浦东干部学院学报》2015年第6期。

在被缓缓展开。为全面推进党的十九大提出的乡村振兴战略,中共中央办公厅、国务院办公厅于2019年5月印发了《数字乡村发展战略纲要》。在这一战略的推动下,我国农村网络基础设施实现全覆盖,农村通信难问题得到了历史性解决。截至2021年底,全国行政村通宽带比例达到100%,通光纤、通4G比例均超过99%,基本实现农村城市"同网同速"。5G加速向农村延伸,截至2022年8月,全国已累计建成并开通5G基站196.8万个,5G网络覆盖所有地级市城区、县城城区和96%的乡镇镇区,实现"县县通5G"。2021年农村居民平均每百户接入互联网移动电话229部,比上年增长4.4%。截至2022年6月,农村网民规模达2.93亿,农村互联网普及率达到58.8%,是"十三五"初期的两倍,城乡互联网普及率差距缩小近15个百分点。数字乡村战略的实施给农村带来了全方位的影响。数字育种探索起步,智能农机装备研发应用取得重要进展,智慧大田农场建设多点突破,畜禽养殖数字化、规模化、标准化同步推进,数字技术支撑的多种渔业养殖模式相继投入生产,到2021年农业生产信息化率已经达到25.4%。不仅如此,农村网络基础设施建设还推动了农村经济提质增效,激发乡村旅游、休闲农业、民宿经济、农村电商等乡村新业态蓬勃兴起。[1] 农村社会已经由传统社会转变成为"媒介化社会"。芝加哥学派的先驱人物帕克把"媒介化社会"简明地概括为"传播创造并维系社会",即媒介对公众日常生活具有全方位的渗透、影响和控制作用。[2] 媒介强大的社会建构作用使媒介成了社会活动的决定性力量,人类的工作、生活、游戏等互动不仅以媒介为工具而且在某些方面也会受媒介的支配。现代新媒体所表现出的巨大赋权和赋能作用,甚至超越了传统的"第四权力"定位,成为当今世界的第一"权贵"。[3]

新媒体"引发社会变革的力量逐渐在农村呈现,新媒体强大的催酶作用加快了农村社会的新陈代谢"。[4] 以互联网和智能手机为主要载体的新媒体在农村的迅速普及,打破了传统乡村社会交往空间的阻隔,重建了农村社会关系结构,重塑了农村社会文化,重构了农业生产经营方式。基于地缘、血缘和业缘基础搭建的各种新媒体社交平台将外出打工、移居外地以及在村务农

---

[1] 农业农村部信息中心:《中国数字乡村发展报告(2022年)》,国家互联网信息办公室网站:http://www.cac.gov.cn/2023-03/01/c_1679309718486615.htm

[2] 张淑华、何秋瑶:《媒介化社会与乡村振兴中的新媒体赋权》,《新闻爱好者》2020年第12期。

[3] [美]曼纽尔·卡斯特:《网络社会的崛起》,夏铸九、王志弘等译,北京:社会科学文献出版社,2001年,第5~6页。

[4] 李卫华:《新媒体发展与农村社会的新陈代谢》,《河南大学学报(社会科学版)》2011年第5期。

的"离散化"村民吸聚到同一网络公共空间之中,这不仅为大家交流互动提供了"共同在场"的可能,也为提高其乡村社区认同感提供了良好的契机。

基于上述背景,本课题深入探讨新农民群体在国家乡村振兴战略下,在农业现代化转型和农村社会媒介化变迁过程中乡村社区认同的特征与变化。这一研究有助于更好地把握新时期新农民群体的价值取向、社会观念及乡村社区认同的变化趋势,进而探索更为契合农村社会媒介化特征的乡村社会整合机制。

具体而言,本课题聚焦以下问题:

新农民群体是在国家相关制度和政策的扶持下成长起来的,在现有的乡村振兴战略和国家急切破解"三农"问题的政策环境中,他们具有怎样的乡村社区认同感?新媒体空间参与对他们的乡村社区认同有怎么样的影响?他们是否认同国家制度政策以及自身农业实践建构出的身份?他们在乡村社会的嵌入程度如何?新媒体空间参与是否有助于他们在乡村社会的嵌入?乡村社区认同在他们所从事的现代农业中发挥着怎样的作用?在农村新媒体普及的背景下,他们的乡村社区认同的生成机制是怎样的?在推进乡村振兴战略背景下,大力推进乡村社区建设,到底应该如何发挥国家、媒体与新农民等各种乡村力量的作用?

二、研究意义

本研究从新媒体使用与乡村社区认同视角考察新农民群体的社会心态、价值和行为取向问题。本研究有助于破解"三农"工作中遇到的问题和促进农村的发展、农业的现代化,也有助于深入探讨乡村治理的理论研究,具有理论和实践的双重意义。

第一,有助于丰富新农民群体的理论研究。

新农民群体研究对于乡村振兴战略的实施和农村农业的现代化发展有着重大的影响。随着乡村振兴战略的全面实施,新农民群体进入了快速扩张壮大的阶段,新农民群体将会越来越受到政府部门和社会各界关注,成为一个重要的社会议题。当前来自经济学、社会学、政治学等各个学科领域的专家学者纷纷对新农民议题进行了细致深入的探讨,形成了一批非常有价值的理论成果。但目前学界对其研究几乎全部是从农村产业发展的角度去考察的,这一群体的心态、信仰和价值取向几乎无人涉及。认同作为一个重要的研究视角被广泛应用于对特定社会群体的考察。从乡村社区认同的视角去考察新农民这一群体的社会心态、价值和行为取向,无疑是有价值的。因此本研究在一定程度上可以丰富新农民群体的理论研究。从另一个角度而言,本研究也可丰富中国特定语境中社会认同的研究内容。乡村振兴战略的实施与新农村建设的推进使包括新农民群体在内的农业经营者都不再单一被动地归属于社会的某一个阶层、某一个位置。在面对国家制度政策和自身实践建构出的身份归属和未来发展困惑时,他们会主动地寻找和建构自己的社会身份和社会关系,由此导致他们的社会身份、社会关系以及共同体归属问题都发生了很大的变化,并产生了许多新的认同体验。因此本项目可以丰富有关社会认同的研究。

第二,有助于为解决当前"三农"工作中的问题提供决策参考。

"三农"问题始终是我国社会主义革命、建设与改革的根本问题,始终是一个关系我们党和国家事业全局的根本性问题,也是贯穿社会主义现代化建设全过程的根本问题。"得农村者得天下""农村的作用是个变数,它不是稳定的根源,就是革命的根源"。[①] 21世纪以来,中央连续19年的一号文件都是聚焦"三农"问题,部署和指导"三农"工作,这表明解决"三农"问题已是一个重大而迫切的问题,已成为党和国家工作的重中之重。解决"三农"问题的核心是人的问题,即依靠哪些人来发展农业、建设农村。毫无疑问,新农民是农业农村现代化发展的骨干力量,也是党和国家解决"三农"问题的重要抓手。然而,新农民群体的生存状态和社会地位存在着明显的张力。由于具有较先进的经营理念和一定的资本积累,新农民群体面临着向上偏移的阶层认同。在面对高度不确定的现代农业经营风险时,新农民群体的社会心态以及具体行为,又都表现出较强的不确定性。与此同时,随着国家乡村振兴战略的全面推进,新农民群体将日益扩大,如果他们在乡村社区认同过程中出现波折与阻碍,则可能会引发一系列问题,这些问题如果不能得到及时解决,可能会使乡村振兴战略实施的效果大打折扣。如在国家政策的支持下,从2008年起,广大农村兴起了以新农民为带头人的农业合作社创办高潮。其中有极少部分合作社办社不是为了发展生产和增加成员利益,而是为了享受国家优惠政策。有的甚至套取补贴,空有其表,不仅没有为成员提供相关农业生产经营服务,更没有带动普通农户增收致富,成为有名无实的"空壳社"。[②] 有的地

---

① [美]塞缪尔·亨廷顿:《变化社会的政治秩序》,王冠华等译,北京:生活·读书·新知三联书店,1989年,第267页。
② 陈晓华:《突出扶持重点,切实增强新型农业经营主体发展带动能力》,《农业经济问题》2020年第11期。

区,部分新型农业经营主体因获得国家相关补贴少,抗风险能力差,持续经营意愿低。① 有的地区,农业产业资本进入后并不利于小农户发展,易产生挤兑效应,加剧农户生产生存空间恶化,滋生新的农地矛盾和农业生产问题。②"认同是连接社会结构和个人行动的一个关键概念。如此,对行为的预测就需要对自我和社会结构之间的关系加以分析。"③客观地讲,乡村社区认同不能包治乡村百病,但它又的确具有某些实在的意义,在保障个人的本体性安全、维系社会和谐方面能够发挥非常重要的作用。④ 因此,研究考察新农民群体的社会心态、行为取向,探索新农民群体乡村社区认同建构的有效路径,有利于调整新农民培育政策供给,化解新时期"三农"工作中的新矛盾和新问题,从而促进乡村社会的和谐稳定发展。

第三,为解决乡村治理问题提供理论参考。

"乡村治理是指如何对中国的乡村进行管理或中国乡村如何可以自主管理,从而实现乡村社会的有序发展。"⑤乡村是国家的缩影,没有乡村的有效治理,就谈不上国家社会治理能力的现代化。改革开放以来,随着农村经济的发展,农村居民的社会流动性加强,农村社会结构进入一个巨变的时代。在这个时代"各种新的外生性制度不断地进入乡村社会,冲击、荡涤着乡村社会的小传统,在传统与现代的碰撞与交织中,乡村治理所面对的规则体系正在发生巨大的变革。"⑥因此,当前中国的乡村治理问题比以往任何时候都更加复杂。新农民群体是随着农村改革开放和农业现代化战略政策的实施而成长起来的一个新的社会群体。与传统农民不同,新农民群体具有超前的经营意识和敢于尝试的创新精神,他们以市场机制与效率逻辑为生产生活的主导性逻辑,在农村社会发展以及农业产业的现代化进程中扮演着越来越重要的角色。但与此同时,也应该看到"社会结构的高度分化与定型化带来的民众诉求的差异性和多样性

---

① 胡轶欤、霍学喜、孔荣:《新型农业经营主体培育:政策演变与实践响应》,《经济与管理研究》2022年第8期。

② 李宁、周琦宇、汪险生:《新型农业经营主体的角色转变研究:以农机服务对农地经营规模的影响为切入点》,《中国农村经济》2020年第7期。

③ MchaelA. Hogg, DeborahJ. Terry, KatherineM. White, "A Tale of Two Theories: A Critical Comparison of Identity Theory with Social Identity Theory" Social Psychology Quarterly Vol. 58, No. 4, 1995, pp. 255-269.

④ 李友梅、肖瑛、黄晓春:《社会认同:一种结构视野的分析》,上海:上海人民出版社、格致出版社,2007年,第10页。

⑤ 贺雪峰:《乡村治理研究的三大主题》,《社会科学战线》2005年第1期。

⑥ 贺雪峰、董磊明、陈柏峰:《乡村治理研究的现状与前瞻》,《学习与实践》2007年第8期。

日益增强,社会群体在不断重组的同时其价值取向也呈现多变状态;社会的快速流动、利益格局及资源配置方式的深刻调整导致社会多主体之间关系的高度复杂化,并带来更加多样化的社会矛盾与冲突。"[1]新农民群体作为一个新兴社会群体,其较强的流动性、群体构成的复杂性、利益诉求的多元性以及其社会心态的多样性等,都必然会给农村社会治理带来很大的挑战。因此,探索构建更具包容性、灵活性的农村社会治理体系和社会秩序,特别是将日益发展壮大的新农民群体整合到农村社会的核心结构中来成为一个非常重要的问题。单纯以经济发展为导向的新农民群体研究难以发现并清晰勾勒农村社会治理转型所面临的深层挑战与实践路径。本课题研究从微观角度出发,基于乡村社会流动性增强、乡村社区离散化的现实,探索乡村社会借助移动互联网"再造乡村社区"以增强新农民群体的乡村社区认同感的内在机理,无疑有助于"探索并生发出兼顾秩序与活力的新机制"。[2] 因此,该研究不仅可以丰富社区传播研究,而且对当前乡村社区建设和乡村社会治理具有现实借鉴意义。

第二节 核心概念说明

对于社会科学研究来说,厘清基本概念尤为重要。正如美国政治学家阿兰·艾萨克所言"科学开始于描述世界的概念的形成……凡是要解释的必须首先进行描述,在逻辑上是什么的问题先于为什么的问题;回答是什么的问题是在对世界现象的叙述、分类、整理、比较和量化的概念框架之中进行的"。[3] 因此,界定概念就成了社会科学研究的起点。在本研究中,"新农民""新媒体空间"等都是核心概念,需要一一界定说明。

一、新农民

关于"新农民"这一概念,与之相关的概念有"职业农民""新型农民""新

---

[1] 李友梅、肖瑛、黄晓春:《当代中国社会治理转型的经验逻辑》,《中国社会科学》2018年第11期。

[2] 张明军、陈朋:《中国特色社会主义政治发展的实践前提与创新逻辑》,《中国社会科学》2014年第5期。

[3] [美]阿兰·艾萨克:《政治学的视野与方法》,张继武、段小光译,南京:南京大学出版社,1988年,第97页。

型职业农民""高素质农民""新农人"等。这些概念在内涵上有所差异,在外延上又多有交叉,非常有必要对其进行说明。新农民是农民群体中最先进的生产力代表,是我国农村社会经济发展到一定阶段的客观产物,一般意义上,泛指在生产经营方式上不同于传统农民的新的种植和养殖经营者。

"新农民"是一个具有强烈的时代色彩的概念,同时也是国家政策不断建构的产物。进入 21 世纪后,为推进农业现代化进程,2005 年底,农业部发布了《关于实施农村实用人才培养"百万中专生计划"的意见》,文件指出农村实用人才培养"百万中专生计划"的培养对象是:"农村劳动力中具有初中(或相当于初中)及以上文化程度,从事农业生产、经营、服务以及农村经济社会发展等领域的职业农民。"在文件中使用了"职业农民"这个概念。在此,职业农民是指"具有中专学历的从事种植、养殖、加工等生产活动的人才,以及农村经营管理能人、能工巧匠、乡村科技人员等实用型人才"。[1] 显然,提出"职业农民"这个概念是针对传统农民而言,意在强调农民的职业性和专业性,从而淡化农民的身份意识。

党的十六届五中全会提出了建设社会主义新农村的重大历史任务后,2006 年中央一号文件《关于推进社会主义新农村建设的若干意见》提出了"新型农民"这个概念。文件指出"提高农民整体素质,培养造就有文化、懂技术、会经营的新型农民,是建设社会主义新农村的迫切需要。"[2]"有文化、懂技术、会经营"成为新型农民的核心特征。随后,在《中共中央国务院关于积极发展现代农业扎实推进社会主义新农村建设的若干意见》、十七大报告、《关于加快发展面向农村的职业教育的意见》等政策文件中都使用了"新型农民"这个概念。由于"职业农民""新型农民"两个概念提出的时间非常接近,很多人认为这两个概念都是指向同一群体,只是称谓不同而已。事实上,这两个概念内涵还是存在着很大的差异,与"职业农民"着重突出强调职业化和专业化特征不同,"新型农民"则高度强调"现代化"和"时代性",它是一个宏观概念,泛指"从事现代农业的农民",其指涉范围远大于职业农民。[3]

立足中国农村劳动力结构的新变化,着眼现代农业发展的新需求,官方

---

[1] 关于实施农村实用人才培养"百万中专生计划"的意见,农业农村部网站:http://www.moa.gov.cn/nybgb/2005/dseq/201806/t20180618_6152565.htm

[2] 中共中央国务院关于推进社会主义新农村建设的若干意见,中央人民政府网站:http://www.gov.cn/govweb/test/2008-08/20/content_1075348_2.htm

[3] 康红芹:《新型职业农民:概念辨析与内涵新解》,《当代职业教育》2018 年第 5 期。

政策文件中又提出了"新型职业农民"概念。这一概念的提出是在 2012 年中央一号文件《关于加快推进农业科技创新持续增强农产品供给保障能力的若干意见》中。2017 年农业农村部制定的《"十三五"全国新型职业农民培育发展规划》对"新型职业农民"概念作了相对明确的界定："新型职业农民是以农业为职业、具有相应的专业技能、收入主要来自农业生产经营并达到相当水平的现代农业从业者。"[①]在随后的"两会"中,习近平总书记在四川代表团参加审议时用"爱农业、懂技术、善经营"九个字阐释了新型职业农民的特点。此后在政府颁发的《新型职业农民培育试点工作方案》《新型职业农民培育试点工作的指导意见》、"十三五"规划纲要、2013—2018 年中央一号文件、《"十三五"全国新型职业农民培育发展规划》等相关重要文件中都使用了"新型职业农民"这一概念。"新型职业农民"并不是简单地把"职业农民"和"新型农民"两个概念进行叠加,而是把这个两个概念的核心意蕴有机地结合起来,既具有"职业农民"概念所强调的"职业化"和"专业性",又具有"新型农民"概念所强调的"现代化"和"时代性",同时也具有"职业农民"和"新型农民"共同强调的自由、平等的观念。可以认为,新型职业农民将职业农民和新型农民结合起来,实现了"从传统向现代、从身份向职业、从兼业向专业、从强制向自由、从自足向市场的巨大转变。"[②]

"高素质农民"这一概念的提出是在党的十九大提出乡村振兴战略后。2019 年 8 月 19 日,《中国共产党农村工作条例》正式实施。《条例》明确提出"培养一支有文化、懂技术、善经营、会管理的高素质农民队伍,造就更多乡土人才",由此提出了"高素质农民"这一概念。与此前提出的概念相比,"高素质农民"这一概念更加尊重农民农业农村现代化建设的主体地位和首创精神,体现了中央切实保障农民物质利益和民主权利的考虑。同年,农业农村部办公厅、教育部办公厅印发《关于做好高职扩招培养高素质农民有关工作的通知》,启动实施"百万高素质农民学历提升行动计划"。随着农业农村现代化推进步伐加快,高素质农民培育已经越来越提上议程。《2019 年全国高素质农民发展报告》明确列出高素质农民主要包括六大类群体:一是农业经理人,主要是指在农民合作社等农业经济合作组织中,从事农业生产组织、设备作业、技术支持、产品加工与销售等管理服务的人员。二是新型农业经营

---

① 农业农村部关于印发《"十三五"全国新型职业农民培育发展规划》的通知. http://www.moa.gov.cn/nybgb/2017/derq/201712/t20171227_6131209.htm
② 康红芹:《新型职业农民:概念辨析与内涵新解》,《当代职业教育》2018 年第 5 期。

主体带头人,主要是指种养大户、家庭农场经营者、农民合作社负责人、农业社会化服务组织骨干等。三是产业扶贫带头人,主要是指发展农业产业、示范带动当地贫困户实现脱贫致富的各类人才。四是农村实用人才带头人,主要是指参加中组部、农业农村部农村实用人才带头人和大学生村官示范培训,并在产业发展和乡村治理等方面发挥重要作用的农村实用人才。五是农村创业创新带头人,主要是指返乡下乡进行创业创新的农民工、大学生、退役士兵、农业科技人员、农村能人、农村青年等。六是乡村振兴带头人,主要是指推动乡村产业振兴、文化振兴、生态振兴、组织振兴的各类人才,重点是村支部书记、村主任等村"两委"负责人。可见高素质农民是泛指活跃在乡村发展的各领域,实现乡村振兴的各种力量。[1]

从"职业农民""新型农民""新型职业农民"到"高素质农民"概念的变迁,反映了农业现代化对"新农民"素质要求的提高。从最初对劳动力特征的关注到对知识技能的要求,再到如今对农民行为方式和社会参与度的全面考虑。现代化农业发展所需要的"新农民"已经不再是单纯的职业化农民,而是涉及知识管理、科技创新、社会参与等多个方面的高素质农民。

此外,在学界,有学者用"新农人"这一概念指代农业现代化进程中农村出现的这一新的农业经营群体。然而对"新农人"这一概念,也没有清晰的界定,不同的学者有不同的看法。2015年,阿里研究院发布的《中国新农人研究报告(2014)》指出,"新农人"具备互联网基因、创新基因、文化基因、群体基因等4个新基因,从狭义层面,该报告认为"新农人"指的是以互联网为工具,从事农业生产、流通、服务的人,其核心是"农业+互联网"。广义层面的"新农人",指的是具备互联网思维,服务于三农领域的人,其核心是"三农+互联网"。这里指的服务,不仅包含生产经营相关服务,也包括监管服务、研究服务等。[2] 徐旭初认为新农人的本质特征不在于是否从事农业,而在于他们是否运用新的生产方式从事农业,目前在很大程度上体现在"互联网+农业"上。[3] 陈亮认为新农人是以互联网为核心,从事农业相关产业的生产者、流通者、服务商,即借助互联网用心发展农业的人。[4] 与以上学者侧重强调"新农

---

[1] 农业农村部科技教育司、中央农业广播电视学校:《2019年高素质农民发展报告》,北京:中国农业出版社,2019年。
[2] 阿里研究院:《2014年中国新农人研究报告》,2015年,第63~71页。
[3] 徐旭初:《新农人来啦!》,《中国农民合作社》2015年第10期。
[4] 陈亮:《新农人:中国未来农业的中坚力量》,《中国农村科技》2015年第3期。

人"的互联网经营特征不同,杜志雄则认为新农人指的是那些在农业全产业链上从事生态农业生产、产品营销或为生态农业生产与营销提供服务和支持的企业和自然人。新农人与其他主体最大的不同之处就是按照生态的方式进行农业生产,如果不具备这项本质特征,就不能称其为新农人。[1] 此外,中国社会科学院信息化研究中心主任汪向东认为,"新农人"可以用三个"新"来定义,第一,农民新群体,这个群体以农为业。第二,农业新业态,他们以农为业,不是再延续传统的做法,而是采用一种新的生产和经营方式。第三,农村的新细胞,这个群体主要在农村活动,从而构成当今情况下农村生命机体的新细胞,这个细胞原来是没有的。[2]

由以上可见,"新农民"概念暂时还没有统一的定义,其内涵也随着官方政策导向多有变迁。本研究中的"新农民"概念,涵盖在官方政策文件中先后出现的"职业农民""新型农民""新型职业农民""高素质农民"等概念,也与学界提出的"新农人"概念相通。

在新农民的硬性指标方面,本研究以农业农村部对新农民的认定标准为标准。农业农村部规定种养大户认定的标准必须同时满足以下两个条件:1.家庭可支配收入/家庭劳动力≥39 251元;2.家庭经营收入/家庭全年总收入≥50%。39 251元为2018年全国城居民人均可支配收入。另根据《第三次全国农业普查主要数据公报》(第一号),规模农业经营户是指具有较大农业经营规模,以商品化经营为主的农业经营户。其中种植业的界定标准是:一年一熟制地区露地种植农作物的土地达到100亩及以上、一年二熟及以上地区露地种植农作物的土地达到50亩及以上、设施农业的设施占地面积25亩及以上。畜牧业的界定标准是:生猪年出栏200头及以上;肉牛年出栏20头及以上;奶牛存栏20头及以上;羊年出栏100只及以上;肉鸡、肉鸭年出栏10 000只及以上;鸡蛋、鸭蛋存栏2 000只及以上;鹅年出栏1 000只及以上。对于其他类规模农业经营户的界定依据包括具体行业、规模等因素,考虑到经营内容的复杂性,公报提出了简单界定标准:全年农林牧渔业各类农产品销售总额达到10万元及以上的农业经营户即可认定为规模农业经营户。[3]

---

[1] 杜志雄:《"新农人"引领中国农业转型的功能值得重视》,《世界农业》2015年第9期。
[2] 汪向东:《"新农人"与新农人现象》,《新农业》2014年第1期。
[3] 《第三次全国农业普查主要数据公报(第一号)》,中央人民政府网站,https://www.gov.cn/xinwen/2017-12/14/content_5246817.htm

二、新媒体空间

新媒体(New Media)一词,最早见于加拿大学者麦克卢汉在20世纪50年代的一次演讲:"电子革命:新媒体的革命影响"。他只是以时间维度作为衡量媒体新旧的标准,认为电报、照片、广播等都属于新媒体。1967年美国哥伦比亚广播电视网技术研究所所长 P·Goldmark 在其一份商品开发计划中,再次使用了"新媒体"这一概念。1969年,美国传播政策总统特别委员会主席 E·Rostow 向当时的美国总统尼克松提交的报告书中,也多次使用"新媒体"一词。[1] 此后随着这一概念的广泛应用,关于"新媒体"概念的定义争议也越来越多。国内外专家学者以及业界人士迄今各执一词,没有达成一致意见。20世纪90年代,联合国教科文组织曾给新媒体下过一个简洁的定义:"新媒体就是网络媒体"。据此,有学者把新媒体概念定义为"以数字技术为基础,以网络为载体进行信息传播的媒介"。有学者认为新媒体就是建立在计算机信息处理技术和互联网基础之上,发挥传播功能的媒介总和,它不仅具有报纸、电视、电台等传统媒体的功能,还具有交互、即时、延展和融合的新特征。[2] 还有学者认为,从内涵方面看,新媒体是指20世纪后期在世界科学技术发生巨大进步的背景下,在社会信息传播领域出现的建立在数字技术基础上的,能使传播信息大大扩展、传播速度大大加快、传播方式大大丰富的,与传统媒体迥然相异的新型媒体。就外延而言,新媒体包括了光纤电缆通信网、有线电视网、图文电视、电子计算机通信网、大型电脑数据库通信系统、卫星直播电视系统、互联网、手机短信、多媒体信息的互动平台、多媒体技术广播网等。[3] 学者匡文波认可《Online》杂志给"新媒体"下的定义:"由所有人面向所有人进行的传播"。并认为"数字化""互动性"是新媒体的根本特征。[4] 以上学者基本上是从传播技术的角度给新媒体下的定义,这些定义强调了科学技术在新媒体发展过程中的作用。与强调技术的学者不同,喻国明认为应该从传播层面对新媒体这一概念进行解读。他认为,理解新媒体概念需要从数字化、碎片化、话语权共享、全民出版四个方面解读,新媒体意味着技术的进步、

---

[1] 陈刚:《新媒体与广告》,北京:中国轻工业出版社,2022年,第1页。
[2] 熊澄宇、廖毅文:《新媒体——伊拉克战争中的达摩克利斯之剑》,《中国记者》2003年第5期。
[3] 蒋宏、徐剑主编:《新媒体导论》,上海:上海交通大学出版社,2006年,第14页。
[4] 匡文波:《"新媒体"概念辨析》,《国际新闻界》2008年第6期。

传播语境的改变、传统话语权的解构和内容生产方式的转变。[①] 这虽然算不上严格意义上的新媒体定义,但是它却指出了新媒体所引发的传播领域的革命性变化,基本上概括了新媒体的本质。综合以上学者观点,笔者认为,新媒体是相对传统媒体而言的,一般是指利用计算机、网络、移动通信等高科技手段,将信息以数字化形式传递、处理、存储、交互的媒体形态。与传统媒体相比,新媒体具有传播速度快、信息量大、互动性强、传播范围广等特点,已经成为当代社会信息传播的主要形式,对社会各个领域产生了深远的影响。

综合以上观点,本研究认可,新媒体有广义与狭义之分,狭义的新媒体就是指区别于传统媒体的新型媒体,它们以互联网技术为核心,以电脑、手机为终端进行传播。广义的新媒体则是指依托于互联网技术、移动通信技术以及数字技术等电子技术而兴起的媒介形式,既包括网络媒体,也包括传统媒体运用新技术以及和新媒体技术融合而产生和发展出来的新媒体形式,例如电子书、数字报、IPTV 等。[②]

基于以上"新媒体"概念的定义,本研究把"新媒体空间"界定为以新媒体为载体的网络公共空间。在我国学术语境下,"公共空间"这一概念是与西方"公共领域"这一概念紧密相连的。为了更好地理解"公共空间"这一概念,有必要对"公共领域"这一概念作简要的解析。关于"公共领域",德国著名哲学家尤尔根·哈贝马斯认为它是"政治权力之外,作为民主政治基本条件的公民自由讨论公共事务、参与政治的活动空间"。[③] 从"公共领域"的特征视角看,阿伦特认为其应该有三个标准:能够被所有人获取,能够被所有人使用,能够形成集体的历史记忆从而超越一代。[④] 哈贝马斯的公共领域理论被介绍到国内后,由于国内没有成熟的类似西方的市民社会且国家和社会没有严格的分野,严格意义上的公共领域并不存在,因此这一理论对中国社会现象的阐释并没有很强的适用性。但我国的"公共空间"却与西方的"公共领域"功能类似,遂对"公共领域"的研究逐渐转换到"公共空间"的研究。[⑤] 在这一转换过程中,致力于乡村社会研究的部分学者将"公共空间"带入乡村社会现象的研究

---

① 喻国明:《解读新媒体的几个关键词》,《广告大观(媒介版)》2006年第5期。
② 尹韵公、刘瑞生:《新媒体发展的全球视野与中国特色——2009年中国新媒体发展态势与前沿问题》,《中国报业》2010年第8期。
③ [德]哈贝马斯著:《公共领域的结构转型》,曹卫东等译,上海:学林出版社,1999年,第156页。
④ Hannah Arendt: The Human Condition, University of Chicago Press, 1998. 51-60.
⑤ 匡立波、夏国锋:《公共空间重构与乡村秩序整合——对湘北云村小卖铺辐射圈的考察》,《中共浙江省委党校学报》2016年第6期。

中,"乡村公共空间"这一概念由此生成。学者曹海林曾对"乡村公共空间"作出过具体的阐释,他认为"乡村公共空间"是乡村社会内部业已存在着的一些具有某种公共性并以特定空间相对固定下来的社会关联形式和人际交往结构方式,包括两个层面:一是指社区的人们可以自由进入并进行各种思想交流的场所,如中国乡村聚落中的寺庙、祠堂、集市等;二是指社区内普遍存在的一些制度化组织和制度化活动形式,如村落内的企业组织、村民集会、红白喜事等。[1]

快速发展的互联网技术在人类交往活动的现实世界之外又给人类开辟了一个虚拟世界。网络的无限延展性极大地拓展了人们的交往范围,为公众批判精神的培养和公共舆论的生成提供了一个全新的公共空间,即"网络公共空间"。在"网络公共空间",任何人面前都有一个"麦克风",可以自由发声。

当前,学界并没有对"网络公共空间"这一概念作出清晰界定。基于个人的研究对象和研究目的,学者们对"网络公共空间"的理解也存在一定差异。汪波认为中国网络时代语境中的"网络公共空间"在一定程度上就是阿伦特和哈贝马斯理论体系中"公共领域"的延伸。[2] 有的学者认为,与国外不同,我国的"网络公共空间"主要由四个部分组成:第一是网络论坛,第二是新闻机构的网络站点,第三是具有共同观念、价值、目标的组织及其在网上建立的站点,第四是电子政府。[3] 此外,也有一些学者针对"网络公共空间"的特性展开论述。在常晋芳看来,在我国,网络空间是最具当代意义的公共空间,具有虚拟性、全球性、中介性和公共性的特性。[4] 也有人从权力视角审视"网络公共空间",认为其具有赋权性、博弈性、开放性、自组织性以及公共性等特征。[5]

综合以上相关论述可知,"网络公共空间"是独立于现实空间之外的另一个空间,虚拟性是其最显著的特征。当然它也具有现实公共空间所具有的自由性、公共性、互动性、开放性、平等性等特征。在这个虚拟公共空间中,个体和群体可以自由表达意见、参与决策、追求公共利益,以及参与公共事务的讨论和辩论。

---

[1] 曹海林:《村落公共空间演变及其对村庄秩序重构的意义——兼论社会变迁中村庄秩序的生成逻辑》,《天津社会科学》2005 年第 6 期。
[2] 汪波:《中国网络公共空间:镜像、异化与理性建构》,《南京农业大学学报(社会科学版)》2011 年第 4 期。
[3] 高岩:《公共空间 2.0?——Web2.0 视角下网络公共空间的转型》,《广西大学学报(哲学社会科学版)》2011 年第 5 期。
[4] 常晋芳:《从"私民"到"公民":网络空间主体的公共性转向》,《山东社会科学》2013 年第 7 期。
[5] 赵成斐、何花:《网络公共空间视域中的公众政治生态及政治品质塑造》,《南京政治学院学报》2016 年第 5 期。

在本课题的设计中,课题组把新农民群体的新媒体空间参与作为其乡村社区认同建构的一个重要预设因素,因此在本研究中新媒体空间具体指新农民参加的村微信群、微信朋友圈、村公众号、村QQ群、村百度贴吧等。需要特别说明的是"微信朋友圈"这一空间。虽然"微信朋友圈"这一程序被设计时,是被作为"私人存在"而设计,以区别于广场式的网络空间。然而在现实中,作为一种全新的社交模式,"朋友圈"完全打破了个人与社会的传统连接样式。朋友圈突显了一个人作为"个人"的存在,赋予了每个人话语的"权利"和"权力",也给了每个人展示自我的窗口,但同时个人朋友圈的发言也是个人面向公共空间的表达,有无限传播的可能。"朋友圈"从最初的私人情感联结逐渐走向了物理意义上的连接,任何个人信息一旦发布朋友圈,无异于发布于广场式的公共空间,随时可能成为网络焦点或公共热点。由此可见,朋友圈是公私杂糅的新型社交场所。

第三节 研究主题与研究思路

一、研究主题

社区认同感是构成一个社区的重要条件,一般是指社区居民在主观上对自己、他人及这个社区的感觉,这种感觉包括喜爱、依恋、归属等多种情感。[①]社区认同感强调社区成员对社区的归属感,对于增强其成员间的向心力、凝聚力具有重要的作用。在本质上,社区认同感就是社区内居民对社区共有价值的认可、赞同和珍视。[②] 新农民乡村社区认同感是新农民群体与乡村社区联结的一种重要机制和纽带。乡村社区认同感的强弱反映着新农民群体与乡村社区联结的紧密或松弛程度。

一个无法否认的事实是,作为村民居住点的地域性社区在现代化社会中已经被极大地削弱了,究其根本原因是农村生产方式的根本性变化,突出表现在两个方面:一是农村土地制度的变革,农业从集体生产转为家庭经营;二是市场经济的发展,农民不再束缚于土地,可以自由择业进入农业以外的产

[①] 袁振龙:《社区认同与社区治安——从社会资本理论视角出发的实证研究》,《中国人民公安大学学报(社会科学版)》2010年第4期。

[②] 吴理财:《农村社区认同及重构》,《中共天津市委党校学报》2011年第3期。

业。这两个方面相互影响：市场经济促进了农业在家庭经营的基础上渐趋规模化和现代化，并深深卷入市场经济体系之中；农业的现代化和市场化，又进一步促进了人口、资本和技术等市场要素的自由流动、优化配置。[①] 在城镇化之前的乡村生活中，同一乡村社区的居民在一起共同劳动、共同娱乐，存在着密切而又频繁的互动交流和广泛的利益牵连。这是腾尼斯所谓的"社区"存在的根本原因。改革开放后，随着工业化和城镇化的快速发展，农村居民大量外出打工，流入城市谋生，成为所谓的农民工。流失了劳动力的农村，土地开始流转，慢慢向少数人手中集中。昔日乡村社区中一起劳动耕种生产生活的画面不见了。这就在很大程度上削弱了社区成员之间的社会交往和社会纽带，腾尼斯意义上的社区或共同体逐渐趋向消解或衰落。基于这一乡村剧变，学界提出了"新乡土中国"[②]"后乡土中国"[③]"流动中的村落"[④]"村落的终结"[⑤]等概念和观点，试图寻找解决乡村问题的途径和方法。

在传统乡村社区消解的过程中，作为乡村社会基层治理载体的传统公共空间亦不可避免地遭受到了冲击，呈现出日益萎缩的态势。传统公共空间萎缩，不仅增加了乡村社会的治理难度和治理成本，更导致了乡村社会的失序。对此，学界提出了两种不同的观点：第一种观点是，坚持重建乡村公共空间，以达到重建乡村社区认同的目的；[⑥]第二种观点则指出，随着网络在乡村的普及，新的网络虚拟公共空间逐渐生成并产生影响，基本上可以代替传统公共空间的作用和角色，应该借助网络重构网络虚拟公共空间。[⑦] 然而在现实中，农村的"空心化""原子化"已经成为不可逆之势，维系传统公共空间的基本要素如共同在场的情景等，很难在现代社会复现。相较而言，建构网络虚拟乡村社区公共空间，开发其作用机制，对于乡村秩序的重构则更具有现实意义。

---

① 吴理财：《改革开放以来农村社区认同消解之逻辑》，《江西师范大学学报（哲学社会科学版）》2011年第2期。
② 贺雪峰：《新乡土中国：转型期乡村社会调查笔记》，桂林：广西师范大学出版社，2003年，第1～7页。
③ 陆益龙：《后乡土中国的基本问题及其出路》，《社会科学研究》2015第1期。
④ 卢成仁：《流动中村落共同体何以维系——一个中缅边境村落的流动与互惠行为研究》，《社会学研究》2015年第1期。
⑤ 李培林：《村落终结的社会逻辑——羊城村的故事》，《江苏社会科学》2004年第1期。
⑥ 吴理财：《农村社区认同及重构》，《中共天津市委党校学报》2011年第3期。
⑦ 方晓红、牛耀红：《网络公共空间与乡土公共性再生产》，《编辑之友》2017年第3期；牛耀红：《建构乡村内生秩序的数字"社区公共领域"——一个西部乡村的移动互联网实践》，《新闻与传播研究》，2018年第4期。

二、研究思路

本课题试图探讨新农民群体的新媒体公共空间参与与其乡村社区认同感之间的关系。众多研究表明,社区认同是一个复杂抽象的概念。有学者将社区认同这一概念从身份认同、情感认同、行为认同和文化认同四个维度去研究。[①] 笔者认为"身份"与"乡村社区认同"有着紧密的关系。通常,新农民个体的乡村社区认同起始于对自己社区身份的认知。因此,新农民个体的身份认同是其形成乡村社区认同的基石。乡村文化是乡村发展的内在动力,也是乡村永续存在的灵魂,文化振兴是乡村振兴的一个重要维度,新农民乡村社区文化认同可以增强社区居民之间的凝聚力和归属感。共同的文化认同有助于增进社区居民之间的相互信任与合作,形成更加和谐稳定的社区环境。社区归属感一直是社区建设的一个重要参考指标和维度,主要体现为成员在社区内的参与和融入。乡村社区归属感是新农民群体与乡村社区之间情感联系的重要表现,它能够使新农民感受到社区成员之间的亲密关系,从而在减少陌生感的同时增强个体的乡村社区认同感。基于以上思考,本课题重点考察新农民群体的新媒体空间参与对其身份认同、乡村社区文化认同以及乡村社区归属感的影响。具体而言,这些问题主要围绕以下五个方面进行:

第一,新农民群体是乡村社会日益庞大的社会群体,他们是乡村振兴的骨干力量。他们由哪些人构成的?规模如何?这个群体是如何在国家政策的建构下形成的?与庞大的传统农民群体相比较,他们与传统农民的区别主要体现在哪些方面?传统农业的现代化转型在新农民群体有何体现?

第二,新农民群体对其身份认同状况如何?不同身份来源的新农民对其身份认同是否有差异?新媒体使用给其身份认同带来了怎样的影响?影响新农民身份认同的新媒体因素有哪些?

第三,新农民群体对乡村社区文化的认同状况如何?不同身份来源的新农民是否对乡村社区文化的认同有差异?新媒体使用给其乡村社区文化认同带来了怎样的影响?影响新农民乡村社区文化认同的新媒体因素有哪些?

第四,新农民群体对乡村社区有怎样的归属感?不同身份来源的新农民是否

---

① 谢治菊:《比较与反思:村民社区参与对社区认同影响之实证研究》,《南京农业大学学报(社会科学版)》2012年第4期。

对乡村社区的归属感有差异？新媒体使用给新农民群体的乡村社区归属感带来了怎样的影响？影响新农民群体乡村社区归属感的新媒体因素有哪些？

第五是对策研究。在探讨新农民群体社区认同感影响因素的基础上，笔者将从网络虚拟社区参与的视角提出一些提升新农民乡村社区认同感的对策。

围绕这五个方面的问题，课题组在文献收集和实地调研的基础上，将调查所得的数据、个案访谈等资料和前人已有的文献研究结合起来，分析、探讨新的通信技术条件下这些问题产生的根源，并试图从乡村媒介变迁的视角找出合理的答案来解释这些问题。（具体见图1-1 研究思路与研究框架）

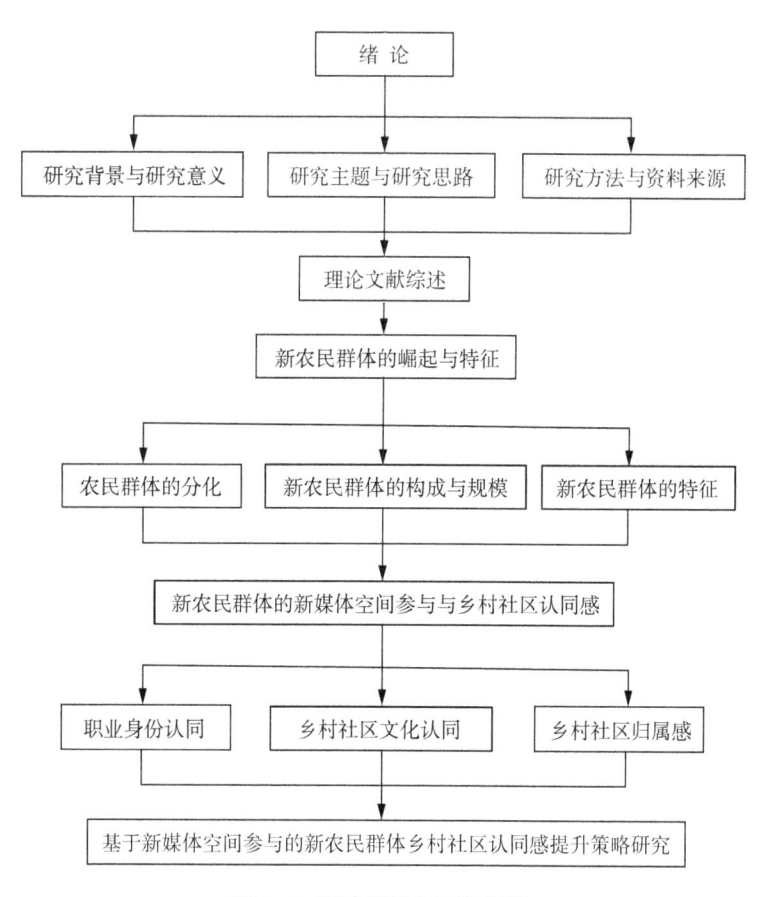

图1-1 研究思路与研究框架

第四节 研究方法与资料来源

一、量化研究

问卷调查是本课题采用的主要研究方法,该方法是一种以提出具体详细的问题,层层递进,进而收集到可信资料的研究方法。本课题的研究对象是农村的新农民群体即规模农业经营户。本课题以《第三次全国农业普查主要数据公报》(第一号)对新农民的认定标准为标准作为问卷调查对象。由于各类规模农业经营户的界定依据包括具体行业、规模等因素,考虑到经营内容的复杂性,公报提出了简单界定标准:全年农林牧渔业各类农产品销售总额达到10万元及以上的农业经营户即可认定为规模农业经营户。[①] 同时也参考了农业农村部对新农民种养大户的认定标准(详见"新农民"概念说明部分)因此,课题组把在农村规模化经营农林牧渔各业,年销售额在10万元以上,且采用现代化经营方式的新农民作为调查对象。

在调查问卷编制前期,本课题以前人的文献资料为依据,搜集了现有的有关用户新媒体使用的比较典型的问卷调查,结合本课题的研究问题对问卷及问题进行了相应的整合,编制了一份问卷初稿。正式发放问卷前,课题组先后在江苏省盐城市和山东省临沂市五个村庄20名新农民进行了预调研。到农村后,课题组先联系咨询村委会工作人员,了解当地新农民总量、经营规模、发展情况等,此后再通过村委会人员联系调查对象进行简单的观察和访谈,并发放问卷进行前测,随后根据对数据的观察和被调查对象的意见反馈,并结合当地新农民的新媒体使用的实际情况,对问卷进行适当地修改订正,形成终稿。

调查问卷在相关具体问题的设置上以封闭式问题为主,类型包括单选题和多选题,调查对象只需在她们认为符合自身情况的选项前边打勾即可。考虑到调查对象文化层次的不平衡性和差异性,本研究对问卷问题的表述尽量

[①] 国家统计局:《第三次全国农业普查主要数据公报》(第一号)http://www.stats.gov.cn/sj/tjgb/nypcgb/qgnypcgb/202302/t20230206_1902101.html

做到易读易懂,简单明了,最终得到相对科学严谨的调查问卷。此次问卷总共包括三个部分:第一部分,是对新农民群体的个人背景信息调查,包括性别、年龄、文化程度、从业年限、年经营收入、是否本村人等人口统计学变量。第二部分,是对新农民群体新媒体使用行为与习惯的调查,包括获取信息的渠道、新媒体使用频率、新媒体使用时长、新媒体空间内容偏好度、对新媒体空间信息的信任度、对新媒体空间信息的满意度情况等等。第三部分,是新农民群体乡村社区认同感的调查,分别从身份认同、乡村社区文化认同和乡村社区归属感三个方面进行了问题设计,如"我是一个新农民""别人叫我新农民,我很自豪""这个村子的发展对我很重要""我相信这个村会发展得越来越好""我对这个村子的事务比较关心""我愿意遵从这个村子的村规民约"等。

  课题组于2019年12月以及疫情期间,先后在江苏省盐城市、连云港市、徐州市、淮安市以及山东省临沂市、枣庄市等六市的部分县区农村进行了问卷调查。抽样方法为——滚雪球抽样(即首先选择一组调查单位,对其实施调查之后,再请他们提供另外一些属于研究总体的调查对象,调查人员根据所提供的线索,进行此后的调查。)由于联系到了县农技推广的老师,在他们的协助下,我们的问卷得以精准推送。同时受访者多为数次参加县农业局组织的各种培训班和外出参观活动的人员,他们相互之间都有微信、电话等联系方式,联系起来相对方便,因而问卷的推送也较为便捷。为了解决该方法抽样偏误和抽样概率未知等问题,在受访者推荐新的受访人员时,不是要求这些初始受访者简单地推荐新的受访者,而是要他们根据课题组的研究总体人员特征进行推荐。这种滚雪球抽样方法由受访者不断提出新的受访者名单的连锁推荐(chain-referral)方式,同时也能够有效地解决了抽样偏误和抽样概率未知等问题,从而可以对总体情况作出相对准确的估计。[①] 考虑到新农民群体新媒体素养较高,对于线上问卷操作能够应付,因此课题组主要以通过微信线上推送问卷为主,线下实地发放问卷为辅,调研期间多次问卷调查共发放682份,收回584份,剔除无效问卷后,最终获得有效问卷512份,有效率为87.7%,可以用于问卷分析。在此基础上,将问卷进行编码,录入SPSS26进行数据处理和分析。

[①] 赵延东、Pederson:《受访者推动抽样:研究隐藏人口的方法与实践》,《社会》2007年第2期。

二、质性研究

在获取量化数据的同时,本研究还采用了质性研究方法,尽可能地描绘新农民群体真实而又具体的网络使用、网络空间参与以及工作生活等场景,以求探索其与乡村社区认同感之间的实践逻辑。新农民群体的新媒体使用以及网络空间参与行为是极其复杂的,程式化的定量数据如参与频率、参与时长、参与内容等并不能完全展示参与者极为丰富的行动意蕴和微妙的行为特征。而质性研究方法不仅能够使我们获得定量研究无法获得的经验材料,还可以使我们在与研究对象的互动中获得观察与研究问题的新视角。因此,本研究的部分资料,基本上是在深度访谈、参与观察、虚拟民族志并结合文献分析的基础上获取。

(一)深度访谈法

深度访谈法是一种社会科学研究方法,通过对个体或小组进行深入的、开放式的访谈,以获取深入的、细致的、具体的信息和观点,从而了解研究对象的行为、态度、价值观和经验等。深度访谈法是一种非结构性的访谈方法,与传统的问卷调查和定量研究方法不同,它更加注重研究对象的主观感受和经验,能够深入探究研究对象的内心世界和背后的动因,可以弥补因问卷问题不足而导致的一手资料不够详细深入的问题,从而得出更加准确的研究结论。为了使理论与实证相结合,笔者在进行量化研究过程中,还对一些现代农业经营者进行了深度访谈。在盐城市滨海县、阜宁县、射阳县、东台市;连云港市东海县、赣榆区,徐州市贾汪区;临沂市费县、沂南县、兰陵县等地选取了35位现代农业经营主体和现代高效农业植保服务人员进行了深度访谈。访谈对象选择时,考虑到了受访者的老年、中年、青年年龄阶段,从业年限,农业经营年均收入状况,是否是土生土长的本村人以及性别因素。本研究主要采用"半开放型"深度访谈的研究方法。所谓"半开放型"深度访谈是指研究者对访谈的结构具有一定程度的控制,不会允许与访谈对象"漫无目的"对话,但同时也鼓励受访者积极参与。在访谈时,对每位访谈对象的访谈时长控制在40分钟左右,稍长者为1个小时。新农民是农民群体中文化素质相对较高的群体,具有相对丰富的与陌生人甚至媒体"打交道"的经验,能够较好地理解研究者的访谈意图,也能够清晰地表达自己的想法、感受和价值观念。这些访谈内容的收集有利于我们发现影响新农民乡村社区认同感的深层次的社会文化和结构方面的因素,在此基础上进而提出提高新农民乡村社区认同感的策略。在对这些材料使用时,遵照学术惯例和个人隐私保护的考虑,本研究对受访者都做了匿名化处理。

(二)实地观察法

实地观察是指在现实生活场景中所进行的观察。通常是一种直接的、不借助其他工具和仪器进行的观察,而且大部分是一种无结构的观察。我们每一个人都是普通的个体,但同时又都是社会发展进程中的特殊个体,不仅带有普遍的社会经验,还拥有独特的个人经验。为此,笔者深入到新农民的家庭农场、种植园、养殖场等实际生产经营环境中,通过自己的观察和问询,力图深入了解新农民群体的新媒体使用的具体行为和图景以及其后的技术和文化背景,进而探寻新媒体时代给新农民群体所带来的生活方式、人际交往、生产经营等方面具体影响。通过尽可能完全而直接的观察与思考来反映新农民群体身上所呈现出来的乡村社区认同问题。

(三)虚拟民族志

一般情况下,民族志被认为是运用观察、访谈以及其他田野研究手段,深入细致地描述一特定人群及其文化的一种方法。从广义上讲,民族志研究包括了对特定群体的社会和文化生活的所有研究,包括他们如何行动、互动、为自己的行为赋予意义以及被"科学规则"无情净化的各种有意义的细节等。因此,民族志着眼于提供一个整体的观点和视角,对特定社会文化环境中产生的信念、态度、价值观、角色和规范进行理解和解释。网络社会的到来给民族志研究带来了更为宽广的空间,传统意义上的"田野"范畴已经从地理意义上的空间扩大到网络虚拟空间,虚拟民族志由此产生。所谓虚拟民族志是指在虚拟环境中进行的、针对网络及利用网络开展的民族志研究。在调查的过程中,笔者也部分采用了虚拟民族志的研究方法。在对部分新农民深度访谈后,笔者会要求添加对方的微信或QQ号,由此得以进入对方的微信朋友圈或者QQ空间,查看了解他们的社交媒体发布动态。这些社交媒体呈现出丰富的各种载体形式的内容,包括文字、照片、音频、视频等,反映出新农民在虚拟空间以及在现实生活里的行为特点。

三、文献研究

文献研究法是指通过对已有文献、资料、统计数据等进行收集、整理、分析和综合,从而得出研究结论的一种研究方法。它是社会科学研究中常用的方法之一,也是其他学科研究中的重要方法之一。文献研究法不仅可以通过快速获取大量的相关信息和资料,提高研究效率和准确性,还可以通过收集不同来源、不同时间、不同区域的文献和资料,丰富研究角度和深度,发现研究对象的共性和差异,从而得出更加准确的结论。因此,搜集占有大量的文献资料是进行任何一项科学研究的前提;同时,对现有文献进行批判性的解读和参考是任何一项研究创新的基础。本研究首先通过CNKI数据库、图书馆、媒体报道、网络资料、权威部门的相关政策与统计数据的搜索,对国内外相关文献资料进行了全面的查阅,搜集了有关新农民、认同、乡村社区认同感、媒介素养、媒介使用、媒介与社区认同等方面的相关文献资料。这些文献资料的占有和参阅,不仅可以为本研究建立相关问题的理论梳理和分析框架,还可以将前人的研究与自己的研究进行纵向的比较,从而使本研究更具有科学性。

第五节 统计分析方法

课题组用SPSS26中文版的统计软件来进行数据的统计和分析。本次调查研究运用的主要的统计方法如下:

一、描述性统计

描述性统计是SPSS中的较为常用的一种功能,用于对数据进行总结和描述。描述性统计主要用于描述数据的基本特征,包括中心趋势、离散程度和分布形态等。常见的描述性统计指标包括:平均数(Mean)、中位数(Median)、众数(Mode)、标准差(Standard Deviation)、最小值(Minimum)和最大值(Maximum)等。这些统计指标可以帮助揭示数据的分布情况、集中趋势和离散程度,为后续的数据分析和解释提供基础。本书中主要使用的描述性的统计指标有:频率、百分比、平均数和标准差。本书的相关章节内容都使用了上述统计指标,如样本的人口学变量的构成、新媒体空间参与变量、新农民的身份认同、社区组织认同、社区情感认同、社区文化认同等变量均进行了描述性的分析。

二、相关性分析

相关性分析是SPSS中的一种功能,主要用于研究变量之间的相关关系。相关性分析主要用于衡量两个或多个变量之间的相关程度。它可以帮助研究人员确定变量之间的关联性,以及它们是如何一起变化的。在SPSS中进行相关性分析时,常用的方法是使用皮尔逊相关系数(Pearson correlation coefficient)。皮尔逊相关系数是一种衡量两个连续变量之间线性相关程度的统计指标,取值范围在-1到1之间。当相关系数为正值时,表示两个变量呈正相关关系;当相关系数为负值时,表示两个变量呈负相关关系;当相关系数接近0时,表示两个变量之间没有线性关系。在SPSS中进行相关性分析时,可以选择需要进行分析的变量,然后计算相关系数和其对应的显著性水平。显著性水平可以帮助判断相关系数是否具有统计学意义。通常,如果相关系数的显著性水平小于0.05(通常使用的显著性水平),则可以认为相关系数是显著的。通过SPSS的相关性分析功能,研究人员可以了解变量之间的相关关系,从而更好地理解数据和探索变量之间的关联性。这对于研究人员在数据分析和解释中起到了重要的作用。但是皮尔逊相关系数并不关心两个变量中哪个是自变量,哪个是因变量,两个变量在计算相关系数时是完全对称的。在本书中,为了探究分析新媒体空间参与的自变量对因变量新农民的身份认同、社区组织认同、社区情感认同和社区文化认同的影响,必须使用回归分析法。

三、多元线性回归分析

多元线性回归主要用于研究多个自变量与一个因变量之间的关系,也就是用于探索自变量(也称为预测变量)与因变量之间的线性关系。它可以帮助研究人员理解自变量对因变量的影响,并预测因变量的数值。在SPSS中进行多元线性回归分析时,研究人员需要选择一个因变量和多个自变量,并建立一个回归模型来描述它们之间的关系。回归模型可以表示为:

$$y = \beta_0 + \beta_1 x_1 + \beta_2 x_2 + \cdots + \beta_p x_p + \varepsilon$$

其中,y表示因变量的数值,x_1、$x_2 \ldots x_p$表示自变量的数值,β_0、β_1、$\beta_2 \ldots \beta_p$

表示回归系数,ε 表示误差项。

  通过使用最小二乘法,SPSS 可以估计回归系数的值,并提供关于模型拟合度和统计显著性的相关统计信息。这些信息包括回归系数的标准误差、显著性水平、R 方值等。通过 SPSS 的多元线性回归功能,研究人员可以探索多个自变量对一个因变量的影响,并建立一个预测模型。这对于预测和解释因变量的数值变化具有重要的应用价值。本书在考察新媒体空间使用变量对新农民身份认同、乡村社区文化认同以及乡村社区归属感变量产生的影响时运用了多元线性回归分析法。课题组主要将新媒体空间参与时间、新媒体空间参与频度、新媒体空间内容偏好、新媒体空间参与动机、新媒体空间媒介信任度和满意度与新农民的身份认同、乡村社区文化认同和乡村社区归属感进行多元线性回归分析。

第二章　理论文献综述

认同是涉及"我(我们)是谁""我(我们)来自在哪里"等一系列个体的反思性追问与理解的问题。"认同"之所以成为一个被关注的问题是在人类进入现代社会后,"前现代社会中,'认同'和'承认'还没有被问题化,这不是因为人们没有所谓的身份认同,而是由于这些概念在前现代社会并不成为'问题'。"①

第一节　关于"认同"研究的国外文献梳理

"认同"译自英文的"identity"一词。从"认同"的概念史看,最初是作为一个哲学术语被使用的,在翻译时也称作"同一性""统一性"或"身份",表示事物与自身保持内在的一致性。② 在心理学领域,一般认为,西格蒙德·弗洛伊德(Sigmund Freud)1915年在其论文《哀伤与抑郁症》(Mourning and Melancholia)关于自我的精神分析理论中率先引入了"认同"术语。1921年,在其《群体心理学与自我分析》(Group Psychology and the Analysis of the Ego)一书中,弗洛伊德着重探讨了暗示、认同、爱和催眠中力比多(libido)联系的作用。在弗洛伊德看来,"认同本身是个体的心理过程,当一个人试图模仿另一个人或团体的价值、行为规范,并将这种价值或行为规范内化于个体自身,这样一个过程便是认同的生发过程,换言之,认同是个体与他人建立情感联系的原初形式。"③在此基础上,1950年,美国著名的发展心理学家爱利克·埃里克森(Erik H Erikson)在其《儿童期与社会》一书中,深入探讨了同一性与早年经验的关系。在埃里克森看来,同一性或认同是"一种熟悉自身的感觉,一

---

① ［加］查尔斯·泰勒:《承认的政治:身份认同与公共文化》,陈清侨编,香港:牛津大学出版社,1997年,第12页。
② 姚德薇:《论社会认同研究的多学科流变及其启示》,《学术界》2010年第8期。
③ 梁丽萍:《中国人的宗教心理——宗教认同的理论分析与实证研究》,北京:社会科学文献出版社,2004年,第12页。

种'知道个人未来目标'的感觉,一种从他信赖的人们中获得所期待的认可的内在自信"。[1] 另一位美国心理学家埃利奥特·阿伦森(Elliot Aronson)认为,认同是个体受到某种社会影响时而产生的一种反应,它源于个体希望自己成为影响施加者一样的人。[2] 后来,社会心理学家泰弗尔(Tajfel)等人在最简群体范式的研究基础上,把认同区分为个体认同和社会认同,"认为个体认同是指对个人的认同作用,或者通常说明个体具体特点的自我描述,是个人特有的自我参照;而社会认同是指社会的认同作用,或者由一个社会类别全体成员得出的自我描述"。[3] 他还把社会认同的心理过程分成三个部分,依次是社会分类(social categorization)、社会比较(social comparison)和积极区分(positive distinctiveness)。[4] 20世纪80年代特纳(Turner)进一步提出自我归类理论(self-categorization theory),对泰弗尔提出的社会认同理论进行了补充。[5] 自我归类理论是指个体主动将群体心理化后,得到的积极情感和价值意义以及以此为基础与他人进行区分的动力过程。[6] 总起来看,心理学者对认同的研究并不涉及时空问题,没有意识到社会时空转换会使认同问题更加复杂化。他们更多着眼于个体心理层面的自我认同,重点研究个体自我认同的形成、发展及影响因素等。

自20世纪60年代起,认同这一术语开始被西方学者应用于社会学、政治学、人类学、民族学等多个领域。但是认同的含义并不统一,不同学科领域对认同的阐释都是有差异的。社会学者更注重从个体与群体、群体与群体的归属和关系的角度审视认同问题。英国社会学家安东尼·吉登斯(Anthony Giddens)认为,认同是人寻求自身本体性安全的结果。所谓"本体性安全"是指"自然界与社会世界的表面反映了它们的内在性质上的信心或信任,包括自我认同与社会认同的基本存在性衡量因素"。[7] 吉登斯还是最早意识到社

---

[1] Erik H Erikson. Identity and life Cycle, New York: Norton, 1959:118.

[2] Kelmen, H. C. Processes of Opinion Change. Public Opinion Quarterly, 1961(25):57-78.

[3] Tajfel H, Turner J. C. The social identity theory of intergroup behavior. in: WorchelS, Austin W(eds). Psychology of lntergroup Relations. Chicago: Nelson Hall, 1986.7-24 转引自张莹瑞、佐斌:《社会认同理论及其发展》,《心理科学进展》2006年第3期。

[4] Tajfel, H. Social psychology of intergroup relations. Annual Review of Psychology,1982.33(1).

[5] Turner, J. C. Social categorization and the self-concept: A social cognitive theory of group behavior. Advances in Group Processes,1985(2):77-122.

[6] 李春、宫秀丽:《自我分类理论概述》,《山东师范大学学报(人文社会科学版)》2006年第3期。

[7] [英]安东尼·吉登斯:《社会的构成》,李康等译,北京:生活·读书·新知三联书店,1998年,第524页。

会认同与时空具有重要关联的社会学家。他认为时空是社会认同形成的基础。现代社会的时空分离以及各种不确定性因素,都使得在传统社会中建立起来的自我认同失去了意义,个体必须通过不断的反思来消解社会变迁带来的自我认同危机,并通过反思来建立新的认同机制。个体自我认同的反思性即是面对现代性带来的认同危机。[①] 社会学家汉斯·摩尔(Hans J. Mol)则从个人和社会两个层面去阐释"认同"这一概念。从个人层面角度,他认为"认同是一个人在混沌环境中所占据的稳固方位,个人能够据之对外在环境做出积极的防御";从社会层面看,他认为"认同是一个基本的及普遍拥有的信仰、模范及价值之综合,它能抵抗外在事物对本身环境与成员的威胁并维续自身","认同是关涉个人与群体隶属关系的一个概念,因此认同首先是个体对某种意义上的身份的一种心理肯定,认同给予个人以所在感,给人的个体性以稳固的核心。"[②]随着互联网的快速发展,人类社会进入网络时代后,网络时代的社会认同问题开始引起了学者们的关注,其中美国著名社会学家曼纽尔·卡斯特(Manuel Castells)的研究最为引人注目。面对网络社会的到来及其对社会认同产生的重要影响,曼纽尔·卡斯特对认同有了新的认识。他认为:"认同是行动者自身的意义来源,也是自身通过个体化(individuation)的过程建构起来的""建构所运用的材料来自历史、地理、生物、生产与再生产制度、集体记忆及个人的幻想、权力机器及宗教启示等"。"意义"是"社会行动者对自身行动目的的象征性认可(identification)"。卡斯特还非常重视"意义"在认同形成过程中的作用,在互联网社会中,"网络社会中的意义是围绕一种跨越时间和空间而自我维系的原初认同建构起来的,而这种原初认同,就是构造了他者的认同。"此外,他还依据构建认同的形式和来源对认同进行了"合法性认同(Legitimizing identity)""抗拒性认同(Resistance identity)"以及"规划性认同(Project identity)"分类。[③]

法国巴黎政治学院教授阿尔弗雷德·格罗塞在其《身份认同的困境》一书中认为"认同"是我属性的总和,而"属性"就是"个体属于一个群体(种族、国家、阶级、政党……)的事实"。简而言之,就是个体对于"我是谁?""我属于

---

① [英]安东尼·吉登斯:《现代性与自我认同:现代晚期的自我与社会》,赵旭东、方文,译,北京:生活·读书·新知三联书店,1998年,第28页。

② 梁丽萍:《中国人的宗教心理——宗教认同的理论分析与实证研究》,北京:社会科学文献出版社,2004年,第14页。

③ [美]曼纽尔·卡斯特:《认同的力量》(第二版),曹荣湘译,北京:社会科学文献出版社,2006年,第5-7页。

哪个(些群体)?"①美国著名的政治学家本尼迪克特·安德森(Benedict Richard O'Gorman Anderson)在其《想象的共同体:民族主义的起源与散布》中也提到了"认同"这一概念,他认为"认同"是可以多种并存的,身处特定情境中的个体往往会在特定的共同规则的制约和导引下形成彼此之间的认同感,这个形成过程本身需要不同行动者之间持续的、面对面的互动。在他看来,族群认同其实就是将民族想象为共同体的过程,当资本主义印刷业以"标准化的国家语言"开拓"方言"印刷品市场时,原来缺乏沟通和交流互动的人们,才逐渐获得了和陌生同胞联结在一起的"想象"。正是这种主观上的建构和认同,奠定了现代民族意识的基础。② 还有一些学者则从建构性视角出发去阐释认同,如政治学家萨缪尔·亨廷顿(Samuel Phillips Huntington)则认为:"认同的意识是一个人或一个群体的自我认识,它是自我的产物……在绝大多数情况下,identity 都是被建构起来的概念。人们是在程度不等的压力、诱因或自由选择的情况下,决定自己的 identity 的。"③总体而言,心理学者忽略时间和空间的因素,侧重从"自我认同""群体认同"等微观层面对认同进行研究,强调认同是一个心理过程。社会学者侧重从社会变迁与社会发展等宏观层面对"认同""个体认同""群体认同"和"社会认同"进行思考,强调认同是一个社会过程,是一个建构过程。人类学家、政治学家们则更关注族群、政治等层面的"认同"问题。

第二节 关于"认同"的国内研究文献梳理

自 20 世纪 80 年代起,国内学者的研究开始涉及认同问题,他们重点关注海外移民认同、民族认同、宗族认同等研究领域。在海外移民认同研究领域,林彦群通过研究马来西亚、新加坡的华人近三十年来对当地国家的"认同"过程,梳理了二战后华裔移民在"华人文化存亡兴衰的非常时期"争取保持华人

---

① [法]阿尔弗雷德·格罗塞:《身份认同的困境》,王鲲译,北京:社会科学文献出版社,2010年,第7-9页。
② [美]本尼迪克特·安德森:《想象的共同体:民族主义的起源与散布》,吴叡人,译,上海:上海人民出版社,2003年,第54页。
③ [美]萨缪尔·亨廷顿:《我们是谁:美国国家特性面临的挑战》,程克雄译,北京:新华出版社,2005年,第21页。

文化传统的努力,揭示了海外移民在"文化认同"问题上的复杂性。[①] 在民族认同研究方面,黎岩认为民族认同意识与民族分界意识是"相对应的客观存在","不是人们人为地强加的,而是一种自然存在的意识现象"。[②] 刘付靖认为秦汉时期的民族认同情感表现在"祖先起源传说""历史世系""异族通婚"等方面。[③] 王建民认为民族认同属于认识范畴,也包含着情绪、情感的成分。民族认同"对于民族内部凝聚力的产生、存在和发展"具有重要作用,但同时也会导致"对其他民族的排斥,民族自我封闭等",甚至发展到"狭隘民族主义"。[④] 在宗族认同研究方面,学者王玉波通过分析传统家族认同心理结构,认为我国传统家族认同心理分三个层次:第一个层次是对"祖宗的认同",第二个层次是"父子关系的认同",第三个层次是"兄弟之间的认同"。同时认为"由于传统的家族认同心理,具有宗法的性质,它使家族价值与个人价值、社会价值相冲突,因而从本质上看,它与现代化是逆向的,是必须从根本上予以改造的历史上遗留下来的一种社会文化心理"。[⑤]

进入90年代,随着我国改革开放的全面深入和社会结构形态的急剧转型,许多社会群体出现认同危机和认同困境等问题,这也成为学者们的研究焦点。著名学者周宪认为80年代以来随着政治体制和经济体制改革的深入,中国艺术家们正在遭遇"严重角色认同危机",艺术家们深切地体验到自己传统的角色行为在新的市场化审美文化中已有点"过时"了,他们感受到某种新的文化情境对传统角色的剥夺,感受到由此而引发的困惑和焦虑所导致的精神"创伤"。[⑥] 学者陈思和认为中国社会面临大转型,"市场经济不但促使了物质文明发展的活力,也为知识分子实现精神劳动的多元价值提供了可能性",知识分子"在社会转型中认识到主体认同和内在价值取向的失落",所以,"对文化传统的认同成为当前中国知识分子迫切想解决的问题"。[⑦]

进入21世纪后,随着我国城市化进程的加快,流动人口日益增多,认同问

---

① 林彦群:《战后新、马华人"文化认同"问题》,《南洋问题》1986年第4期;崔贵强:《新马华人国家认同的若干观察(1945—1959年)》,《南洋问题研究》1989年第2期。
② 黎岩:《民族分解意识和民族认同意识》,《黑龙江民族丛刊》1988年第3期。
③ 刘付靖:《秦汉社会的民族认同情感试探》,《广东民族学院学报(社会科学版)》1989年第3期。
④ 王建民:《民族认同浅议》,《中央民族学院学报》1991年第2期。
⑤ 王玉波:《传统的家族认同心理探析》,《中国史研究动态》1988年第11期。
⑥ 周宪:《当前的文化困境与艺术家的角色认同危机》,《文艺理论研究》1994年第6期。
⑦ 陈思和:《我往何处去——新文化传统与当代知识分子的文化认同》,《文艺理论研究》1996年第3期。

题更加复杂多元。学界部分学者开始对西方社会认同理论进行系统性引介和拓展性研究。张莹瑞等人通过对 Tajfel 等人提出社会认同理论的回溯,系统介绍了 Turner 和 Tajfel 等人的关于社会认同的定义、社会认同的基本过程。在梳理西方社会认同理论在集体行为和种族问题上的最新进展后,他们发现新的研究都在证明"当个体强烈的认同他们的群体时,会产生内群体偏好和外群体偏见甚至参加集体行为"。展望该理论的发展趋势,他们认为,"整个欧洲社会心理学与美国社会心理学的研究逐渐走向融合,社会认知研究与社会认同研究也出现合流的趋势"。[1] 与之从社会心理学视角出发研究社会认同不同,周晓虹从社会学的视角对认同理论进行了引介性研究。反观认同理论的发展史,周晓虹认为,围绕认同或社会认同,在社会学的社会心理学和心理学的社会心理学中形成了两大著名的理论,即以美国微观社会学或符号互动论为基础的认同理论(identity theory)和欧洲社会心理学所倡导的社会认同理论(social identity theory),两种理论虽然重点不同,但在某些方面是一致的:"这两种理论都强调作为社会建构的自我的社会属性,并且都回避将自我视为独立于或前在于社会的观点。它们都认为这个自我分化成了属于特定实践活动(如规范或角色)的多重认同,并且它们使用相似的术语和相似的语言,尽管这些术语或语言常常具有不同的含义(如认同、认同突显、承诺等等)。"[2] 因此,两者存在整合的可能性。具体可以在三个领域能够为这两种理论的整合提供有效的路径:即两个理论都非常关注认同的激活,都使用了"突显(salience)"的概念;"个人认同"是能够打通两个理论的中介性概念;两个理论都获得了相同的理论诉求结果的概念。[3] 李友梅认为,现实中的社会认同有多种类型。"但无论社会认同有多少属性类别,也不管它们的结构形态是怎样的,它们最终都会指向福利渗透、意义系统和社会组织这三个方面。当这三个方面的判断、认知、评估被人们特别关注时,它们便构成了社会认同的基础性领域"。具体地说,福利渗透是指经济发展对相关公共领域的贡献程度,以及各社会阶层由此提升生活质量的程度;意义系统由象征符号构成,比如知识、道德、法律、归因机制和价值取向等,一般通过传媒、教育、人

---

[1] 张莹瑞、佐斌:《社会认同理论及其发展》,《心理科学进展》2006年第3期。
[2] Michael A. Hogg, Deborah J. Terry, Katherine M. White. A Tale of Two Theories: A Critical Comparison of Identity Theory with Social Identity Theory, Social Psychology Quarterly, 1995 (4): 255-269.
[3] 周晓虹:《认同理论:社会学与心理学的分析路径》,《社会科学》2008年第4期。

际互动等途径发挥作用;社会组织作为社会认同形成的另一个重要条件它的功能在于向其成员灌输行动逻辑、塑造特定注意力分配结构以及营造组织文化。当这三个领域达成较高的匹配度时,更容易形成社会认同;反之,则会出现社会认同的分化。①

在理论引介的同时,学界也开始关照中国社会认同的现实问题,尤其是各类流动人口的社会认同问题成为学界研究的焦点,研究对象不再仅仅是知识分子、国际移民等群体,农民工、新生代农民工、农民工子女、城市新移民、大学生等群体的认同问题都进入了研究者的视域。农民工作为一个社会类别,是改革开放以来在社会转型背景下社会建构的产物,其身份认同与城市适应融入问题成为农民工问题探讨的核心。其中农民工社会认同的现状、导致因素、认同困惑乃至危机后果、政策建议等方面成为学界研究的重点。在研究新生代农村流动人口的社会认同时,王春光给社会认同的内涵做了一个新的界定,他认为社会认同应该"包括对自我特性的一致性认可、对周围社会的信任和归属、对有关权威和权力的遵从等等"。由此出发,他还把社会认同概念进行了可操作化建构,他从身份认同、职业认同、乡土认同、社区认同、组织认同、管理认同和未来认同等七个方面研究新生代农村流动人口的社会认同现状,发现新生代农村流动人口的社会认同趋向不明确和不稳定,同时指出他们能否重新建构超越城乡之上的社会认同,取决于我国城乡社会结构变迁的情况。②"双重边缘人"是唐斌用来描述农民工自我认同状况的一个概念,他认为城市的外推力和农村的外推力是导致农民工"双重边缘人"认同困境的主要因素,并进而认为农民工"双重边缘人"的自我认同及社会影响势必会成为我国城市化顺利推进的一种障碍,危及经济的持续发展和社会的长治久安。③ 周明宝从城乡二元社会结构的影响出发,探讨了城市滞留型青年农民工的制度认同、人际认同和生活方式认同,认为其在自我心理认同上表现出自我矛盾性,这种自我矛盾性导致了认同困惑与身份焦虑,乃至身份认同危机。④ 王毅杰等通过对 383 份有效调查问卷的分析,认为流动农民群体的社会认同总的状态为:目前仍为农民身份,至于将来更偏向于留在城市,但也

---

① 李友梅:《重塑转型期的社会认同》,《社会学研究》2007 年第 2 期。
② 王春光:《新生代农村流动人口的社会认同与城乡融合的关系》,《社会学研究》2001 年第 3 期。
③ 唐斌:《"双重边缘人":城市农民工自我认同的形成及社会影响》,《中南民族大学学报(人文社会科学版)》2002 年第 8 期。
④ 周明宝:《城市滞留型青年农民工的文化适应与身份认同》,《社会》2004 年第 5 期。

基本处于举棋不定或趋于模糊状态。[1] 郭星华等在对北京农民工调查的基础上通过数据分析和经验个案发现:农民工的社会认同在现实中不是同质线性和单一维度的而是复杂、多维的,具有二重性的特征。调查还发现对农民工社会认同二重性影响显著的因素有:农民工与城市居民的社会交往状况、与城市居民收入的比较、每年在京打工时间以及未来身份归属等。[2] 综合学者们的研究来看,农民工的认同危机有身份层面的、有文化层面的,更有制度层面的。身份认同危机主要是在面对自己的"农民"和"市民"身份定位时表现出极大的迷茫性和模糊性,文化认同危机主要是在接触城市文化、现代文化后所产生的文化适应障碍,制度认同危机主要是在遭遇城乡二元体制带来的各种歧视以及不公正待遇时产生的对社会制度的认同感削弱。

关于社会认同困境的导致因素,学者们纷纷从不同的视角去研究,有的探讨宏观的社会制度因素,有的探讨微观的家庭和个人特质等因素。以农民工为例,学者们普遍认为社会制度因素尤其是户籍制度对农民工认同具有重要影响,"以户籍管理制度为标志的城乡分割制度是农民流动的最大制度成本和城市化适应的最大障碍"。[3] 陈映芳从"市民权"概念入手,探讨了乡城迁移人员成为"非市民"的制度背景和身份建构机制,指出农民工对其身份的认同一方面"可以被视为他们在感受相对剥夺情况下致力于自我保护的一种应对行为"。另一方面,"农民工"的身份认同不仅夸大了其流动性而抹煞了其定居性,而且还使得歧视性的身份制度在城市空间中得以延伸、再生,形成"城市居民"和"农民工"的二重城市社会,从而给城市管理带来诸多问题。[4] 孙玉娟从社会心理学视角,探讨社会排斥对城市农民工个体自我认同的影响和建构,认为制度性层面的区隔、社会资源配置的藩篱、文化认知层面的歧视等都对农民工形成了社会排斥,这会导致农民工强化原有制度身份、缺乏社区归属感以及未来归属感。[5] 杨宜音认为,新生代农民工身份认同困境来自制度性分类,而非个体在身份选择上的徘徊。他们的身份认同困境还来自制度性分类本身带有的地位高低的结构性,与他们渴望向上流动的动机之间的

---

[1] 王毅杰、倪云鸽:《流动农民社会认同现状探析》,《苏州大学学报(哲学社会科学版)》2005年第2期。
[2] 郭星华、李飞:《漂泊与寻根:农民工社会认同的二重性》,《人口研究》2009年第6期。
[3] 朱力:《论农民工阶层的城市适应》,《江海学刊》,2002年第6期。
[4] 陈映芳:《"农民工":制度安排与身份认同》,《社会学研究》2005年第3期。
[5] 孙玉娟、潘文华:《城市农民工社会排斥透视及对自我认同的影响和重构》,《农业现代化研究》2008年第1期。

矛盾,从而造成他们处于两种力量的角力之中,陷入双重排斥的处境。[①] 史毅的研究发现,除户籍制度因素和经济因素外,流动人口的家庭团聚也是影响其流入地身份认同的关键因素。[②] 徐延辉、邱啸等从空间角度入手,探讨居住空间和社会距离对农民工身份认同的影响,研究发现,拥有住房产权有利于增加农民工对"本地人"即城市居民这一身份的认同。居住的区位越靠近市区,越有利于农民工对本地人身份的认同,也就是说"固定混合型居住模式农民工的城市融入水平最高"。[③] 以上学者大多是从宏观视角对农民工社会认同问题的研究,这些研究强调阻碍农民工社会认同的"二元制度的惯性"和"社会排斥"等结构性制约因素。

关于解决认同困境的路径研究,学者们大多从社会制度安排和农民工主体视角出发进行分析。有研究者认为,户籍制度以及建立在户籍制度之上的各种制度安排是造成农民工社会认同的阻碍,城市对外来的农民工有条件地开放居住、就业、入学、社会保险等权利,使农民工真正获得"市民权"才能彻底解决农民工的问题。[④] 谢启文也认为,解决农民工的身份认同首先是"政府、企业和城市社会建构出一个基于机会公平之上的城乡一体化的社会管理制度和社会支持系统,以保障他们的权益"。[⑤] 李爱芹认为,要化解农民工身份认同危机,必须"消除制度性障碍、重塑公平公正的社会制度,保障青年农民工权益、建立完善的社会支持系统,加强对青年农民工的教育和引导以提高其城市适应能力"等。[⑥] 还有研究者从农民工主体视角出发,认为推动农民工实现他们在城市社会的融入,"城市社会生活中与之相关的社会建设制度支持以及社会管理理念的人本化创新"是关键,必须要不断提升其自身主体性认知,这样才能实现对农民工的"经济与社会的双重接纳"。[⑦]

此外,进入21世纪后,随着互联网络在社会的深入普及和快速发展,社会大众的工作生活发生了极大的变化。一方面互联网给大众的工作生活带来了极大的便利,但另一方面也引发了诸多社会问题,如网民的身份认同、群体

[①] 杨宜音:《新生代农民工过渡性身份认同及其特征分析》,《云南师范大学学报(哲学社会科学版)》2013年第5期。
[②] 史毅:《户籍制度与家庭团聚——流动人口流入地的身份认同》,《青年研究》2016年第6期。
[③] 陈映芳:《"农民工":制度安排与身份认同》,《社会学研究》2005年第3期。
[④] 同③。
[⑤] 谢启文:《"80后"农民工的社会认同与城市融入》,《重庆社会科学》2011年第12期。
[⑥] 李爱芹:《青年农民工的社会认同危机及其化解策略》,《广西社会科学》2009年第8期。
[⑦] 宋国英:《新生代农民工身份认同的伦理向度》,《河南社会科学》2011年第6期。

认同等问题。这些问题凸显后也得到了学界的关注。学者风笑天是学界较早意识到网络社会到来后网民的社会角色认同危机问题的学者。他认为随着信息化、网络化的兴起,由虚拟社会化与真实社会化的断裂而造成的青年角色认同危机越来越为人们所重视,具体表现为"文化冲突""更深刻意义上的代沟""内在的疏离感与孤独感"等。"克服青年社会角色认同危机",可能是目前最重要的一项前瞻性的青年研究。[①] 王成兵等认为,网络技术的飞速发展将人类带入一个虚拟空间之中。虚拟空间使人们的生活方式呈现出虚拟性、自由性和即时性等特征,但这种碎片化、虚拟性的生活方式,却对当代人的认同感构成了极大挑战,使得人们出现了认同危机问题。主要表现在三个方面:一是机器与人的界限的模糊化,自我与他者的固有界限受到了怀疑,人对自我价值的认识与接受出现了危机,人的自我认同缺失了整体性和稳定性。二是网络的虚拟性和自由性,使得网民的身份更加具有流动性和易变性,由此导致了传统社会中身份认同的"碎片化"。三是网络技术的发展促进了全球一体化的深入发展,使得不同价值观念之间相互碰撞的机率和强度大大增强,由此导致国家认同感的弱化。[②] 李辉认为,在信息社会,网络交往的出现和迅速发展,为人的交往开拓了一个全新的空间——虚拟空间。在虚拟空间中,由于身体—身份的缺场而产生的虚拟与现实的矛盾导致了网络虚拟交往中自我认同危机,认同危机的主要表现是自我虚拟人格与现实人格的分离、自我与社会关系的分离、自我与人的本质的分离等三个方面。[③] 邓志强认为,网络时代青年的社会认同是一个多元的认同。由于认同标准的多重叠加,认同客体的相互碰撞,青年的社会认同出现了困境。具体表现为:青年的虚拟认同与现实认同之间存在张力,青年的社会认同处于不确定性中,青年的社会认同面临的阻力增大,青年的社会认同面临场域的转换等。[④] 肖霞认为,网络青年自我认同的危机具体表现为:在人机互动中被物化、在社会互动中规范被弱化、现实中的自我角色被边缘化、多重角色带来混乱以及出现信仰危机。解决网络青年的自我认同危机问题,必须强化现实互动的优势,培养正确的网络价值观,培育网络青年的理性精神以及建立专属青年的网络社

[①] 风笑天、孙龙:《虚拟社会化与青年的角色认同危机——对 21 世纪青年工作和青年研究的挑战》,《青年研究》1999 年第 12 期。
[②] 王成兵、吴玉军:《虚拟社会与当代认同危机》,《北京师范大学学报(社会科学版)》2003 年第 5 期。
[③] 李辉:《网络虚拟交往中的自我认同危机》,《社会科学》2004 年第 6 期。
[④] 邓志强:《网络时代青年的社会认同困境及应对策略》,《中国青年研究》2014 年第 2 期。

区。① 刘少杰认为,网络社会的到来为研究社会认同提供了机遇,把社会认同与网络化时代的社会运动和流动空间联系起来,或者说,把社会认同研究置于网络社会基础之上,既能认清社会认同的现实形式,也能发现社会认同的强大力量。从社会认同的现实形式看,个体认同与群体认同都不能成为真正意义的社会认同,只有当个体和群体超越自身的边界,实现没有边界限制的社会联系时,才能形成真正意义上的社会认同。② 张荣等人认为,互联网时代,社会认同面临着一定的分化与冲突,这主要是受到主体、基础、动力三个层面的影响:认同主体层面,虚实结合的多重身份使得认同主体的价值信念日趋多元而复杂,社会认同的整合难度增大;认同基础层面,时空场域的动态变化,国家、市场与社会的格局重构,身份基础的碎片化等在一定程度上弱化了社会认同基础的整体性;动力层面,主动性、建构性、情境性认同的增强,使得社会认同的多维离散性更为凸显,并产生了相应的分化与冲突。③ 李阳通过对互联网中等收入群体的研究,发现他们在社会认同的类化阶段,表现出鲜明的圈层文化特征;在认同阶段,其身份的虚实多重性打破了社会认同的整体性,主观认同呈"向下偏移"的趋势;在比较阶段,他们既对互联网行业前景充满信心又面临职场焦虑。在他看来,互联网中等收入群体的社会认同状况反映了当下原有的社会认同基础被打破,新的社会认同整合机制尚待重建的社会现实。④

第三节　关于"农村社区认同感"的国内外研究

一、"社区"概念辨析

社区(或共同体)概念由德国社会学家斐迪南·滕尼斯提出。在滕尼斯看来,社区是"基于如情感、习惯、记忆等自然意志形成的一种社会有机体",是"基于一定的地域边界、责任边界、具有共同的纽带联系和社会认同感、归

---

① 肖霞:《网络青年的自我认同危机及其调适》,《中国青年研究》2014年第8期。
② 刘少杰:《网络化时代社会认同的深刻变迁》,《中国人民大学学报》2014年第5期。
③ 张荣、刘秀清:《互联网时代社会认同的分化与冲突》,《学术探索》2019年第12期。
④ 李阳:《分化与重建:互联网中等收入群体的社会认同》,《江海学刊》2021年第5期。

属感的社会生活共同体,共同的情感关怀维系着人们对社区的认同。"① 很显然,滕尼斯所谓的社区具有传统的共同体的意思,个人与其周围环境的人员、生活环境的关系是"生而定之"的,对自然禀赋具有高度的依附性。然而随着社会的变迁尤其是进入现代社会后,滕尼斯所界定的社区就遭遇了很多学者的质疑和争论,学者们对社区的特征、存在形式等进行了大量的研究。在西方学术界对社区的认知经历了"社区孤存论""社区消逝论""社区存续论""社区适应论""社区解放论"等的变迁。② 虽然学界对社区存在较多的争论,但大多普遍承认"一定的地域"、"共同的纽带"、"社会交往"以及"认同意识"是一个社区或共同体最基本的要素和特征。③ 与传统的社区研究十分强调社区的"地域性"特征不同,有一些学者提出了不具有"地域性"特征的"精神社区""非邻里社区""文化社区"等概念。④ 这些概念表明,即使人们没有共同生活的地域,在共同的利益和精神文化因素的驱使下,人们也会有共同的文化维系力、归属感、共同的亚文化,产生所谓的"精神社区"或"非地域社区"。李汉林通过对城市农民工的研究发现,城市农民工在城市里会按照血缘、地缘等初级关系的关系强度组成自己的一个非区域性的"虚拟社区"。这种非区域性社区以人们相互间的社会互动为基础,强调人们之间的交往和联系,以及这种交往过程中所产生的感情和情操的连接。⑤ 随着网络的发展与普及,大众在网络空间的交往和互动更加便捷,各种网络亚文化社区诞生,"精神社区"或"非邻里社区"逐渐成为一种新的社区类型。

二、关于社区认同感的研究

社区认同感是社区研究的重要课题。社区认同是社区赖以存在的基础,更是社区居民与社区联结的一种机制。季伟认为,社区认同是指"居住在一定地域范围内的人们,基于自身生活和发展的需要,在相互沟通、相互交往、

---

① [德]斐迪南·滕尼斯:《共同体与社会》,林荣远译,北京:商务印书馆,1999年,第102页。
② 吴晓林、覃雯:《走出"滕尼斯迷思":百年来西方社区概念的建构与理论证成》,《复旦学报(社会科学版)》2022年第1期。
③ 于燕燕:《社区自治与政府职能转变》,北京:中国社会出版社,2005年,第5页。
④ 吴亦明:《现代社区工作——一个专业社会工作的领域》,上海:上海人民出版社,2003,第1-32页、第68-111页、第245-272页、第303-315页。
⑤ 李汉林:《关系强度与虚拟社区——农民工研究的一种视角》,李培林主编:《农民工——中国进城农民工的经济社会分析》,北京:社科文献出版社,2003,第96-133页。

互帮互助的基础上,所形成的心理上的依恋和归属。"①"社区认同可以视为是,在社区范围内展开的社会认同过程,是社会认同在社区层面的映射,但又不能简单地看作是社会认同在区域范围内的缩小。"因为社区认同"相对于更为宏观的社会认同,在形成机制与影响因素上都较为不同"。②

社区认同感是构成一个社区的重要条件,一般是指社区居民在主观上对自己、他人及这个社区的感觉,这种感觉包括喜爱、依恋、归属等多种情感。③有的学者认为,社区归属感就是社区认同感,是社区居民对社区的认同程度。"现代都市居民对所在的社区是否有归属感,是衡量都市的'心理社区'是否消亡的主要尺度"。④潘允康等认为,"使社区成员对社区质量产生较高的满意度,进而出现较强的社区认同感和凝聚力,是实现社区发展与建设的关键"。社区认同感对社区发展具有重要的意义。那么,到底什么是社区认同感、归属感呢?针对这一概念,国内外学界对此有多种不同的定义。国外有的学者认为"社区归属感是一个人对自己所居住地的内心理解和情感反应",⑤"社区归属感是居民和居住地之间的一种情感纽带",⑥国内学者丘海雄认为,"社区归属感是指社区居民对本社区地域和人群集合体的喜爱、依恋以及认同的心理感觉"。⑦

影响居民社区认同感的因素有哪些呢?目前国内外学界对影响居民社区认同感因素的研究结论比较分散,研究者从不同的视角出发,得出不同的结论。丘海雄认为,居民社区认同感(归属感)的影响因素主要是:居住年限、人际关系、社区满足感、社区活动参与。⑧潘允康等认为,社区认同感(归属感)是可以通过社区满意度来测量的,而社区满意度的决定因素包括:社区的

---

① 季伟:《城市社区认同感的培育——对南通市崇川区学田街道的调查分析》,《社会工作》2008年第9期。
② 李智超:《乡村社区认同与公共事务治理——基于社会网络的视角》,北京:中国社会科学出版社,2019年,第14页。
③ 袁振龙:《社区认同与社会治安——从社会资本理论视角出发的实证研究》,《中国人民公安大学学报(社会科学版)》2010年第4期。
④ 丘海雄:《社区归属感——香港与广州的个案比较研究》,《中山大学学报(社会科学版)》1989年第2期。
⑤ Jeniffer. E. Cross, conceptualizing community attachment, E-journal of sociology, 2001.
⑥ Juan. M. Delgado-moreira, Cultural citizenship and the Creation of European Identity, E-journal of sociology, 1997.
⑦ 同④
⑧ 同④

环境卫生、社会治安、居委会工作、幼儿园、托儿所、小学、中学等23个方面。Jennifer E. cross认为,社区认同感(归属感)的影响因素包括:满意度、认知因素、情感因素(家的感觉、舒适感)、身份认同、依赖感等5个方面。[1] 李炜认为,社区认同感(归属感)本身是一种文化心理现象,但它的产生却绝非仅仅由文化因素引起,而更多地取决于政治、经济等一些实实在在的条件。[2] 栗志强通过对郑州市都市村庄流动人口的实地调查,认为其"社区认同感与其对精神社区认同感、对都市村庄社区认同感、邻里交往频度、社区参与频度、社区服务满意度、社会保障参与度成正比"。[3] 单菁菁以问卷数据资料的方式对城市居民的社区认同感进行了实证研究发现,社会关系的好坏、社区活动的参与程度、居民的社区满意度、居民对社区进步的认知程度等与居民的社区认同感具有正向关系,其中居民的社区满意度、居民对社区进步的认知程度是影响居民社区认同感的显著因素。[4] 基于530份问卷调研数据基础,杨欣等认为,社交网络及其中的互动频率、关系强度、互惠交换均对沈阳市农民工的社区归属感有显著正向影响。[5]

三、关于乡村社区认同感的研究

乡村社区认同是农民留恋乡村,参与乡村振兴的关键因素。目前关于乡村社区认同感的研究,学界大多是从城镇化、市场化、社会流动、国家农村政策等宏观结构性视角进行的经验性研究。如王春光认为,城乡发展巨大的反差、国家城镇化政策、农村公共服务滞后等也在客观上造成了他们对乡村的"认同困境"。农民工尤其是新生代农民工本该成为乡村振兴的中坚力量,然而新生代农民工的乡村认同在城市化的浪潮下不断消退,乡土的适应力和情感性在不断减弱。[6] 项继权从国家农村政策变迁的角度认为,新中国成立以后,我国建立了新的社会政治及经济制度,农村党政组织普遍建立起来。传统的以家族和血缘关系建立起来的乡村基层社区或社会生活共同体被摧毁,

---

[1] Jeniffer. E. Cross, conceptualizing community attachment, E-journal of sociology, 2001.
[2] 李炜:《论社区归属感的培育》,《东岳论丛》2002年第2期。
[3] 栗志强:《都市村庄流动人口社区认同状况及成因分析——以郑州市为例》,《郑州轻工业学院学报(社会科学版)》2006年第2期。
[4] 单菁菁:《从社区归属感看中国城市社区建设》,《中国社会科学院研究生院学报》2006年第6期。
[5] 杨欣:《社交网络对沈阳市农民工社区归属感的影响研究》,《农业经济》2022年第4期。
[6] 王春光:《农村流动人口的"半城市化"问题研究》,《社会学研究》,2006年第5期。

以集体产权或经济为基础的生产和经济共同体诞生。[①] 吴理财从城市化等结构性因素出发认为,改革开放以来,由于生产方式的转变、快速的城市化、现代信息技术的发展、国家基层治理转型等结构性因素的推动,"我国农村社区认同总体趋向消解"。在传统社区认同日益式微的状况下,维系传统社区认同的纽带逐渐被市场机制和利益所取代,农村社区的有序发展需要构建新的认同模式和参与机制。[②] 当然对农民工的乡村社区认同不可一概而论,有学者通过实证分析发现,除部分农民工对城市生活有着高度的认同外,相当数量的农民工还是有着较为浓重的乡土意识,他们认为自己的家和根在农村。[③]

关于重建农村社区认同、提升农村社区认同感问题的研究,学界探讨了多种重建模式,主要有重塑农村社区公共性论、农村文化重建论、提升农村公共服务论、培育农村社群共同体论等几种模式。卢璐等认为,新型农村社区建设应该完善社区功能,整合社区资源,促进农村社区意识的生长;加强社区文化建设,再造社区公共空间和符号资本;还权赋能,激发社区居民的主人翁意识和公共参与行动,培养和塑造社区公共精神。[④] 吴理财认为,重建农村社区认同,首先要建设农村社区公共福利,通过公共服务重建农村社区认同;其次是建设生活化的农村社区文化;最后是重构农村社区认同必须从农民生产和生活实际出发,从建设农村社区公共生活开始。建设农村社区公共生活的根本目的,是培养人们的公共精神,最终形成社区公共文化和基本认同。[⑤] 项继权认为在新的历史时期,依靠加强农村基层政治与行政管理以及经济的集体化或合作化都不足以重建社区和社会生活共同体,应通过加强农村公共服务用服务将人们联系起来,在服务的基础上重建农民的社区及社会信任和认同,构建新型农村社会生活共同体。[⑥] 同时他还认为新型农村社区的构建不仅应该着眼于建构与农村社区和社会的分化、开放相适应的新型社区或社会生活共同体,促进农村社区内部的融合;同时也是为了推进城乡之间及整个

[①] 项继权:《中国农村社区及共同体的转型与重建》,《华中师范大学学报(人文社会科学版)》2009年第3期。
[②] 吴理财:《农村社区认同及重构》,《中共天津市委党校学报》2011年第3期。
[③] 郭星华、李飞:《漂泊与寻根:农民工社会认同的二重性》,《人口研究》2009年第6期。
[④] 卢璐、许远旺:《建构认同:新型农村社区建设与社区意识的生长》,《学习与实践》2012年第4期。
[⑤] 同②
[⑥] 同①

社会的一体化,实现整个社会的有机团结和社会融合。①李增元等认为,创新社区管理体制是塑造现代农村社区认同的新途径,为此,新管理体制必须充分保障社区居民的个体自由及社区自主性空间,形成国家政权与基层社会的有效衔接机制,促进双方的良性互动,充分保障个体的合法权益。通过构建多元主体共同参与形成的富有弹性的社区管理体制,促进社区认同各项要素的形成,使现代开放性、异质性农村社区成为具有凝聚力、认同感与向心力的新型农村社会生活共同体。②在对贵州和江苏三个村进行了实证调查后,谢治菊认为,"村民社区认同即行为认同和情感认同与村民社区参与呈显著的正相关关系。Binary Logistic 回归则显示,村民背景变量中的民族、收入水平和文化程度对村民社区参与有显著的影响,这一发现对提升村民社区参与水平有重要的帮助。"③加芬芬、吴晓燕等认为,重建农村社区文化,推动农村社区文化的现代性变迁,才能确保社区文化的高度适应性,亦是构建社区认同的有效方式。④赵霞和杨筱柏在探讨了当前乡村认同危机的基础上认为,重构乡村认同,就要做到对传统乡村文化精髓进行再认同,走传统本位的文化现代化道路。⑤还有部分学者提出新时期的农民群体需要积极提高科技文化素质及劳动技能,建立新型的社会支持网络,内化新时代乡村社区价值观念,从而提高对乡村社区的认同感。

四、关于新媒体使用与乡村社区认同关系的研究

社区与传播具有天然的联系,施拉姆认为:"没有传播,就不会有社区,同样,没有社区,也不会有传播。"⑥因此,社区与传播的互动关系是传播学研究的一个重要领域。国内针对新媒体使用与农民乡村社区认同的关系研究不多。以问卷调查为主要方式进行的实证研究表明,新媒体强大的催酶作用加快了农村社会的新陈代谢,它不仅为农民日常生活增添了新的内容,也打破

---

① 项继权:《农村社区建设:社会融合与治理转型》,《社会主义研究》2008年第2期。
② 李增元、袁方成:《农村社区认同:在管理体制变迁中实现重塑》,《中州学刊》2012年第1期。
③ 谢治菊:《村民社区认同与社区参与——基于江苏和贵州农村的实证研究》,《理论与改革》2012年第4期。
④ 加芬芬、吴晓燕:《农村社区文化:变迁与重构》,《天府新论》2013年第1期。
⑤ 赵霞、杨筱柏:《当代中国乡村文化认同的理论外延与路径依赖》,《河北师范大学学报(哲学社会科学版)》2013年第5期。
⑥ [美]威尔伯·施拉姆、威廉·波特:《传播学概论》,陈亮译,北京:新华出版社,1984年,第3页。

了农民社会交往空间的阻隔,极大地延伸了社会关系的空间范围,并将进一步淡化农村社会的血缘和地缘关系。① 新媒体传播空间的即时性、交互性以及信息海量化等优势特征对缩小城乡的"信息鸿沟"和提升农民现代化观念具有显著的作用和价值。② 新媒体空间参与对农民表达意愿和表达渠道有显著影响,尤其是新媒体在村庄场域的兴起拓宽了农民参与社会治理的渠道,有助于培育农民的理性参与意识和行为,为农村社会治理的共建共享创造了有利条件。③ 林发琛以村庄微信群为例探讨了乡村秩序重构的实践过程,他认为在市场化、工业化和城镇化的过程中,乡村人口逐渐外流,乡村秩序面临失序;村庄微信群的建立为身处不同地域的村民提供了互动交流的网络空间。网络公共空间的兴起为乡村秩序的维系提供了契机和可能,对乡村秩序的重构起到了积极的作用。④ 牛耀红通过对西部农村的田野调查认为,移动互联网为公众的公共参与提供了平台,媒介化参与已经成为了农民参与公共生活的重要方式。移动互联网公共平台构建了村民互动交往的网络公共空间,借助网络空间村民公共生活的复兴、村民公共参与书写乡村集体记忆、共同参与乡村公共文化建设,均对建构新型乡村社区认同起到了重要作用。⑤ 显然,新媒体不仅为农民的娱乐文化消费提供了平台,也会对农民新型乡村社区认同构建产生重要意义。

第四节　文献研究述评

综合以上文献可以看到,目前国内外关于"认同"以及"社区认同"的研究成果比较丰富,不仅有对西方认同理论的引介性研究,还有拓展性研究;不仅有围绕农民工群体、青年群体、网络群体、城市移民等进行的自我认同、身份认同、社会认同、文化认同、社区认同的经验研究,还有基于本土认同经验的

---

① 李卫华:《新媒体发展与农村社会的新陈代谢》,《河南大学学报(社会科学版)》2011年第5期。
② 高红波:《新媒体需求与使用对农民现代化观念影响的实证研究——以河南巩义 IPTV 农村用户为例》,《新闻与传播研究》2013年第7期。
③ 王燕:《新媒体如何有效"嵌入"农村社会治理》,《人民论坛》2017年第31期。
④ 林发琛:《网络公共空间的兴起与乡村秩序重构——基于闽中 Q 村村庄微信群的考察研究》,华东政法大学硕士论文,2019年。
⑤ 牛耀红:《移动传播时代:村民网络公共参与对乡村社区认同的建构——基于甘肃陇南 F 村的田野调查》,《社会学评论》2017年第1期。

理论创新。不可否认,在取得上述成果的同时,当前研究还存在一些不足。

第一、学界对西方认同理论的引介与拓展性研究相对较少,只有少数学者涉足。大部分学者是结合社会转型背景下中国本土的认同事实,围绕(新生代)农民工等特殊的社会群体进行经验研究。在目前的经验研究成果中,关于自我认同的研究成果较多,关于网络社会认同的相关研究较为薄弱,成果较少。在现有的少量的关于网络社会认同的研究中,学者们又侧重对网络社会认同危机的描述和阐释,对策性研究较少。因此,网络社会认同整合研究亟待加强。

第二,专门研究新农民群体的新媒体接触还不足。学者们已经开始有意识地对社会各个社会群体的媒介接触进行调查研究,但是对日益发展壮大的新农民这一群体的关注还有待深入。由前面的文献回顾可知,新农民群体具有不同于传统农民的特质,他们的文化水平、从业经历、经营理念决定了他们的媒介接触行为、乡村认同状况是区别于传统农民的,而且媒介接触行为具有时代性,它会随着传媒技术的发展而有所变化,因而聚焦新农民群体的新媒体接触行为具有重要的研究意义。

第三,现有的研究多是关于单一社会群体媒介接触现状描述,深入分析的少。目前关于媒介接触的研究,可以说都是浅层面的现象描述。大多数研究只是呈现调查得来的数据,这些数据成了研究的亮点,对数据深度分析的解释性研究则较少。对策性研究尤其是针对网络时代认同分化与冲突的对策性研究更为薄弱,亟需进一步加强。

第四,媒介接触与乡村社区认同结合的研究较少。现有关于乡村社区认同的主要研究视角是社会学、心理学、管理学等。从媒介接触尤其是新媒体接触角度,把乡村社区认同感看作传播效果的研究比较少。由前文分析可知,在乡村社区认同衰落甚至产生危机的背景下,乡村社区认同的相关研究具有现实意义,而利用新媒体,发挥新媒体作用,创建网络虚拟社区,促进乡村社区认同危机的化解是一个便捷可行的路径。因此,有必要将新媒体接触与乡村社区认同的研究相结合,分析二者的因果关系,探讨新媒体时代乡村社区认同整合的路径。

第三章　新农民群体的崛起与特征

众所周知，我国是一个农业大国，有几千年的农业发展史。新中国成立以前，绝大多数农民靠租种地主土地过活，与封建地主之间有着强烈的人身依附关系。新中国成立后，作为"三座大山"之一的封建主义被推翻，实现"耕者有其田"，农民获得了土地，农民和土地的关系发生了根本性转变。农民群体作为发展农业的核心力量，在社会发展中占着举足轻重的地位。我国虽是农业大国，但称不上是农业强国。要想实现从农业大国到农业强国的转变，转变农业生产管理模式，发展现代农业是其中最为重要的一环，而要实现这重要一环的转变关键就在于培养大批高素质的新农民。为了提高我国农业劳动力的素质，党和国家高度重视农民的培训与教育工作，并颁布了一系列的政策文件，大力扶持农民职业教育事业的发展。随着国家农民政策的变迁，从培养职业农民到培养新型农民，再到培养新型职业农民、高素质农民，农民的称谓在时间轴上不断发生变化。这既是国家通过政策改造培育新农民的结果，也是农民群体自身不断分化以适应时代需要的结果。

第一节　改革开放以来农村改革与新农民群体的发展壮大

伴随着改革开放政策的深入推进，我国工业化、城镇化进程不断加快。工业化和城镇化对农村、农业和农民的生产生活产生了巨大的冲击，带来了深刻的变化。其中最为显著的是，部分农民从传统农业生产中脱离出来进入非农产业、进入城镇就业；部分农民扎根农村，在国家政策的指引下，走上发展现代农业之路。这些冲击和变化不仅改变了农村原有的经济结构和生产模式，而且使农民群体产生了分化。

一、二元户籍制度下的身份农民

我国是一个农业大国，有着五千年农业文明发展史。农民作为社会生产的主体,成为社会劳动成果的主要创造者。在封建社会,土地是社会财富的象征,围绕着土地,形成了地主和农民两大群体。地主是大量土地的占有者,他们依靠出租土地或者雇佣农民从事农业生产获得财富。农民群体包括自耕农、半自耕农、佃农、雇农等,他们一般占有少量土地或者不占有土地,他们需要依靠自己的体力劳动参加农业生产,并以此获得生活资料。两个群体虽然一直存在,但二者之间并没有不可逾越的鸿沟。地主会因战争动乱、经营不善或触犯法律等原因变成农民,农民也会因自己精于经营或科举入仕等原因成为地主。因此中国古代的农民概念,并不是作为一种身份壁垒而存在,没有身份、阶级等外延含义,多表示从事农业生产的一类人,是与士、工、商并列的职业划分,封建社会也因此被称为"四民社会"。

中国共产党领导新民主主义革命时期,为发动广大民众参加革命,在农村进行了阶级划分,区分了地主、富农、中农、贫农等,划分的标准就是是否拥有土地等生产资料,是否依靠出卖劳动力谋生。[1] 这种阶级划分,对团结革命力量孤立革命对象具有重要意义,但也同时使农民成为一种政治身份,而不再仅仅是一种职业。

新中国成立后,国家开始对农村社会和小农经济进行改造,为了把农民纳入国家发展体系,保障农业生产和国家对农产品征购任务的完成,1956年和1957年,国家连续颁发四个限制和控制农民盲目流入城市的文件;1958年1月9日《中华人民共和国户口登记条例》经全国人大常务委员会第九十一次会通过颁布实施,该条例区分了农业户口和非农业户口,并严格限制农村人口向城市的自由流动,由此国家正式建立了城乡二元户籍管理制度。在这一制度下,农民不是一种可以选择的职业,而是一种固定的无法改变的身份。[2] 为了配合这一制度的实施,在以后的宪法修改中更是取消了关于公民居住和迁徙自由的条款。农村居民和城镇居民俨然成为两种治理体系下的两个截然不同的群体。城乡二元社会结构形成,农民身份特征开始凸显。这一时期,"尽管农民还被称为农民,但他们与传统的农民已有天壤之别。他们不仅仅是自然生成的,同时也是为国家所建构的"。[3] 城乡二元户籍制度以及后来的人民公社制度的实施把农民彻底地禁锢在土地上,"由于农民的农业生产处于集体统一管理框架下,农民无法脱离集体进行交易与再生产活动,同时,

---

[1] 刘承韪:《产权与政治:中国农村土地制度变迁研究》,北京:法律出版社,2012年。
[2] 丁志春:《"农民"称谓变迁与群体分化的内在逻辑与价值意蕴》,《中南农业科技》2022年第4期。
[3] 徐勇:《国家化、农民性与乡村整合》,南京:江苏人民出版社,2019年,第56页。

农村劳动力要素的流动也因户籍制度受限"。在重重的制度管理之下,这一时期的"农民的同质化特征十分明显,超过80%的人口居住在农村,以农业为生"。[①] 1964年8月公安部颁布了《关于处理户口迁移的规定(草案)》,规定集中体现了该时期户口迁移的两个"严加限制"基本精神,即:对从农村迁往城市、集镇的要严加限制,对从集镇迁往城市的要严加限制。基于农民户籍身份对国家社会治理的重要意义,直到1983年12月,国务院还发布了《关于严格控制农村劳动力进城做工和农业人口转为非农业人口的通知》,以限制农村富余劳动力向城市流动。不可否认,城乡二元户籍管理制度下,农民作为与市民相对的户籍身份,不仅给农民的生产生活带来了诸多不便,在某些语境中,甚至还带有贬低色彩,因为这一身份标签常常带给人贫穷、落后、愚昧的联想,意味着要接受比城市户口低人一等的待遇和公共服务。也正因为如此,西方学术界一直将我国的农民称为"Peasant"(传统农民)而不是"Farmer"(职业农民),原因在于,我国的农民通常被理解为社会学意义上的身份,或是社会等级,而不是经济学意义上的理性人。[②]

改革开放后,为了适应农村富余劳动力向城市转移的潮流,国家逐渐开始松动户籍管理制度,农民的身份意义也随之逐渐淡化。1984年10月,国务院发布通知,允许"有固定住所,经营能力"的农民和家属,自理口粮进入集镇"落常住户口"。1985年中共中央、国务院下发的中央一号文件《关于进一步活跃农村经济的十项政策》要求"进一步扩大城乡经济交往""在各级政府统一管理下,允许农民进城开店设坊,兴办服务业,提供各种劳务"。[③] 城乡经济互动交往的人为身份壁垒开始被打破,但是粘贴在户籍关系上的科教、卫生、医疗、就业等一系列政策并没有被触及。1985年7月,公安部出台《关于城镇暂住人口管理的暂行规定》,要求各地公安机关对城镇外来人口实行暂住证管理,允许暂住人口在城镇长期居留。1991年7月,国务院颁布《全民所有制企业招用农民合同制工人的规定》,规定"企业招用农民工必须在国家下达的劳动工资计划之内,用于国务院劳动行政主管部门确定的需要从农村中招用劳动力的生产岗位和工种。"该规定使用了"农民工"这一概念,把"农民"和

[①] 韩佳丽、王汉杰:《"真实农民"的定义提出与政策含义》,《江南大学学报(人文社会科学版)》,2020年第4期。
[②] 庄西真:《从农民到新型职业农民》,《职教论坛》,2015年第10期。
[③] 《中共中央国务院关于进一步活跃农村经济的十项政策》,农业农村部网站,http://www.moa.gov.cn/gk/zcfg/__deleted_2018.10.23_09.42.28__flfg/200601/t20060120_539470.htm

"工"结合在一起,颇具意味。"农民工"概念仍然在一定程度上凸显了进城务工人员的农民身份标签,不过"工"字却更有职业意义。为了加强农村富余劳动力跨地区转移流动就业的管理,劳动部于1994年11月颁布了《农村劳动力跨省流动就业管理暂行规定》,该规定允许城市的企业、个体经济组织以及国家机关、事业组织和社会团体"跨省招用农村劳动力"。城乡人员流动的大门进一步打开。1997年,国务院批准在全国382个小城镇进行"县以下小城镇"户籍制度改革试点,允许"有合法固定住所,有合法稳定的非农职业或生活来源,已合法居住一定年限"的人员转为城镇户口。2001年3月30日国务院批准小城镇户籍制度改革在全国全面推开。2009年中央经济工作会议提出,要进一步放宽中小城市和城镇户籍限制,对于符合条件的农业转移人口,要逐步解决好在城镇就业和落户问题。2010年,根据党的十七大提出的实施人才强国战略的总体要求,国家制定了《2010—2020年中长期人才发展规划纲要》,提出"逐步建立城乡统一的户口登记制度,调整户口迁移政策"。2012年2月,国家下发了《国务院办公厅关于积极稳妥推进户籍管理制度改革的通知》,通知要求,要引导非农产业和农村人口有序向中小城市和建制镇转移,逐步满足符合条件的农村人口落户需求,逐步实现城乡基本公共服务均等化。2013年11月,《中共中央关于全面深化改革若干重大问题的决定》指出,要"创新人口管理,加快户籍制度改革,全面放开建制镇和小城市落户限制,有序放开中等城市落户限制,合理确定大城市落户条件,严格控制特大城市人口规模。"2014年7月30日,《国务院关于进一步推进户籍制度改革的意见》正式发布。意见规定,要进一步调整户口迁移政策,统一城乡户口登记制度,全面实施居住证制度,加快建设和共享国家人口基础信息库,稳步推进义务教育、就业服务、基本养老、基本医疗卫生、住房保障等城镇基本公共服务覆盖全部常住人口。这意味着以"农业"和"非农业"为标准区分户口性质的城乡二元户籍制度将成为历史,"农业人口"和"非农业人口"的户口界限将不复存在,公民将获得统一的身份,黏附在户籍关系上的种种社会经济差别功能将被剥离、剔除,真正使城乡居民在发展机会面前地位平等。2022年7月12日,国家发展改革委印发"十四五"新型城镇化实施方案,提出了放开放宽除个别超大城市外的落户限制,试行以经常居住地登记户口制度。城乡户籍壁垒被进一步打破,城乡之间无法逾越的鸿沟逐渐被填平,农民作为身份意义的标签将被彻底撕掉。

二、传统农民群体的分化与职业农民的诞生

一般来说,农民身份的转变,主要受社会经济结构因素的影响。在我国,农民身份的转变还会受其他很多因素的制约,尤其是与我国特殊的土地制度密切相关。

改革开放以前,农产品统购统销制度、人民公社制度、城乡分割的二元户籍管理体制是国家农村治理的三大制度支柱。这三大制度虽然有助于新中国工业体系的建设,但它严重违背了社会经济发展规律。统购统销制度剥夺了农民的市场主体权益,人民公社制度剥夺了农民的土地资源配置权益,二元管理的户籍制度剥夺了农民自由迁徙的权益。[①] 这些制度的实施,严重地把农民束缚在农村土地上,给农业生产力和农村社会的全面发展带来了极大的阻力。尤其是"政社合一"的人民公社体制这一农村经济经营管理模式,尽管这种模式在建立初期可以激发农民的生产积极性,但是随着时间的推移其存在的弊端也逐渐显现,特别是其高度集中的"准军事化"生产活动,"组织军事化,行动战斗化,生活集体化"的生产生活方式要求农民按时上班,到点下班,依时取酬,极大地限制了人们的自由流动,阻碍了劳动人民创造力的发挥。受这种体制的束缚农民不仅没有经营自主权和生产选择权,甚至还没有"行动自由"。

十一届三中全会后,改革开放提上日程。我国农村率先开始了轰轰烈烈的体制改革。安徽、四川等地的部分农村开始尝试包干到户、到组的生产方式,其实质是直接将土地等公有制资料分配给农民使用,使生产者与生产资料直接结合,其劳动成果直接与劳动者的个人利益相关联,由此激发了农民的生产积极性。到1984年末,全国99.96%的生产队已经把土地等生产资料承包给农民,实行了生产责任制,以大包干为主要形式的家庭联产承包责任制成为中国农村经济改革的核心内容。[②] 由于家庭联产承包责任制给农民以极大的"生产自主权",农业生产力得到极大解放。在原生产队体制下,农业劳动力剩余超过三分之一,[③]家庭承包经营后,这部分富余的劳动力资源就可

---

① 孔祥智:《改革开放以来国家与农民关系的变化:基于权益视角》,《中国人民大学学报》2018年第3期。
② 王伟光:《社会主义通史(第8卷)》,北京:人民出版社,2011年,第224页。
③ 杜润生:《杜润生自述:中国农村体制变革重大决策纪实》,北京:人民出版社,2005年,第133页。

以脱离农业生产，由农户自主配置，这使得部分农村劳动力跨产业、跨地区流动成为可能。

20世纪80年代中期以后，随着国家工业化和城市化进程的加速，农村规模庞大的富余劳动力开始向城市迅速转移流动。特别是1991年7月国务院出台《全民所有制企业招用农民合同制工人的规定》后，企业可以在不转农民户粮关系的前提下，从农村招聘"农民工"。这是"农民工"的概念第一次在官方文件中正式出现。此后，农民工作为从传统农民中分化出的一个特殊群体，在中国工业化浪潮中迅速壮大。从1980年到2007年，28年年均农业劳动力转移量为744.36万人；到2007年农业劳动力转移人数达到22795万人，约占农业劳动力总量的44.3%。[①] 2008年以来，这一数量继续增长，根据国家统计局的数据，截止到2022年全年农民工总量已经达到29562万人。[②]

需要说明的是，进入21世纪以来的新生代农民工[③]与第一代农民工不同。在对农村土地的态度上，第一代农民工大多是候鸟式迁徙，不会轻易流转土地，他们农闲时外出打工，农忙时回村耕种。此外，他们还有着浓烈的乡土情结，年老时一定要回村返农，叶落归根于农村是他们的执念。对第一代农民工而言，虽然在就业和收入上使农民对土地的依赖有所降低，但是，并未根本改变农民与土地的黏度，因而依然没有脱离费孝通意义上的"乡土中国"。[④] 在乡土情结方面，新生代农民工不像第一代农民工那么强，他们渐渐疏离了乡村和农地，他们挣钱后会选择在附近县城或工作城市购房而不是回到农村建房。2018年在进城农民工户中，购买住房的占19%，与去年持平，其中购买商品房的为17.4%。[⑤] 这预示着新生代农民工老年很大比例不会落叶归根到农村而是准备在城市养老，新生代农民工与农村和土地的黏度不断降低，使其从农民群体中分化出来。

新生代农民工离开农村和农地的态度以及两代农民工之间的代际差异为农村土地流转创造了条件。进入21世纪以来，随着农村土地流转政策的完

---

① 李周：《农民流动：70年历史变迁与未来30年展望》，《中国农村观察》2019年第5期。
② 国家统计局：《2022年国民经济顶住压力再上新台阶》，http://www.stats.gov.cn/xxgk/sjfb/zxfb2020/202301/t20230117_1892123.html
③ 2013年国家统计局农民工监测调查报告中的定义，即新生代农民工：1980年及以后出生的农民工。
④ 刘守英：《城乡中国的土地问题》，《北京大学学报（哲学社会科学版）》2018年第3期。
⑤ 参见国家统计局：《2018年农民工监测调查报告》http://www.stats.gov.cn/sj/zxfb/202302/t20230203_1900299.html

善,农民工尤其是新生代农民工流转土地给他人经营的意愿更加强烈,农村土地流转的速度、数量与规模都得到了较快的发展。据统计,1996 年全国仅有 2.6% 的耕地发生流转,2004 年、2010 年、2016 年流转比例分别为 14.7%、30.4%、35.0%。[①] 截止到 2020 年底全国流转土地已经达到 5.32 亿亩,超过全国耕地面积的三分之一已经被流转出去。不仅如此,土地流转方式也更加多样化。截止 2020 年底,在全国流转的 5.32 亿亩土地中,其中出租(转包) 4.75 亿亩,入股 2.93 亿亩,其他形式 2.8 亿亩。流转入农户 2.49 亿亩;流转入专业合作社 1.14 亿亩,流转入企业 0.56 亿亩,流转入其他主体的面积是 1.13 亿亩。[②] 农村土地的快速流转加速了农民群体的分化,部分农民工彻底离开农村、离开土地流向城市进入非农产业,开始在城市工作生活,成为城市居民;还有一部分农民也从传统农民群体中分化出来,他们接收了农村流转出来的大部分土地,以市场为导向,深耕农业领域,走上了专业化规模化的发展经营之路,成为职业农民。

事实上,为了培养农业发展技术骨干,原农业部早在 1990 年就在全国 300 多个县启动了"绿色证书"(农民技术资格证书)制度试点工作。1993 年,农业部下发了《关于实施"绿色证书工程"的意见》,提出"对具有初、高中文化程度的农民进行岗位培训,培养一支能够起示范带头作用的农民技术骨干队伍"。该工程实施后,到 1999 年,该项目覆盖了 1 200 多个县、1 029 万人,其中有 458 万人获得绿色证书。[③] 这部分参加培训后成为农业发展技术骨干人员是我国第一批持证上岗的职业农民。为落实科技兴农战略,1999 年 7 月,农业部联合财政部等部门在山东兖州启动了"跨世纪青年农民科技培训工程"。该工程主要针对农村回乡务农两年以上的初高中毕业生,对他们进行实用技术、经营管理等方面的培训,计划用 7 年的时间培训 500 万人。这批接受培训成为农业技术骨干的人员成为了最早的职业农民。

三、建设社会主义新农村战略与新型农民培育

2005 年 10 月,党的十六届五中全会召开。全会作出了"建设社会主义新

---

① 郜亮亮:《中国农地流转市场的现状及完善建议》,《中州学刊》2018 年第 2 期。
② 中华人民共和国农业农村部编:《2021 中国农业农村统计摘要》,北京:中国农业出版社,2021 年,第 130 页。
③ 杨雄年:《农民教育培训工作的回顾与展望》,《高等农业教育》2009 年第 1 期。

农村"的重大方略,并把它列在我国未来五年科学发展的十大方略中。根据全会的部署,社会主义新农村建设要在党的领导下,按照"生产发展、生活宽裕、乡风文明、村容整洁、管理民主"的二十字方针要求,对农村进行全方位的建设,以加快改善农村人居环境,提高农民素质,全面促进农村经济发展和社会的进步。二十字方针,虽然内容简短,但内涵十分丰富深刻,既有发展农村社会生产力的要求,又有调整生产关系的要求;在要求加强物质文明建设的同时,又要求加强精神文明建设。提出"建设社会主义新农村"重大方略是落实科学发展观的重要举措,是达成全面建设小康社会发展目标的根本保证,更是构建社会主义和谐社会的重要前提。

十六届五中全会提出的"建设社会主义新农村"是我国现代化进程中的一个艰巨的重大历史任务。这一任务由谁来执行,变得至关重要。为此,国家作出了培养新型农民的决策,让新型农民成为建设社会主义新农村的骨干力量。2006年3月,第十届全国人民代表大会第四次会议审议通过了《国民经济和社会发展第十一个五年规划纲要》。《纲要》在"第二篇建设社会主义新农村"这个篇章中,详细阐释了培养新型农民的问题,强调要"加快发展农村教育、技能培训和文化事业,培养造就有文化、懂技术、会经营的新型农民"。[①] 这是官方文件第一次正式提出"新型农民"这一概念,也是提一次赋予新型农民"有文化、懂技术、会经营"的内涵。2007年1月中央下发了的《中共中央国务院关于积极发展现代农业扎实推进社会主义新农村建设的若干意见》,该文件强调"建设现代农业,最终要靠有文化、懂技术、会经营的新型农民",并把新型农民定位为新型农业经营主体,要求"把广大农户培养成有较强市场意识、有较高生产技能、有一定管理能力的现代农业经营者"。[②] 2007年10月,党的十七大召开,培育新型农民问题被写入了党的十七大报告。十七大报告强调指出,统筹城乡发展,推进社会主义新农村建设,必须要大力培育有文化、懂技术、会经营的新型农民,发挥亿万农民建设新农村的主体作用。为加快发展面向农村的职业教育,培养大批新型农民,2011年11月7日,教育部、财政部、农业农村部、科学技术部和国家发展改革委等九个部门联合发布了《关于加快发展面向农村的职业教育的意见》,明确要求农村基础

---

① 《国民经济和社会发展第十一个五年规划纲要》全文,国家发展和改革委员会网站,https://www.ndrc.gov.cn/xwdt/gdzt/ghjd/quanwen/。
② 《中共中央国务院关于积极发展现代农业扎实推进社会主义新农村建设的若干意见》,中华人民共和国中央人民政府网:http://www.gov.cn/gongbao/content/2007/content_548921.htm。

第三章 新农民群体的崛起与特征

教育、职业教育、成人教育要分工协作,形成合力,共同培育"有文化、懂技术、会经营"的新型农民,并提出了"以农村实用人才带头人和农村生产经营型人才为重点,每年培养农村实用人才100万人,实现2020年农村实用人才总量达到1 800万人的目标"。

在制定政策的同时,国家及时安排了资金和农民培训项目,以保证政策的落地。2005年5月,"新型农民科技培训项目"和"农村劳动力转移培训阳光工程"全面启动,当年安排示范性培训任务280万人,中央财政阳光工程安排4亿元专项补助资金。[①] 截止到2008年底,中央财政累计安排新型农民科技培训工程补助资金8亿元,阳光工程补助资金32.5亿元,共培训农民2 000多万人。同时,带动地方投入农民培训资金30多亿元,培训人数达3 000多万人。[②] 在中央政策的引领下,新型农民培育工作也得到了地方政府的大力支持。比如辽宁省从2006年就开始实施了"新型农民科技培训工程",采用专题培训、现场示范、送科技到村、现代多媒体传播等培训模式,对从事第一产业的农民进行生产专业技术和经营管理知识系统培训,使受训农民成为农业技术能手或致富带头人。到2007年底,共计投入资金2 430万元(其中中央财政安排1 290万元,省财政安排1 140万元),在2430个村组织实施,全省接受培训的农民达到12.2万人。[③] 四川省积极响应国家培养新型农民的政策号召,在十一五期间,主要通过"绿色证书工程"和"新型农民科技培训素质工程"等的实施,力争培养新型农民技术员50万人,确保每个村民小组至少1~2名农民技术员;培训新型骨干农民200万人,每个行政村培训40个骨干农民,确保每个村民小组有5个骨干农民;培植农民企业家,每个乡镇达到2~3人;培养农村劳动力转移职业技能型人才150万人。[④] 天津市从2004年开始实施农村劳动力351培训工程,到2007年培训规模达到111万,累计开班近两万期,其中培训新型农民34.3万人,为现代农业造就了一大批专业农民。[⑤] 天津在2010年5月又通过了《天津市农民教育培训条例》,开始实施"农村劳动力素质提升"工程,以此来培育大批新型农民,为天津现代农业的发展提供

---

① 曹茸:《新型农民科技培训和阳光工程全面启动》,《农民日报》2005年5月18日第005版。
② 曹茸:《加强农民教育培训促进农民就业增收造就一代新型农民》,《农民日报》2008年12月24日第001版。
③ 辽宁省农村经济委员会:《全省两年培训新型农民12万人》,《辽宁日报》2007年11月30日第8版。
④ 马静瑶:《瓶颈中破题培养新型农民》,《四川科技报》2006年10月24日第1版。
⑤ 武自然:《天津三年培训出百万新型农民》,《经济日报》2007年11月13日第9版。

人才保障。为弥补农民教育的不足,构建农民培训的长效机制,海南省农业厅创新思路,规划建设了四级农民培训体系:省建农民培训中心、市(县)建农民培训学校、乡镇建农民培训基地、村建农民培训点。①

四、积极发展现代农业与新型职业农民培育

进入21世纪后,随着农村土地政策的完善和工业化、城镇化以前所未有的速度推进,农村的社会经济和社会结构发生了一系列深刻的变化,其中最突出或者说最表象的是两方面:一是农村土地大量转为城镇和各类非农业项目的建设用地,二是农村青壮年劳动力大量流向城镇从事非农业生产。② 这两大变化直接导致了小农经济和农户碎片化分散经营方式的瓦解,土地会不断向留守农业的经营户流转,原本分散经营的农户可能逐步实现农业集中经营和农业产业化。在不断完善的农业社会化服务体系的支持下,现代化农场、农业企业、农民合作组织将成为一种发展趋势。从农业发展趋势看,走集约型发展路子,发展现代农业已成为我国农业发展的必然选择。早在2008年,中共十七届三中全会就把"积极发展现代农业"作为新一轮农村改革发展的重点之一,并提出了"发展现代农业,必须按照高产、优质、高效、生态、安全的要求,加快转变农业发展方式,推进农业科技进步和创新,加强农业物质技术装备,健全农业产业体系,提高土地产出率、资源利用率、劳动生产率,增强农业抗风险能力、国际竞争能力、可持续发展能力"等要求。在党的政策的推动下,农业科技在农业生产中的推广力度也逐渐加大。到2012年我国农业科技进步贡献率达到54.5%,耕种收综合机械化水平达到57%,标志着我国农业发展已进入主要依靠科技进步的新轨道,农业生产方式由几千年来以人力畜力为主转入以机械作业为主的新阶段。农业科技的应用虽然取得了较大的成就,但我国农业劳动生产率仍然偏低的现状并没有从根本上改观。我国农业科技的贡献率仅相当于第二产业的1/8,第三产业的1/4,世界平均水平的1/2。③ 造成这一局面的主要原因是,许多农民不会运用先进的农业技术和

---

① 周月光:《我省启动四级农民培训体系建设》,《海南日报》2011年3月24日第A01版。
② 陈锡文:《把握农村经济结构、农业经营形式和农村社会形态变迁的脉搏》,《开放时代》2012年第3期。
③ 韩长赋:《大力培育新型职业农民为建设现代农业提供人才支撑》,农业农村部网站:http://www.moa.gov.cn/jg/leaders/hanchangfu/jianghua/201312/t20131212_3709931.htm

生产工具,接受新技术新知识的能力不强。农民科技文化水平不高,成为束缚我国农业现代化发展的巨大阻力。同时,放眼全球,经济全球化的发展导致了世界市场农产品的竞争日益激烈,我国农业发展面临着空前的压力。提高农产品国际竞争力,迫切需要把农业发展方式转到依靠科技进步和提高劳动者素质上来,加快培养一批综合素质好、生产技能强、经营水平高的新型职业农民。

农业现代化是农业由传统型向现代型转变的过程,发展现代农业,不仅仅是一个现代生产要素引入或技术进步的过程,同时还是一个农业生产要素优化配置的过程,更是一个劳动者素质提高的一个过程。农民是农业生产力中最活跃、最重要、最直接的因素,其他要素必须通过农民才能在农业生产上发挥作用。发展现代农业,必然要培养能够与之相适应的新型职业农民,因此实现农业现代化发展的根本核心是提高农民素质,实现农民的现代化职业化。如果无法完成农民的现代化,则农业现代化就会成为空言。正如英格尔斯所言:"完善现代制度以及伴随而来的指导大纲、管理守则,本身只是一些空的躯壳。如果一个国家的人民缺乏一种赋予这些制度以真实生命力的广泛的现代心理基础,如果执行和运用着这些现代制度的人,自身还没有从心理、思想、态度和行为方式上都经历一个向现代化的转变,失败和畸形的悲剧是不可避免的"。[1] 因此培养具有现代化意识的新型职业农民变得尤为重要。美国著名经济学家西奥多·W·舒尔茨在其《改造传统农业》中也曾言,要实现传统农业改造,必须引进现代农业生产要素。现代农业要素的提供者主要是专业研究人员,而农民的作用"是作为新要素的需求者来接受这些要素"。[2] 因此,培养造就一大批适应农村经济社会结构和现代农业经营模式的农业人才,进而引领农村社会全面进步与发展,成为当时农村经济社会改革的关键所在。

2012年中央一号文件《中共中央国务院关于加快推进农业科技创新持续增强农产品供给保障能力的若干意见》提出了关于培育新型职业农民的战略部署,要求"加强教育科技培训,全面造就新型农业农村人才队伍,以提高科技素质、职业技能、经营能力为核心,大规模开展农村实用人才培训",培育新型职业农民的序幕由此掀开。当年8月,原农业农村部"立足中国农村劳动力

---

[1] [美]英格尔斯:《人的现代化》,殷陆君译.成都:四川人民出版社,1988年,第4页。
[2] [美]舒尔茨:《改造传统农业》,梁小民译,北京:商务印书馆,1990年,第68页。

结构的新变化,着眼现代农业发展的新需求"印发了《新型职业农民培育试点工作方案》并启动了新型职业农民培育试点工作。与以往新型农民培育不同,新型职业农民培育紧紧围绕新型职业农民这个主要对象,重点面向专业大户、家庭农场、农民合作社、农业企业等新型经营主体中的带头人、骨干农民等,突出务农技能这个核心内容,开展从种到收、从生产决策到产品营销的全过程培训,重点培训良种良法、病虫害防治、农机农艺融合、储藏保鲜、市场营销等现代农业知识技能,以及现代农业管理和经营理念。[①] 在农业农村部的积极推动下,全国100个县建立了新型职业农民培育试点。同时,教育部也把"加快发展面向农村的职业教育,培育新型职业农民"列为2013年工作要点,并以继续开展国家级农村职业教育和成人教育示范县(市、区)创建活动作为重要抓手,大力推进新型职业农民的培育工作。2013年8月,农业农村部又下发了《关于加强农业广播电视学校建设加快构建新型职业农民教育培训体系的意见》。在意见中,农业农村部明确提出"加快构建以农业广播电视学校为基础依托的新型职业农民教育培训体系"。[②] 2014年,国家安排农民培育补助资金11亿元,以进一步扩大新型职业农民培育试点工作。当年增加了200个县,全国共有300个县建立了新型职业农民培育试点,逐步开展新型职业农民认定标准、培育模式、扶持政策"三位一体"的探索性工作。2014年3月,为深入推进面向农村的职业教育改革,加快培养新型职业农民,稳定和壮大现代农业生产经营者队伍,教育部办公厅和农业农村部办公厅联合发布了《中等职业学校新型职业农民培养方案试行》,向50岁以下初中毕业以上学历的农民开放中等职业教育。学员通过灵活的学习方式,达到规定的毕业学分数,即可毕业,获得国家承认的中等职业教育学历。2015年6月农业农村部又下发了《关于统筹开展新型职业农民和农村实用人才认定工作的通知》,根据统筹开展认定工作需要,该通知将农村实用人才调整为新型职业农民、技能带动型和社会服务型三类,以精准培育为导向,以精细管理为手段,以政策扶持为保障,推进认定工作科学化、规范化,建立完善新型职业农民培育和农村实用人才培养制度。到2016年底,政府共投入24.9亿元专项资金用于农民培育,新型职业农民培育工程覆盖了全国8个省、30个市和2 000多个农业

---

① 韩长赋:《大力培育新型职业农民为建设现代农业提供人才支撑》,农业农村部网站:http://www.moa.gov.cn/jg/leaders/hanchangfu/jianghua/201312/t20131212_3709931.htm
② 《农业农村部关于加强农业广播电视学校建设加快构建新型职业农民教育培训体系的意见》,农业农村部网站:http://www.moa.gov.cn/nybgb/2013/dbaq/201712/t20171219_6119827.htm

县(团、场)。2017年1月,农业农村部出台《"十三五"全国新型职业农民培育发展规划》,以提高农民、扶持农民、富裕农民为方向,以吸引年轻人务农、培养职业农民为重点,通过培训提高一批、吸引发展一批、培养储备一批,加快构建一支有文化、懂技术、善经营、会管理的新型职业农民队伍。规划制定了新型职业农民的发展目标,到2020年,总量超过2 000万人。[1] 在上述政策的保障下,截至2017年底,全国新型职业农民总体规模突破1 500万人,占第三次全国农业普查农业生产经营人员总量的4.78%。在这个新兴群体中有7.5%的新型职业农民获得了国家职业资格证书,15.5%的新型职业农民获得了农民技术人员职称认定,21.1%的新型职业农民正在接受学历教育。[2] 到2018年,全国18个省区市制定了省级新型职业农民认定管理办法、意见、细则,1 096个县市出台新型职业农民扶持政策,基本形成党委政府主导、农业部门牵头、公益性培训机构为主体,市场力量和多方资源共同参与的教育培训体系。[3] 新型职业农民培育工作逐渐在全国推广开来。

在国家政策的推动下,各地高度重视新型职业农民培育试点工作,纷纷成立领导小组,统筹协调相关部门,制定扶持政策,落实工作经费,形成了合力推动的良好氛围。如福建省委专门部署启动新型职业农民素质提升工程,省财政安排专项经费2 200万元。陕西省农业厅和重庆市农委都把培育新型职业农民作为"一把手"工程,筹措专门经费推进试点。河北省各地按照生产经营型、专业技能型和专业服务型三类新型职业农民的内涵特征,分产业、按类型制定了培育对象遴选标准和条件,建立了覆盖全省的培育对象信息数据库。同时,河北省还加强培育基地建设,共认定省级新型职业农民培训基地209个、创业实训基地209个,全省已建成农民田间学校445所,截至2018年,河北省全省新型职业农民达162 013人。[4] 新型职业农民成为现代农业经营主体,使"农民"这一称谓发生了由身份向职业的根本性转变。

---

[1] 《"十三五"全国新型职业农民培育发展规划》,农业农村部网站,http://www.moa.gov.cn/nybgb/2017/derq/201712/t20171227_6131209.htm

[2] 《全国新型职业农民发展报告出炉》,https://m.hebnews.cn/xczx/2018-11/01/content_7085264.htm

[3] 《全国新型职业农民突破一千五百万人》,中央人民政府网站,http://www.gov.cn/xinwen/2018-05/20/content_5292167.htm

[4] 《河北省新型职业农民培育总数超16万人》,农业农村部网站,http://www.moa.gov.cn/xw/qg/201901/t20190131_6171030.htm

表 3-1　2012—2017 年中央一号文件中新农民培育系列政策内容

发布时间	文件	内容
2011 年 12 月 31 日	《中共中央 国务院关于加快推进农业科技创新持续增强农产品供给保障能力的若干意见》	以提高科技素质、职业技能、经营能力为核心，大规模开展农村实用人才培训。大力培育新型职业农民。充分发挥各部门各行业作用，加大各类农村人才培养计划实施力度，扩大培训规模，提高补助标准
2012 年 12 月 31 日	《中共中央 国务院关于加快发展现代农业 进一步增强农村发展活力的若干意见》	大力培育新型农民和农村实用人才，着力加强农业职业教育和职业培训。充分利用各类培训资源，加大专业大户、家庭农场经营者培训力度，提高他们的生产技能和经营管理水平
2014 年 1 月 20 日	《关于全面深化农村改革加快推进农业现代化的若干意见》	加大对新型职业农民和新型农业经营主体领办人的教育培训力度
2015 年 2 月 1 日	《中共中央 国务院关于加大改革创新力度加快农业现代化建设的若干意见》	积极发展农业职业教育，大力培养新型职业农民
2015 年 12 月 31 日	《中共中央 国务院关于落实发展新理念加快农业现代化实现全面小康目标的若干意见》	将职业农民培育纳入国家教育培训发展规划，基本形成职业农民教育培训体系，把职业农民培养成建设现代农业的主导力量
2016 年 12 月 31 日	《中共中央 国务院关于深入推进农业供给侧结构性改革加快培育农业农村发展新动能的若干意见》	优化农业从业者结构，深入推进现代青年农场主、林场主培养计划和新型农业经营主体带头人轮训计划。探索培育农业职业经理人，培养适应现代农业发展需要的新农民。鼓励高等学校、职业院校开设乡村规划建设、乡村住宅设计等相关专业和课程，培养一批专业人才，扶持一批乡村工匠

五、乡村振兴战略与高素质农民培育

进入 21 世纪以来，为破解"三农"问题、缩小城乡差距，国家相继推出实施了统筹城乡发展、新农村建设、城乡一体化和新型城镇化等统筹城乡一体化发展的战略。统筹城乡发展的思路对城乡之间公共资源均衡分配功不可没，城乡之间公共政策差距在缩小。但是，在城乡统筹发展过程中政府占主导、市场力量不足，最后导致乡村被城市"统筹"，城市高度繁荣、农村衰败的局面并没有得到改变。大批农村青壮年农业主力军离开乡村离开农业到城市非农产业领域就业，导致了农村的空心化和农业从业人员的急剧老龄化。日趋严重的农村空心化和"乡村病"逐渐成为阻碍当前我国经济发展方式转变和城乡发展转型的根源所在。① 农业依然是"四化同步"的短腿,农村还是全面建成小康社会的短板的状况没有从根本上扭转。从城乡融合发展情况看,城乡的互动已经发生了,人口出现城乡对流,大量资本开始往乡村寻找机会。从村到镇到城,整个体系的连接性在增强,各自的功能分工日趋明显,专业化也在加深。② 城乡实质性融合发展的时机已经成熟。从我国国情看,一方面,随着城镇化的推进,农村人口必然会大幅缩减,但我国国土面积幅员辽阔,人口众多,大部分国土面积是农村,即使将来城镇化水平到了70%,还会有四五亿人生活在农村。这就决定了我国农村不会向西方发达国家那样消失,"三农"将长期存在。另一方面,我国经济社会的发展已经进入了新时代,现阶段我国社会的主要矛盾也发生了变化,人民日益增长的美好生活需要和不平衡不充分发展之间的矛盾成为社会主要矛盾。这种发展的不平衡不充分,突出反映在农业和乡村发展的滞后上。③ 基于城乡统筹发展的现状和国情,党中央于2017年在十九大上明确提出乡村振兴战略,并描绘了"产业兴旺、生态宜居、乡风文明、治理有效、生活富裕"的未来农村图景。与以往国家农村发展战略不同,十九大提出的乡村振兴战略在原来"农业现代化"的基础上,提出了"农业农村现代化",反映了中央对农村定位的再认识,对乡村价值的重视。④ 毫无疑问,乡村振兴战略成为未来一个时期内促进我国农业农村现代化的总战略,也是未来我国"三农"工作的总抓手。

全面推进乡村振兴战略,人才是关键。人才振兴的基础是农民素质的快速提升,高素质农民的培育。所谓"高素质农民"是指乡村振兴中涌现的各种农业经理人、新型经营主体带头人、产业扶贫带头人、农村实用人才带头人、农村创业创新带头人等现代农业从业者,其重要特征是爱农业、有文化、懂技术、善经营、会管理。⑤ 2020年中央一号文件《中共中央国务院关于抓好"三农"领域重点工作确保如期实现全面小康的意见》中首次使用"高素质农民"概念代替以前的"新型职业农民"的提法。其实早在2013年11月,习近平总书记在山东农科院召开座谈会时就曾指出,"要适时调整农业技术进步路线,加强农业科技人才队伍建设,培养新型职业农民。"乡村振兴战略全面实施

---

① 刘彦随:《中国新时代城乡融合与乡村振兴》,《地理学报》2018年第4期。
② 刘守英:《乡村振兴战略是对乡村定位的再认定》,《中国乡村发现》2017年第6期。
③ 陈锡文:《从农村改革四十年看乡村振兴战略的提出》,《行政管理改革》2018年第4期。
④ 刘守英:《乡村振兴战略是对重农业轻乡村的矫正》,《农村工作通讯》2017年第21期。
⑤ 于莎、张天添:《技能型社会下高素质农民核心素养:生成机制与培育路径》,《中国职业技术教育》2022年第6期。

后,农业农村部制定印发了高素质农民培育发展规划,明确了发展目标、主要任务、重点工程和保障措施,为各省市高素质农民培训提供指导。2019年农业农村部科技教育司又印发《高素质农民培训规范(试行)》,对培训对象、培训目标、培训管理、培训方案、培训机构、开班计划、培训形式、实习实训、考核评价等进行了详细的规定,以保证高素质农民培训工作的科学有序地推进。同年12月农业农村部与教育部在江苏句容召开"百万高素质农民学历提升行动计划"推进会,提出利用5年时间,面向社会推介100所农业高职优质院校,培养100万乡村振兴带头人,要求高职扩招培养高素质农民,把高等学府的大门向农业农村农民打开,加快构建覆盖广泛、层次多样、类型丰富的涉农人才培养新格局。① 2021年2月中共中央国务院又下发了《关于加快推进乡村人才振兴的意见》。明确提出要深入实施现代农民培育计划,重点面向从事适度规模经营的农民,分层分类开展全产业链培训,加强训后技术指导和跟踪服务,支持创办领办新型农业经营主体。同时,要充分利用现有网络教育资源,加强农民在线教育培训。实施农村实用人才培养计划,加强培训基地建设,培养造就一批能够引领一方、带动一片的农村实用人才带头人。② 同年6月《乡村振兴促进法》正式颁布实施,其第二十六条规定"各级人民政府应当采取措施,加强职业教育和继续教育,组织开展农业技能培训、返乡创业就业培训和职业技能培训,培养有文化、懂技术、善经营、会管理的高素质农民和农村实用人才、创新创业带头人。"③为全面推进乡村振兴,加快农业农村现代化,培养造就一支高素质农业农村人才队伍,农业农村部于2021年12月又编制了《"十四五"农业农村人才队伍建设发展规划》,规划制定了农村实用人才培养目标,要求到2025年,培育家庭农场主,农民合作社理事长等乡村产业振兴带头人10万人,辐射带动500万新型生产经营主体负责人发展壮大;农业科研人才量质双升,"神农英才"等领军人才有效增加;农业产业化国家重点龙头企业家超过2 000人;返乡入乡创业人员超过1 500万人,其中农村创业

---

① 《农业农村部与教育部联合推进百万高素质农民学历提升行动计划》,中国农民网:http://www.chinafarmernet.com/index.php?c=show&id=34676
② 《关于加快推进乡村人才振兴的意见》,农业农村部网站 http://www.moa.gov.cn/gk/zcfg/xzfg/202111/t20211103_6381178.htm
③ 《中华人民共和国乡村振兴促进法》,农业农村部网站:http://www.moa.gov.cn/gk/zcfg/fl/202105/t20210507_6367254.htm

带头人 100 万人。① 这些政策法律文件都为大力开展高素质农民的培育工作提供了政策指导和遵循。

此外,农业农村部还充分利用现代化信息技术,建设在线学习平台,丰富在线学习资源,组织农民线上培训,促进线上线下融合发展。截至 2020 年 12 月底,全国农业科教云平台注册用户超过 1 200 万,其中高素质农民近 800 万人,上线课程和农业技术视频近 8 000 个。同时依托全国农业科教云平台等在线学习平台,大力开展线上培训,让广大农民享受更加便捷的培训服务。2020 年,全国采取多种形式开展农民线上培训 7 718 万人次。②

在中央的顶层设计和政策部署推动下,各省市也积极开展高素质农民培训工作。如山东省围绕现代农业农村发展,将农民培育与产业需求相对接,在全省开展了"新时代、新平台、新服务、新农民、新动能"主题对接和跟踪服务,旨在不断加强高素质农民培育管理,全面服务高素质农民产业发展,不断壮大新型农业经营主体综合实力。截至 2020 年 1 月,山东省共培养高素质农民 18 万人。③ 2022 年 6 月陕西省农业农村厅印发了《陕西省"十四五"高素质农民培育发展规划》,制定了发展目标,即"到 2025 年,全省高素质农民总量达到 25 万人,到 2035 年达到 35 万人,力争每个村组都有高素质农民,每个县区都有农业农村发展领军人才"。④ 为推进"十四五"高素质农民培育规划,2023 年 2 月陕西省农业农村厅又印发了《陕西省高素质农民培育提升三年行动方案》,明确提出,2023 年至 2025 年,将接续建设 100 所培育机构、1 000 所农民田间学校,培养 500 名"双师型"培育教师,每年培育高素质农民 3 万余人,3 年共计培育 10 万人。到 2025 年,全省高素质农民将达到 35 万人,覆盖全部产业类型和所有行政村组。⑤

在中央和地方的共同推进下,高素质农民培育取得显著成效。《2021 年全国高素质农民发展报告》的数据显示,农业农村部、财政部实施的"高素质

---

① 《"十四五"农业农村人才队伍建设发展规划》,农业农村部网站:http://www.moa.gov.cn/nybgb/2022/202202/202204/t20220401_6395088.htm
② 《对十三届全国人大四次会议第 8260 号建议的答复》,农业农村部网站:http://www.moa.gov.cn/govpublic/KJJYS/202107/t20210728_6373009.htm
③ 《我省加快培养高素质农民队伍不断壮大乡村振兴生力军》,山东省农业农村厅网站 http://nync.shandong.gov.cn/xwzx/mtjj/202001/t20200121_3278699.html
④ 《陕西省"十四五"高素质农民培育发展规划》,陕西省农业农村厅网站:http://nynct.shaanxi.gov.cn/wwww/snynctwj/20220607/9796205.html
⑤ 吴莎莎、刘璇:《到 2025 年全省高素质农民将达到 35 万人》,《陕西日报》2023 年 3 月 20 日第 3 版。

农民培育计划"已覆盖全国农业县（市、区），2020年共培养高素质农民80万人。2021年，中央财政安排资金23亿元，培育高素质农民71.7万人，培育包括乡村工匠在内的技能服务型高素质农民17.9万人。中央农广校云上智农APP高素质农民注册用户超过650万人，全国农民手机应用技能培训辐射超4000万人次。[①] 同时，以重点选调农村基层组织负责人、到村任职选调生、家庭农场主、农民合作社带头人、农业社会化服务组织带头人、小微农业企业负责人、农村创新创业带头人等作为培训对象，全国累计举办200期培训班，培训各类农村实用人才带头人2万人。[②] 2022年中央财政共投入25亿元用于支持全国各地高素质农民培育和实施乡村产业振兴带头人"头雁"项目。与以往新型职业农民培训不同，首先，高素质农民培育对象更加广泛多元，有助于整合农村各种人力资源。其次，高素质农民培育将技能培训与学历教育有机结合起来，极大地提升了农民的职业能力和职业认同感。

第二节 新农民群体的构成与规模

在发展农业的政策语境中，按照新型农业经营主体和农业社会化服务主体发展情况，新农民在类型划分上，被划分成三大类，即"生产经营型"、"专业技能型"和"社会服务型"。生产经营型新农民是指以农业为职业、收入主要来自农业、具备一定产业基础和资金投入能力的新型农业经营主体带头人，具体包括种植养殖专业大户、家庭农场经营者、农民合作社带头人、农业企业骨干和返乡下乡涉农创业者。专业技能型新农民主要是指在农业企业、家庭农场、农民合作社等新型农业经营主体中较为稳定地从事农业劳动，并以此为主要收入来源，具有较高专业技能的农业从业者，主要包括农业技术工人、农业雇员等。社会服务型新农民是指在现代农业发展过程中，在社会化服务组织中或个体直接从事农业产前、产中、产后经营性社会化服务专业人员，如农机服务人员、专业化防治植保员、村级动物防疫兽医员、农产品质量安全员、农业经纪人、农村信息员、全科农技员等服务行业的从业者。

---

① 张曦文：《我国高素质农民培育事业稳步发展》，《中国财经报》2023年1月19日第8版。
② 《对十三届全国人大五次会议第8756号建议的答复》，农业农村部网站：http://www.moa.gov.cn/govpublic/KJJYS/202209/t20220923_6411480.htm

一、生产经营型新农民

由于全国各地经济发展不平衡、差异性较大,生产经营型农民的认定标准,也因此缺乏统一的全国标准。大多是由各省市依据本地区的农业经济发展状况,制定地区性认定标准。在年龄方面,一般要求在18至60岁之间,身体健康能够从事农业生产活动。在学历文化素质方面,广东省的申报条件是笼统的,要求"具有一定的科学文化素质和专业技能"。海南省要求申报者"具有初中以上文化程度,积极参加新型职业农民教育培训,成绩合格,技能水平能够适合发展规模经营和服务的需要"。陕西省对申报者学历要求相对严格,要求"初级职业农民应具备初中以上文化程度;中级原则上具备高中或中专以上文化程度;高级原则上具备大专或相当于大专以上的文化程度。对于职业特征突出,经营规模较大,收入高,带动能力强的,可在学历水平上予以破格,但最低不得低于高中或者中专水平。"四川省要求申报初级职业农民者具备初中及以上文化程度,申报中级者则要求具备高中或中专以上文化程度,申报高级者要求具备大学或农科大专以上或相当的文化程度。在农业经营规模方面各省的认定标准差异较大,如广东省要求"农业经营规模达到所在县(市、区)同行业、同类型、同产品平均水平的3倍以上。或近3年年均纯收入达到所在县(市、区)农民人均纯收入的3倍以上"。陕西省则要求"初级职业农民收入应达到当地农民人均纯收入的5~10倍,中级达到10~20倍,高级达到20倍以上"。四川省的基本条件是"初级职业农民必须家庭人均可支配收入达到所在县(市、区)城镇居民人均可支配收入水平"。中级职业农民的家庭人均可支配收入达到所在县(市、区)城镇居民人均可支配收入的1.5倍。高级职业农民的家庭人均可支配收入达到所在县(市、区)城镇居民人均可支配收入2倍以上。在生产经营理念方面,广东省要求"生产、经营方式和设施、设备具备现代农业特征";海南省要求申报者必须"具有现代农业经营理念,有较强的经营管理、专业技能或社会服务能力。"陕西省要求申请者具有"较强的经营管理能力,具备现代农业理念知识和专业技能,应对市场变化能力强,实践经验丰富,能够合理配置农业资源,掌握先进生产经营模式,具有示范带动效应,带动当地农民致富"。四川省要求申请者"农业装备条件齐备,基本实现农业机械化、信息化水平;具备现代农业新理念、新模式、新装备"。在从事农业年限方面,海南省要求申请者"在本省区域内从事农业生产经营或从事农业职业技能服务3年以上"。四川省对申请职业农民者有明确的从业年限限制,要求初级、中级、高级职业农民申请者分别在农业产业领域连续从业5、7、9年以上。江苏省则要求申请者"稳定从事农业生产与服务2年以上"。此外,大多数省份还要求申请新型职业农民者,必须参加政府部门组织的相关培训,成绩合格,取得证书。

（一）专业大户

种植养殖专业大户是生产经营型新农民的重要组成部分,他们是从传统农民群体中脱颖而出的新型农业经营主体。在种养大户的认定方面,根据农业农村部的标准,需同时满足以下两个条件:一是家庭可支配收入/家庭劳动力≥当年全国城镇居民可支配收入;二是家庭经营收入/家庭全年总收入≥50%。种植业专业大户主要是指在种植规模上明显大于传统农户的经营者,他们承包了一定规模的土地,从事以市场为导向的农业生产,具有较强的经营管理能力。养殖业大户主要是指专门养殖牲畜、家禽及鱼类等的农户,他们的养殖以市场为导向,向市场提供肉、蛋、奶及水产品;为轻工业提供毛、皮等工业原料。一般可以细分为四大类:以猪、牛、马、羊、兔等牲畜养殖为主的养殖户;以鸡、鸭、鹅等禽类为主的养殖户;以鱼、虾、蟹、贝类等水中动物为主的养殖户和以蜜蜂、蚕等虫类为主的养殖户。

与传统农民相比较,专业大户与传统农户一样主要从事农业领域的某一农作物的种植或养殖,表现为农产品的初级生产,因而他们的出现不会威胁国家的粮食安全。但专业大户在生产组织方式上有三个方面明显不同于传统农民。首先是专业大户通过土地流转承包大片土地进行农业生产,专门种植粮食类、棉麻类、油料类、果蔬类等作物。他们的种植或养殖规模远远大于当地的一般小农户,即经营规模大。据统计种植大户户均种植面积是普通农户的1.45倍。以2018年为例,种植大户户均种植面积为18.56亩,普通农户户均种植面积为12.84亩,其中种植大户粮食作物户均种植面积是普通农户的1.23倍。养殖大户畜牧和淡水养殖产量均远高于普通农户。2018年养殖大户的猪肉、牛肉、羊肉、淡水养殖产量,分别是普通农户的11倍、4.32倍、2.66倍和22.02倍。[①] 其次是专业化程度相对较高。专业大户往往具有一定的技术和经济实力,大型农业机械在其生产中能够得到广泛的推广使用,智

---

① 农业农村部科技教育司、中央农业广播电视学校:《2019年全国高素质农民发展报告》,北京:中国农业出版社,2019年,第56页。

能化管理被运用到生产实践中,从而实现了集约化生产,生产效率大大高于一般农户。最后,专业大户的生产经营以市场需求为导向,面向市场种植适销对路的农产品,而一般农户以满足自我需求为根本,基本不会考虑市场供求。

专业大户这一提法,最早来自民间的习惯性称呼,现在也常见于官方的政策文件中。2008年党的十七届三中全会召开,全会通过了《中共中央关于推进农村改革发展若干重大问题的决定》,提出"有条件的地方可以发展专业大户、家庭农场、农民专业合作社等规模经营主体"。"专业大户"这一概念首次被写入中央文件。2012年中央农村工作会议正式提出"培育新型农业经营主体"的要求。"专业大户"被正式列入新型农业经营主体行列,成为构建集约化、专业化、组织化、社会化相结合的新型农业经营体系的主体之一。随后,加快培育新型农业经营主体的政策措施陆续出台。同年11月,"培育新型经营主体"被写入党的十八大报告,扶持培育新型农业经营主体成为党和国家发展农业的顶层政策设计。2013年中央一号文件《中共中央国务院关于加快发展现代农业进一步增强农村发展活力的若干意见》提出,新增农业补贴向"专业大户"等新型生产经营主体倾斜政策。据农业农村部农村经济体制与经营管理司统计,截至2015年底,全国经营面积在50亩以上的专业大户达到356.6万户。[1] 此后连续几年的中央一号文件都持续关注三农问题,对农业专业大户的扶持培育都在政策上保持了针对性和连续性。在2017年农业农村部下发的《"十三五"全国新型职业农民培育发展规划》中,专业大户成为生产经营型职业农民重点遴选培育对象之一。2018年中央颁布的《乡村振兴战略规划(2018—2022年)》继续强调"实施新型农业经营主体培育工程"。

据统计,截至2017年底全国经营耕地50亩以上的农户为402.1万户,比2016年末增长6.88%。本部分以农业农村部农村固定观察点数据库中种养大户数据为样本,对其基本情况进行分析。2017年固定观察点调查的农户中,种养大户共有1 003户。种养大户中从事种植业的占46.56%,从事养殖业的占2.19%,种养结合的占21.44%,从事农产品加工、流通和农家乐等方面的占29.81%。[2]

---

[1] 《新型经营体系是农业现代化有力支撑》,中央政府网站:http://www.gov.cn/xinwen/2016-10/28/content_5125451.htm

[2] 农业农村部科技教育司、中央农业广播电视学校:《2018年全国新型职业农民发展报告》,北京:中国农业出版社,2018年,第43页。

(二)家庭农场经营者

家庭农场经营者是新农民群体的另一个重要组成部分,是我国乡村振兴的核心力量,他们在引领现代农业发展,推动乡村振兴方面起到巨大的作用。2013年3月,农业农村部办公厅印发《关于开展家庭农场调查工作的通知》(农办经〔2013〕6号),通知对"家庭农场"这一个概念进行了明确的界定:"家庭农场是指以家庭成员为主要劳动力,从事农业规模化、集约化、商品化生产经营,并以农业为主要收入来源的新型农业经营主体"。同时制定了统计家庭农场的七项条件:(一)家庭农场经营者应具有农村户籍(即非城镇居民)。(二)以家庭成员为主要劳动力。即:无常年雇工或常年雇工数量不超过家庭务农人员数量。(三)以农业收入为主。即:农业净收入占家庭农场总收益的80%以上。(四)经营规模达到一定标准并相对稳定。即:从事粮食作物的,租期或承包期在5年以上的土地经营面积达到50亩(一年两熟制地区)或100亩(一年一熟制地区)以上;从事经济作物、养殖业或种养结合的,应达到当地县级以上农业部门确定的规模标准。(五)家庭农场经营者应接受过农业技能培训。(六)家庭农场经营活动有比较完整的财务收支记录。(七)对其他农户开展农业生产有示范带动作用。达到这七项条件的即可被统计进入家庭农场范畴。

"家庭农场"这一概念最早出现在《中共中央关于一九八四年农村工作的通知》。在通知中提到"国营农场应继续进行改革,实行联产承包责任制,办好家庭农场。"同年,原农牧渔业部又制定了《国营农场职工家庭农场章程(试行草案)》,将"家庭农场"定义为"在全民所有制国营农场领导下,以户为单位,实行家庭经营、定额上缴、自负盈亏的经济实体"。虽然提到了"家庭农场",但是很显然,它与今天国家政策语境中的"家庭农场"不是同一概念。《通知》中提到的家庭农场主要是指我国农垦系统的职工家庭农场,而今天国家政策语境中的"家庭农场"则是指在家庭联产承包责任制基础上产生的新型农业经营主体,其兼具经济性、环境性、社会性和文化性等功能,是我国发展现代农业的重要生产组织形式。[①] 进入21世纪后,随着农村土地流转政策的完善,土地迅速向少数人集中,家庭农场这一新型的农业生产组织形式开始迅速发展。2008年党的十七届三中全会召开,全会通过了《中共中央关于

[①] 黄大勇、熊豪、朱洋洋:《我国家庭农场的生成机制、发展现状与现实约束》,《北京农业职业学院学报》2022年第3期。

推进农村改革发展若干重大问题的决定》,明确指出有条件的地方可以发展家庭农场等规模经营主体。"家庭农场"概念首次被写入中央文件,这标志着我国农业发展开始走上适度规模经营的路子。2013年是我国家庭农场发展史上最重要的一年。当年的中央一号文件《关于加快发展现代农业进一步增强农村发展活力的若干意见》不仅明确了家庭农场在现代农业发展中的重要地位,而且制定了突出强调培育和扶持家庭农场的利好政策。包括"鼓励和支持承包土地向专业大户、家庭农场、农民合作社流转,发展多种形式的适度规模经营。""创造良好的政策和法律环境,采取奖励补助等多种办法,扶持联户经营、专业大户、家庭农场。""充分利用各类培训资源,加大专业大户、家庭农场经营者培训力度,提高他们的生产技能和经营管理水平"等。2014年,中共中央办公厅、国务院办公厅联合印发的《关于引导农村土地经营权有序流转发展农业适度规模经营的意见》要求重点培育家庭农场。同年2月,农业部印发了《关于促进家庭农场发展的指导意见》,认为家庭农场是"农户家庭承包经营的升级版,已成为引领适度规模经营、发展现代农业的有生力量"。2015年中央一号文件《关于加大改革创新力度加快农业现代化建设的若干意见》再次强调要"创新土地流转和规模经营方式"和"鼓励发展规模适度的农户家庭农场"。2016、2017年的中央一号文件都为家庭农场的进一步发展提供了连续性的政策支持。在2018年中央下发的《乡村振兴战略规划(2018—2022年)》中,"培育发展家庭农场"仍是实施新型农业经营主体培育工程的重要内容。2019年中央一号文件《关于坚持农业农村优先发展做好"三农"工作的若干意见》提出要突出抓好家庭农场等新型农业经营主体,启动家庭农场培育计划。同年9月,中央农办、农业农村部等11部门和单位联合印发《关于实施家庭农场培育计划的指导意见》要求加快构建完善家庭农场发展过程中金融保险支持政策体系等。2020年3月,农业农村部印发《新型农业经营主体和服务主体高质量发展规划(2020—2022年)》。2022年3月,农业农村部发布《关于实施新型农业经营主体提升行动的通知》强调:"鼓励新型农业经营主体发展新产业新业态,由种养业向产加销一体化拓展"。这些文件对家庭农场培育发展作出了全面部署,为今后一个时期家庭农场的发展指明了具体方向。

在中央政策的大力推动下,各级政府关于家庭农场发展的相关扶持政策和培训政策体系迅速建立,家庭农场发展十分迅速。尤其是"十三五"期间,家庭农场整体数量快速增长。截至2019年年底,全国家庭农场由34.3万个增加到85.3万个,与2015年相比,增长了约1.5倍;县级及以上示范家庭农场数量由3.9万个增加到11.7万个,增长了2倍。到2020年6月底,全国家庭农场的数量突破100万个。在土地规模方面,从2015到2019年,全国家庭农场经营土地面积由0.52亿亩增长到1.85亿亩,约增长2.6倍,其中,家庭农场经营耕地由4 310.9万亩增长到9 524.1万亩,约增长1.2倍。在经营水平方面,家庭农场的经营范围逐步多元化,从粮经结合,到种养结合,再到种养加一体化、一二三产业融合发展,经济实力不断增强。2019年,种植业、畜牧业、渔业、种养结合、其他类家庭农场分别为53.3万个、14.8万个、3.8万个、10万个、3.4万个,其中种养结合类家庭农场占比较2015年提升2.7个百分点。2019年,拥有注册商标和通过农产品质量认证的家庭农场分别为32 645个和21 002个,分别比2015年增长1.9倍和3倍;各类家庭农场年销售农产品总值2 243.9亿元,较2015年增长78.1%,平均每个家庭农场26.3万元。[①]

(三)农民合作社带头人

农民合作社是广大农民在家庭承包经营的基础上,遵循自愿联合、民主管理原则发展起来的一种互助性经济组织。它是随着农村生产组织模式改革发展起来的具有广泛适应性的一种新型农业经营主体。在国家政策语境中,农民合作社被建构成为小农组织化的重要平台和现代农业发展的组织起点,是小农户联结现代农业的重要枢纽,因此农民合作社带头人是新农民群体中的重要成员。

在2006年《农民专业合作社法》颁布前,农民合作社的名称并不统一。20世纪80年代的中央一号文件中出现了"地区性合作经济组织"概念,这是农民合作社最早的名称。2004年的中央一号文件称之为"农民专业合作组织"。从2009年起,中央一号文件将"农民专业合作组织"的称谓改为"农民专业合作社"。然而,随着农村土地政策的变迁,农民专业合作社的经营和服务范围日趋多样,出现了诸如土地股份合作社、合作社联合社等新型合作社。原有的专业合作社概念显然已经无法囊括新的合作社类型。为了鼓励合作社实践创新,满足合作社的现实发展需求,自2013年起,中央一号文件统一将合作社的名称改为"农民合作社",不再强调其"专业"性。农民专业合作经济组织

---

① 《农业现代化辉煌五年系列宣传之二十:家庭农场加快培育》,农业农村部网站 http://www.ghs.moa.gov.cn/ghgl

属于集体经济组织的范畴,从农民专业合作社到农民合作社,是农村集体经济组织的新发展。[①]

作为现代农业发展的关键支撑和新型农业经营体系的重要组成部分,农民合作社是促进小农与现代农业有机衔接的理想载体。[②] 为此,国家对农民合作社实施了一贯的扶持和培育政策。2005年中央一号文件首次提出,"对专业合作组织及所办加工、流通实体适当减免有关税费"。2007年,《中华人民共和国农民专业合作社法》正式颁布实施,农民专业合作社从此在我国具有了合法性地位。2007年中央一号文件首次将合作社定位为"适应现代农业发展要求的经营主体",并制定了支持合作社发展的相关政策。与此同时,有关部门也出台了促进合作社发展的配套政策。从2009年至今,历年的中央一号文件都明确提出,要加大对农民合作社的补贴力度,同时优化补贴结构,将补贴资金向合作社倾斜。不仅如此,国家还同时把合作社领办人或带头人作为重点培训对象,加大了对其培训以提高其发展意识和经营管理水平。2012年11月,党的十八大报告强调"发展农民专业合作和股份合作,培育新型经营主体,发展多种形式规模经营,构建集约化、专业化、组织化、社会化相结合的新型农业经营体系",为新时期农民合作社的发展指明了方向。农民合作社迅速发展,数量猛增,截至2015年底,农民合作社已达到153.1万家。[③] 2016年中央一号文件在确认2014年提出的农民合作社"新型农业经营主体"定位的基础上,还把农民合作社定位为"新型农业服务主体",明确提出,支持合作社等新型农业服务主体开展代耕代种、联耕联种、土地托管等专业化规模化服务,农民合作社的经营业务范围得以进一步拓宽延伸。2018年中央制定了《乡村振兴战略规划(2018—2022年)》,规划强调实施新型农业经营主体培育工程,鼓励通过多种形式开展适度规模经营,提升农民专业合作社规范化水平,鼓励发展农民专业合作社联合社。2017年12月新修订的《农民专业合作社法》施行,该法规定:"国家保障农民专业合作社享有与其他市场主体平等的法律地位","农民专业合作社可以依法向公司等企业投资"。从法律层面明确了农民合作社的市场主体地位,再次拓展了农民合作社的发展空间。

[①] 杨一介:《我们需要什么样的农村集体经济组织》,《中国农村观察》2015年第5期。
[②] 徐旭初、吴彬:《合作社是小农户与现代农业发展有机衔接的理想载体吗?》,《中国农村经济》2018年第11期。
[③] 《新型经营体系是农业现代化有力支撑》,中央政府网站,http://www.gov.cn/xinwen/2016-10/28/content_5125451.htm

2019年中央一号文件《关于坚持农业农村优先发展做好"三农"工作的若干意见》把农民合作社作为该年度农业发展需要"突出抓好"的两类新型农业经营主体之一,并强调建立健全支持"农民合作社发展的政策体系和管理制度"。2021年中央一号文件《中共中央国务院关于全面推进乡村振兴加快农业农村现代化的意见》突出强调"推进农民合作社质量提升,加大对运行规范的农民合作社扶持力度。"农民合作社进入了高质量规范发展的快车道。

截至2020年6月底,全国依法登记的农民合作社达221.8万家,约是2015年年底的1.45倍。农民合作社加强社际联合合作,通过共同出资、共创品牌等方式依法自愿组建联合社1.3万家,是2015年的2.9倍,平均每个联合社带动12个成员社。农民合作社联合社经营收入116亿元、社均收入113万元,是单体农民合作社的3.7倍。与此同时,农民合作社业务范围拓宽,覆盖农、林、牧、渔各业,并向休闲农业、观光旅游、民间工艺制作和服务业延伸,有1.3万家农民合作社进军休闲农业和乡村旅游,2 000多家从事民间工艺制品等乡土特色产业。产业链条延伸,已经从种养业向产前农资供应、技术信息和产后流通、加工等环节全面拓展,有超半数的农民合作社提供产加销一体化服务,27.8万家农民合作社面向小农户开展农业社会化服务,6.8万家农民合作社创办加工、流通和销售等实体,4万家农民合作社发展农村电子商务。10.6万家农民合作社拥有注册商标,5万家农民合作社通过农产品质量认证,分别比2015年年底增长41.4%和24.3%。[①]

(四)农业企业人员

农业企业,是指以农产品生产、加工或流通为主,通过合同订单、合作方式等各种利益联结机制与农户相互联系,带动农户进入市场,实现产供销、贸工农一体化,使农产品生产、加工、销售有机结合相互促进,具有开拓市场、促进农民增收、带动相关产业发展的巨大作用,在规模和经营指标方面达到国家规定的相关标准并经过政府有关部门认定的企业。按照企业业务经营范围,可以将农业企业大致分为四类:一是贸易型企业,这类企业主要从事农产品的国内外贸易,它们依靠生产订单与农户实现产销对接。二是生产型企业,这类企业主要从事农副产品加工以及以农副产品为原料的再加工,如食品加工、饲料加工等。三是科技型企业,主要从事农业科技产品开发与营销,

---

① 《农业现代化辉煌五年系列宣传之二十一:农民合作社实现规范提升》,农业农村部网站:http://www.ghs.moa.gov.cn/ghgl/

如农作物新品种、新型农药、兽药、肥料、饲料及农业工程等。这类企业主要通过农业科技成果综合转化，提高农业生产整体技术水平和产品竞争力。四是服务型企业，主要从事各种经济、技术和信息服务，如贸易中介、技术咨询、信息供给等。这类企业主要通过专业化、社会化服务，降低农业生产成本和交易费用，实现社会资源共享。[①] 农业企业具有传统农户无法比拟的优势。首先，农业企业的出现实现了分散经营的传统农户与市场有效对接，利用企业优势进行农产品加工和市场营销，改变了农产品直接进入市场、农产品附加值较低的局面。其次，农业企业具有较强的资金和技术实力，利用其技术和市场指导农民生产，能够显著提高农业的经济效益，从而促进农民增收和农业发展。最后，农业企业的标准化生产，促进农产品质量和产量的提升，促进了农产品产供销一体化经营，实现了农产品从资源开发到高附加值销售的良性循环，不仅提高了农业产业竞争力，还带动农业走向现代化。

我国农业企业最早出现于20世纪80年代中后期，至今已有三十多年的发展历史。其发展历史大致可以分为四个阶段。第一阶段为20世纪80年代中期至90年代初期，这是农业企业发展的萌芽阶段。在这一阶段，东部沿海农业经济发达的省份出现了一些从事农产品加工贸易的农业企业。他们根据市场的需要，与农户签订生产合同，建立农副产品生产基地，提供配套服务，组织生产加工，并把产品销往国内外。"产加销一体化"经营方式，是这一时期农业企业的主要生产特点。第二阶段为20世纪90年代，是农业企业的初步发展阶段，1996年，农业农村部成立了农业产业化领导小组，负责指导、推动全国农业产业化的发展。1997年党的十五大报告高度肯定农业产业化发展模式，强调要"积极发展农业产业化经营，形成生产、加工、销售有机结合和相互促进的机制，推进农业向商品化、专业化、现代化转变。"在1998年10月召开的党的十五届三中全会上，农业产业化发展模式得到了再次肯定，全会还指出农业产业化是"我国农业逐步走向现代化的现实途径之一"，农业产业化经营要打破各种束缚，"不受部门、地区和所有制的限制"。为推进农业产业化发展，国家还成立了由农业农村部牵头，国家发改委、财政部、商务部、中国人民银行、国家税务总局、全国供销总社等组成的全国农业产业化联席会议，以促进各项政策的落实。第三阶段为2000年—2012年的快速发展阶段。为了适应农村土地流转新形势和农业产业结构战略性调整的新要求，国

---

① 杨金深：《农村经济的战略突破口：发展农业企业》，《农业经济问题》2004年第02期。

家加大了推进农业产业化的力度。2001年11月27日召开的中央经济工作会议要求把农业产业化作为农业和农村经济工作中一件带全局性、方向性的大事来抓,强调:"农业产业化经营是促进农业结构战略性调整的重要途径。"2007年"支持农业产业化经营和龙头企业发展"被写入党的十七大报告。在此基础上,2008年在党的十七届三中全会审议通过《中共中央关于推进农村改革发展若干重大问题的决定》中,再次强调"发展农业产业化经营,促进农产品加工业结构升级,扶持壮大龙头企业,培育知名品牌"。同年的中央一号文件同时提出"继续实施农业产业化提升行动,培育壮大一批成长性好、带动力强的龙头企业,支持龙头企业跨区域经营,促进优势产业集群发展"。不仅如此,一号文件还提出中央和地方财政要增加农业产业化专项资金,支持龙头企业开展技术研发、节能减排和基地建设等。2012年10月,国务院下发《关于支持农业产业化龙头企业发展的意见》,明确了加快发展农业产业化经营、做大做强龙头企业的总体思路、基本原则和主要目标;提出了扶持龙头企业发展的21条政策措施;强调大力支持符合条件的龙头企业开展高标准基本农田建设、土地整治、粮食生产基地、标准化规模养殖基地等项目建设。在国家各项政策的大力推动下,这一时期农业企业有了较快的发展,到2012年,全国龙头企业达10多万家,其中国家重点龙头企业1 200多家,省级重点龙头企业11 000多家,涌现出一大批资产实力强、市场潜力大、技术设备先进、经营效益好、带动能力强的农业企业。第四阶段为2012年以来的转型发展阶段。这一时期,伴随工业化、城镇化深入推进,我国农业农村发展正在进入新的阶段,呈现出农业综合生产成本上升、农产品供求结构性矛盾突出的问题。农业企业原有的外延式、粗放型发展方式迫切需要转型升级。2013年中央一号文件《关于加快发展现代农业进一步增强农村发展活力的若干意见》提出"培育壮大龙头企业","支持龙头企业通过兼并、重组、收购、控股等方式组建大型企业集团;创建农业产业化示范基地,促进龙头企业集群发展"等政策。2018年中央制定了《乡村振兴战略规划(2018—2022年)》,强调"不断壮大农林产业化龙头企业,鼓励建立现代企业制度"。2021年中央一号文件把农业企业纳入现代农业经营体系,强调"支持农业产业化龙头企业创新发展、做大做强"。在众多国家政策的推动下,农业企业进入了技术改造升级转型发展的新阶段。截至2020年6月,县级以上产业化龙头企业达到9万家,其中国家重点龙头企业1 542家,年销售收入超过1亿元的突破8 000家,超过100

亿元的达到72家。[①]

此外,返乡涉农创业者也是新农民群体的重要组成部分。随着国家强农富农惠农政策扶持力度不断加大、新型职业农民培育工程深入实施,包括农民工、中高等院校毕业生、退役军人、科技人员等在内的返乡创业人员也加入了新农民队伍,全国新型职业农民队伍规模不断扩大。为吸引外部人才返乡创业,中央和地方各级政府着力打造农村产业发展园区。根据农业农村部的统计数据,"十三五"期间,安排中央财政资金230多亿元,建设优势特色产业集群50个、国家现代农业产业园151个、农业产业强镇811个、农村产业融合发展示范园258个,带动省、市、县建立各类农业产业园1 000多个,同时赋予产业园区各种优惠政策。在国家各种补贴、优惠和扶持政策的号召吸引下,返乡涉农创业人才日渐增多。截至2019年,各类返乡入乡创新创业人员累计达850万,有80%开展创办农村产业融合项目,"田秀才""土专家""乡创客"等本土创新创业人员达3 100多万,平均年龄45岁左右,高中和大中专以上学历的占到40%,逐渐形成以创新带创业、以创业带就业、以就业促增收的良好格局。2020年,返乡入乡创新创业人员累计达到1 010万人,比2019年增长了160万人,增长18.8%,首次突破1 000万人。到2022年3月,全国返乡入乡创业人员再增110多万,达到1 120多万人。创业人员创办的实体87%在乡镇以下,80%以上发展产业融合项目,返乡入乡人员50%以上利用信息技术创新创业,技术层次不断提升。[②]

二、专业技能型新农民

专业技能型职业农民是近年来我国兴起的一个农业职业类型,指具有从事农业生产的职业历史,具备在乡村一线就业创业能力和现代农业生产技术技能的人员。他们一般在农民合作社、家庭农场、专业大户、农业企业等新型农业经营主体中较为稳定地从事农业岗位作业,并以此为主要收入来源且达到相当水平,主要是指农业工人或农业雇员等。他们是逐步实现农业现代化和乡村振兴的重要力量之一。

专业技能型新农民在专业技能与农业素养两方面,都具有较高的水平。

---

① 《农业现代化辉煌五年系列宣传之十七:"五多"协同农村新产业新业态蓬勃发展》,农业农村部网站:http://www.ghs.moa.gov.cn/ghgl/

② 同①

他们掌握现代农业生产中所需要的各种实用技术知识,包括农业生产技术、动植物疾病防治技术、生态环保管理技术等。在当前国家大力推进乡村振兴战略的背景下,随着乡村经济的快速发展以及国家对农业现代化的政策支持,专业技能型新农民群体迅速发展壮大。根据2016年的全国农村实用人才统计,截至2015年底,全国农村实用人才总量为16 923 021人,其中,技能服务型人才3 065 382人,约占18%。[1] 到2018年底,技能服务型人才增加至4 274 459人,约占19%。[2] 随着国家扶持政策力度的加大,专业技能型新农民人数占比不断扩大,截至2019年底达到20%以上。未来,随着现代农业经济体系的建立以及国家政策的支持,专业技能型新农民的数量必将继续增长,成为一个强大的促进现代农业快速发展的群体。

三、专业服务型新农民

专业服务型新农民是指在现代农业发展过程中,从事农业产前、产中、产后经营性服务的专业人员。这类型新农民涵盖范围较广,包括农机服务人员、专业化防治植保员、村级动物防疫兽医员、农产品质量安全员、农业经纪人、农村信息员、全科农技员等。与专业技能型新农民相比,专业服务型新农民在农业生产中不直接参加农业生产,他们只是起到重要的辅助作用,是现代农业快速发展必不可少的人力资源。一方面,专业服务型新农民不断引进现代化农业生产技术和营销管理经验,在供、耕、种、管、保、收、储、运、销各环节中,在补齐农业发展短板、创新农业经营方式、为农作物保驾护航的同时,实现了土地资源的高效利用和农产品的增值;另一方面,专业服务型新农民广泛应用现代社会化商业模式,为农产品销售拓宽了市场和销路,在一定程度上保障农业领域产加销的良性循环。

目前,国家出台了大量涵盖专业服务型新农民职业发展的扶持政策,专业服务型新农民群体日渐壮大。至今为止,中国的专业服务型新农民规模已经不可小视。截至2019年年底,全国各类服务组织总量达到89.3万个,其中农业生产托管组织超过44万个,服务小农户超过6 000万户。农业服务专

---

[1] 农业农村部科技教育司、中央农业广播电视学校:《2016年全国新型职业农民发展报告》,北京:中国农业出版社,2016年,第2页
[2] 农业农村部科技教育司、中央农业广播电视学校:《2019年全国高素质农民发展报告》,北京:中国农业出版社,2019年,第3页

户数量占全国服务主体总量的1/2。他们以最贴近农民的优势,受到了周边小农户的欢迎。服务型农民合作社是农村专业服务组织的一种类型,它们提供的服务规模大,带动小农户数量最多,达到5 034.1万户。农村信息员为例,国家数据统计显示,截至2020年上半年,已有18个省份开展信息进村入户工程整省推进工作,全国共建成运营42.4万个益农信息社,累计培训村级信息员106.3万人次,初步形成了纵向联结省、市、村,横向覆盖政府、农民、企业的信息服务网络体系。[1]展望未来,在国家政策的持续推动下,随着农业科技的迭代升级,智能机器人、无人机等先进设备将会得到进一步的推广应用,一定会有更多的创新创业人员投入到现代农业生产中来,并成为专业服务型新农民。

第三节 新农民群体的特征

新农民是职业化的新型农民,他们是在国家工业化、城镇化战略下,随着农村社会结构变化和农业现代化发展,而出现的一种新型职业群体,也是农业内部分工、农民群体日渐分化的必然结果。与传统农民相比,新农民群体成员异质多元,包含了身份是传统农民、返乡农民工、返乡大学生、企业家、创业者以及很多跨领域从事农业生产的转业人员。他们将农业视为事业而非身份的象征,他们对自身的身份认知也不再是以农业劳动为谋生手段的农业劳动者,而是从事农业生产这种职业的新时代从业者。他们已经打破了传统农民群体同质保守的不足,在经营规模、文化水平、思想意识、管理能力、农业生产组织方式等方面已经与传统农民完全不同。

一、规模化经营

随着我国农业现代化的不断推进,规模化经营成为新农民组织农业生产的一个重要特征。新农民农业生产的规模化特征,不仅体现了农业生产的现代化和产业化,也为农业发展带来了新的机遇和挑战。新农民农业生产的规

---

[1] 《农业现代化辉煌五年系列宣传之十八:农村电商架起农产品出村进城的桥梁》,农业农村部网站:http://www.ghs.moa.gov.cn/ghgl/

模化特征,主要表现在以下几个方面:一、农业生产经营土地面积不断扩大。不同于传统农民,新农民在组织农业生产时,通过流转农村土地,采用大面积种植的农业生产方式。据统计,2015年全国经营耕地面积50亩以上的农户296.6万个。其中,50~100亩的农户242.3万个;100~200亩的农户19.8万个;200亩以上的农户34.5万个。2015年全国经农业部门认定的家庭农场355 194个。其中,种植业类家庭农场223 653个,养殖业类家庭农场86 725个,种养结合类家庭农场31 160个,其他类家庭农场13 656个。据农业农村部对全国2 903个家庭农场样本的监测,样本家庭农场平均经营土地面积为373.89亩,农场经营规模多集中在100~1 000亩,在这个区间内的农场占63.58%。① 随着农村土地政策的完善和农民土地流转的加速,新农民土地经营面积有不断扩大的趋势。到2021年全国有45.23%的新农民土地经营规模超过100亩,32.13%的新农民土地经营面积超过200亩,16.88%的高素质农民土地经营面积超过500亩。从经营类型看,2021年以种植业和种养结合业为主的新农民土地经营面积平均值为168.16亩,中位数为53亩;如果将土地经营面积大小限定在5%~95%区间,此区间的高素质农民的土地经营面积平均值为120.46亩。以种植业为主的新农民土地经营面积平均值为167.52亩、中位数为51亩,以种养结合为主的高素质农民土地经营面积平均值为170.53亩、中位数为60亩;如果将土地经营面积大小限定在5%~95%区间,以种植业为主的高素质农民土地经营面积平均值为120.04亩,以种养结合为主的高素质农民土地经营面积平均值为122.02亩。②

二、注重运用新技术

现代农业的发展离不开新技术的应用,规模化、集约化、科技化是现代农业的根本特征。新品种培育技术、生态农业种植养殖技术、水质土壤改良技术、农耕设施科学技术等将会大面积运用到现代农业领域。新农民在组织农业生产的过程中,特别注重技术创新和科技应用,通过农业科技成果转化、农业机械化和自动化等手段,提高了农业生产的效率和产量。调查数据表明,

---

① 农业农村部科技教育司、中央农业广播电视学校:《2016年全国新型职业农民发展报告》,北京:中国农业出版社,2016年,第9页。
② 农业农村部科技教育司、中央农业广播电视学校:《2022年全国高素质农民发展报告》,北京:中国农业出版社,2022年,第16-17页。

2021年平均51.34%的新农民在农业生产经营中实现了耕种收综合机械化生产。农业农村部的调查样本显示,该年度,新农民中71.16%的采用机耕,32.24%的采用了机械播种,27.73%的采用了机械植保,44.02%的采用了机械收获,还有10.41%的采用了机械烘干。从不同地域看,新农民机械化应用存在一些差异。其中,东北地区和中部地区的机械化农户占比相对较高,分别为63.44%和61.20%;其次为东部地区,有49.68%的高素质农民实现了耕种收综合机械化生产;西部地区高素质农民实现耕种收综合生产的占比最低,仅为42.57%。虽然东中西部地区有差异,但是不可否认机械化生产已是新农民群体的一个重要特征。①

三、较强的专业技能和科学文化素质

现代农业的发展,强调从粗放式向集约式转变,劳动者因素在生产组织中的作用更加突出。这就要求新农民不仅要有基本的文化素质还要有扎实的专业知识技能和经营管理能力。文化素质是新农民发展现代农业必备的基本素质。从受教育程度看,与传统农民相比,新农民一般具有相对较高的文化素质。调查数据表明,新农民中受教育程度为初中和高中的占比最多且两者相当,分别为39.18%和38.19%,大专及以上学历占18.84%,小学及以下只占3.79%。新农民中受教育程度为高中及以上学历的占比接近6成,达到了57.03%。《2021年中国劳动统计年鉴》显示,2020年全国农、林、牧、渔业从业者中受教育程度为高中及以上的只有7.20%;《2021年农民工监测调查报告》显示,2020年农民工受教育程度为高中及以上的只有28.90%。对比表明,新农民的受教育程度明显高于全国农林牧渔业从业者和农民工总体水平。在接受学历教育方面,新农民也是一个活跃的群体。为满足新农民提升学历的需求,国家于2019年启动了"百万高素质农民学历提升行动计划",2019—2021年累计完成高职扩招录取新农民8.66万人。涉农院校积极开展面向新农民的职业教育,有效提升了新农民学历水平。截至2021年有22.32%的新农民正在接受学历教育,比2020年提高了0.12个百分点。在全部接受学历教育的新农民中,52.81%的人选择了中等职业教育,49.68%的

---

① 农业农村部科技教育司、中央农业广播电视学校:《2022年全国高素质农民发展报告》,北京:中国农业出版社,2022年,第16-17页。

人选择了高等职业教育专科及本科，3.99%的人选择了普通高等教育本科，还有0.52%的人选择了普通高等教育研究生。新农民中正在接受专科及以上学历教育(包括高等职业教育和高等普通教育)的累计占比较2020年增加了6个百分点，新农民中拥有"高学历"的越来越多。①

专业技能是新农民从事现代农业的资质标识。为提高新农民的专业技能，确保农业后继有人，从国家提出建设社会主义新农村战略特别是十八大以来，新农民培训就被作为一项重大战略提上日程。此后历年党的重大会议、中央农村工作会议、全国人民代表大会等都对新农民培训培育工作做出全面安排，从培训体系构建、学员遴选、资金安排、职业资格认定到政策扶持等一一进行部署。在党和国家的高度重视下，新农民参加培训的积极性有了较大提高，新农民培育工作取得了显著的成效。以2021年为例，该年度有92.3%的新农民接受过农业生产经营相关培训。从接受培训的内容来看，78.20%的高素质农民接受新型农业经营主体和服务主体带头人轮训，48.23%的接受农村实用人才培训、39.20%的接受生产技能型和专业服务培训，20.32%的接受农村创新创业者培训(返乡下乡创新创业者)，18.33%的接受农业经理人培养，12.38%的接受乡村治理及社会事业带头人培养，25.04%的接受其他农民教育培训。从培训效果来看，受训农民中84.99%的新农民对培训持非常满意态度，11.97%的比较满意，2.71%的基本满意，只有0.34%的持不满意态度。在年度的职称评审方面，2021年新农民中获得农民技术人员职称的占50.68%，较2020年提高了10.55个百分点。在所有获得农民技术职称的新农民中，76.45%的新农民获得"农民技术员"的职称，4.76%获得"农民助理技师"职称，12.41%获得"农民技师"职称，6.38%获得"农民高级技师"职称，中高级农民技术职称的占比还有待提高。在国家职业资格认定方面，2021年只有18.97%的新农民获得了各类国家职业资格证书。总体上看，自国家实施农民职称制度和职业资格认定以来，全国有超过54.53%的新农民获得农民技术人员职称，有15.12%的新农民同时拥有农民职业技术职称和国家职业资格证书。②

---

① 农业农村部科技教育司、中央农业广播电视学校：《2022年全国高素质农民发展报告》，北京：中国农业出版社，2022年，第9-10页。

② 同①

四、新的经营理念

互联网技术的应用给传统农业带来了变革机会,尤其是电子商务和信息技术的运用可以解构和重组传统农业的生产关系,从而让优质的农产品更有效率的流通到消费者餐桌上,这也是互联网对传统农业最有价值的贡献。新农民与传统农民不一样,他们接纳互联网,他们善用微博、微信、抖音快手SNS社区、社交媒体等各类互联网工具和媒介,用来学习、交流、建圈子,甚至搭建网络平台服务、销售各地特色农产品。尤其是许多跨界而来的新农民,在营销和流通方面具有传统农民无法相比的互联网营销思维。目前农村农产品电子商务,基本上全是新农民群体在经营。调查数据表明,2021年53.49%的新农民通过互联网购买农资,较2020年提高了2.29个百分点;39.35%的新农民通过互联网销售农产品,比2020年减少了4.09个百分点。通过互联网购买农资或销售农产品的新农民占比达到60.10%,该指标比2020年提高了0.33个百分点。82.91%的新农民通过手机或电脑进行农业生产经营活动,较2020年减少了0.35个百分点。除购买农资、销售农产品外,新农民还利用智能手机或电脑搜集农产品市场信息、学习农业生产经营知识等。[1]

五、较强的现代化生态意识

新农民群体的现代化意识不仅指农业生产技术的运用、企业化经营管理模式的创新等方面,更重要的是他们具有传统农民所不具备的现代化生态意识。随着近年来国家生态保护政策的出台,发展绿色产业,实现人与自然的和谐共生,成为社会的共识。新农民群体在进行农业生产活动时,会自觉承担部分社会责任,通过发展生态农业、有机农业等方式,实现了农业生产的环保和可持续发展。在种植、施肥、除虫等方面选用对环境污染较小的方式进行生产,在综合考虑农业生产的各个环节时也会将生态保护问题考虑进去。在化肥农药使用方面,调查数据表明,2021年平均34.01%的新农民减少施用化肥,46.33%的新农民减少施用农药。51.27%的新农民或减少施用化肥或

---

[1] 农业农村部科技教育司、中央农业广播电视学校:《2022年全国高素质农民发展报告》,北京:中国农业出版社,2022年,第10-12页。

减少施用农药,比2020年减少了2.91个百分点;29.07%的新农民同时减少施用化肥和农药,比2020年减少了1.92个百分点。在畜禽粪便资源化利用方面,2021年平均83.99%的从事养殖类生产的新农民将畜禽粪便转化为有机肥或饲料或沼气,比2020年提高了0.66个百分点。对畜禽粪便进行发酵做有机肥的新农民占比最高为63.94%,比2020年提高了0.63个百分点。其次是转化为沼气的占比为10.88%,还有5.97%的新农民将畜禽粪便直接排放,有4.95%的高素质农民将畜禽粪便出售。在对农作物秸秆的资源化利用方面,92.16%的新农民能够对秸秆进行资源化利用,比2020年提高了0.47个百分点。在秸秆资源化利用方式上,58.13%的高素质农民采用了机械化还田方式,比2020年提高了0.13个百分点,24.90%的高素质农民将其用作农家肥饲料等。在农膜使用与回收方面,有52.21%的新农民在农业生产中使用农膜,其中,90.08%的人对农膜进行了回收处理。[1] 以上数据表明,新农民群体普遍具有较高的生态环保意识,他们绝大多数不会只为经济利益而不顾生态环境保护。

六、较强的辐射带动能力

新农民具有较强的带动性,一方面家庭农场、专业大户等新农民个人事业的发展,需要一部分劳动力,这就为周边农村居民提供了就业岗位,促进了周边农民的增收;另一方面,农民合作社、农业企业等不仅与农户建立了利益联结机制,还催生了农村电子商务、乡村旅游等新业态,通过产业链的延伸,带动了更多的小农户进入到现代农业的发展中。据统计,2020年6月底,全国依法登记的农民合作社达221.8万家。农民合作社成员以农民为主体,辐射带动全国近一半的农户,普通农户成员占比达95.4%。农民合作社加强社际联合合作,通过共同出资、共创品牌等方式依法自愿组建联合社1.3万家,平均每个联合社带动12个成员社。农民合作社联合社经营收入116亿元、社均收入113万元,是单体农民合作社的3.7倍。[2] 不仅如此,在贫困地区,农民合作社在带动农民脱贫致富方面也显示出了巨大的作用。截至2018年底,

---

[1] 农业农村部科技教育司、中央农业广播电视学校:《2022年全国高素质农民发展报告》,北京:中国农业出版社,2022年,第16—18页。

[2] 《农业现代化辉煌五年系列宣传之二十一:农民合作社实现规范提升》,农业农村部网站:http://www.ghs.moa.gov.cn/ghgl/

全国有385.1万个建档立卡贫困户加入了农民合作社,在合作社的带领下,实现脱贫。① 另据《2022年全国高素质农民发展报告》显示,65.04%的新农民对周边农户起到了辐射带动作用,平均辐射带动21户周边农户,主要是家庭农场、农民合作社等新型农业经营主体负责人,以农业技术指导、农产品销售等方式,带动小农户与现代农业有机衔接。② 此外,返乡入乡创业人员的带动作用也不可轻视。很多农民直接参与到他们创办的项目中获得收益。如到贫困地区建立农产品原料基地,带动贫困户增收致富和脱贫攻坚。一般采取"订单收购""分红""农民入股""保底收益""按股分红"等模式与农民合作创业。据监测,返乡入乡创业创新项目的经营场所87%设置在乡镇及以下,90%是多人联合、合作创业,70%具有带动农民就业增收效果,40%的项目带动农户脱贫,一个返乡创业创新项目平均可吸纳6.3人稳定就业、17.3人灵活就业。③ 越来越多的新农民和服务主体与小农户形成了紧密的利益联结机制,逐步把小农户引入现代农业发展轨道。

七、较高的收入

新农民作为独立的市场主体,把农业产业化经营作为职业发展空间,把实现自身和集体利益的最大化作为职业发展目标。一些新农民种植优质经济作物或养殖优质的肉禽蛋品种,采用科学管理手段、规模化经营等方式提高产量和品质,进而实现了销售收入的大幅增长。在新农民的收入中,玉米、小麦、花生等传统农产品贡献占比逐渐下降,而以生态农作物、优质肉禽蛋、花卉苗木、绿色水果蔬菜、中药材等高附加值产业的比重逐年上升。还有一些社会服务型新农民,他们通过从事与现代农业相关产业如农村电商、农业科技创新、乡村旅游等项目获得较高的收益。由于采用了规模化、机械化、信息化、智能化的生产组织方式,新农民往往会获得较高的职业收入。他们的收入不但要比传统农民的收入高,而且要比兼职农民的收入高,至少应与城市居民收入相当,甚至高于城市居民收入。根据农业农村部的调查,样本家

---

① 《新型农业经营主体和服务主体高质量发展规划(2020—2022年)》,农业农村部网站:http://www.zcggs.moa.gov.cn/gzdt/202003/t20200327_6340082.htm
② 李浩:《打造乡村振兴的"主力军"》,《农民日报》2023年1月13日第006版。
③ 《农业现代化辉煌五年系列宣传之二十二:返乡创业热农民增收多》,农业农村部网站:http://www.ghs.moa.gov.cn/ghgl/

庭农场 2015 年平均总收入 100.42 万元,平均总成本 75.35 万元,平均纯收入 25.07 万元。① 2019 年新农民的农业生产经营人均纯收入达到 3.30 万元,相当于同期城镇居民人均可支配收入(4.24 万元)的 78%,是农村居民人均可支配收入(1.60 万元)的 2.06 倍。27.76% 的新农民农业生产经营纯收入大于等于同期城镇居民人均可支配收入。相比 2018 年,新农民人均农业纯收入提高了 5.43%。2020 年新农民的收入持续增长。农业生产经营人均纯收入达到 3.69 万元,相当于同期城镇居民人均可支配收入(4.38 万元)的 84%,是农村居民人均可支配收入(1.71 万元)的 2.15 倍。29.72% 的高素质农民农业生产经营人均纯收入大于等于同期城镇居民人均可支配收入。相比 2019 年,高素质农民的农业生产经营人均纯收入提高了 11.82%,涨幅高于全国农民可支配收入增长速度(6.93%)。② 2021 年,受疫情影响,新农民农业人均纯收入下降,仅为 3.6 万元,相当于同期城镇居民人均可支配收入的 4.74 万元的 76%,是农村居民人均可支配收入 1.89 万元的 1.90 倍。③ 总体来说,随着人们对农业产业的需求逐渐增加,以及行业技术水平和规模化程度的提升,新农民群体的收益也将进一步提高,为更多人带来更好的生活和发展机会。

八、较高的社会地位

传统的农民由于长期被束缚于农村土地上从事简单的农业劳动,文化水平、道德素养等方面相对落后;同时因为依靠农业生产维持生活,收益较少、经济地位低下,是处在社会底层的弱势群体,难以得到社会的认同与尊重。随着国家政策向农业农村的倾斜,作为一种主动选择的职业,新农民已经不再是一种身份。新农民彻底变成了一种正式职业,他们从事农业生产的动机不再局限于维持家庭基本需求,而是以市场为主体,追求可观的经济收入,并且具有足够的流动性。他们在知识储备、管理经验、农产品营销、品牌打造等方面具有很强的先进性。他们以市场为导向,通过组织农业生产,通过各种可能的手段追求最大化收益,新农民群体可以获得较高的收入,其经济地位

---

① 农业农村部科技教育司、中央农业广播电视学校:《2016 年全国新型职业农民发展报告》,北京:中国农业出版社,2016 年,第 18 页。
② 牛霞:《2021 年全国高素质农民发展报告发布》,《农村工作通讯》2022 年第 11 期。
③ 农业农村部科技教育司、中央农业广播电视学校:《2022 年全国高素质农民发展报告》,北京:中国农业出版社,2022 年,第 23 页。

足以与城市职业者相媲美。最终,新农民将破除社会对传统农民"身份"的歧视和贫穷落后的刻板印象,真正把农民从社会成员最低阶层转变为经济产业职业阶层,并且获得与教师、公务员等其他职业一样的社会认同与尊重。调查数据表明,2021年22.98%的新农民获得县级及以上荣誉或奖励,比2020年提高了2.12个百分点。19.19%的新农民在村里担任村干部,4.58%的人担任县级以上人大代表或政协委员,分别比2020年提高了1.45个和1.59个百分点。[①] 这表明新农民的工作能力和社会地位不断增强,同时也得到了社会的普遍认可。

[①] 农业农村部科技教育司、中央农业广播电视学校:《2022年全国高素质农民发展报告》,北京:中国农业出版社,2022年,第29页。

第四章　新农民群体的新媒体空间参与与身份认同

社会身份是一个社会成员的社会地位、社会归属的重要展现,也是社会成员社会性的主要体现,同时还是其开展人际交往的重要基础。[①] 近年来,随着农村互联网与智能手机的普及以及网络传播技术在现代农业生产经营中的运用,网络新媒体凝聚的海量动态信息以及社会资本的结构性要素不可避免地会冲击农村社会基层治理以及农业经营管理模式。大量研究表明,当社会发生转型时,社会结构会发生相应的变化,社会成员的个人身份也会随之处于变动之中。新农民群体是一个正在兴起的职业群体,其身份认同的问题是指对自己作为新时代农民的职业身份和角色的认同和接受。面对网络新媒体的快速发展,新农民在身份认同时不再被动地归属于社会结构中的某一角色,而是利用网络新媒体的力量积极地寻找并建构自己的身份认同和社会意义。

第一节　新农民群体身份认同的研究背景

作为社会学分层理论的三大流派之一,韦伯(Max Weber)在其分层理论中提出了著名的"身份群体"概念。在韦伯看来,身份群体是社会声望、社会荣誉地位相似的群体。身份群体包含的类型虽然非常复杂,但韦伯认为有两种最为主要的身份群体:一种是以分工为基础的,也就是职业群体,另一种是以世袭为基础的等级群体。[②] 新农民群体是伴随着农村改革和农业现代化发展成长起来的一个以社会分工为基础的典型的职业群体。改革开放后,随着城乡户籍管理制度的松动,农村人进城与城里人下乡的阻力日渐减小,城乡人员流动日益频繁。以农民工为代表的农村人口的巨量流出,导致农村劳

[①] 张荣:《互联网时代的社会认同整合机制研究》,北京:人民出版社,2018年,第142页。
[②] 李强:《职业共同体:今日中国社会整合之基础——论"杜尔克姆主义"的相关理论》,《学术界》2006年第3期。

动力急剧减少，部分农田荒芜。在此背景下，政府开始引导农村土地流转到少数种植大户手中，以种植大户为代表的新农民群体开始出现。2005年底，农业农村部发布了《关于实施农村实用人才培养"百万中专生计划"的意见》，文件使用了"职业农民"这个概念，并指出职业农民是指"具有中专学历的从事种植、养殖、加工等生产活动的人才，以及农村经营管理能人、能工巧匠、乡村科技人员等实用型人才"。显然政府提出"职业农民"这个概念是为了与传统"农民"概念相区别。此后，根据新农村建设和农业现代化发展的需要，在政府政策文件中陆续有"新型农民""新型职业农民""高素质农民"等概念提出。这些概念内涵所指差异不大，犹如一枚枚标签贴到新农民身上，新农民群体在现有的社会结构和制度环境之下的职业身份由此被建构。同时，与传统农民相比，新农民群体受教育程度高、农业经营理念先进、培训经历丰富、从业阅历丰富、职业期望高，他们不可避免地被社会赋予了多重化的制度身份，成了多重身份的聚合体。新农民群体多种身份的叠加，这在一定程度上必然会带来多重身份冲突和认同的混乱。

身份认同不仅是一个时空概念，更是个体与社会互动建构的重要概念，它对于个体的发展、社会关系的建立和社会稳定具有深远的意义。新农民的身份认同状况直接体现了他们对自身所从事农业的感受、认知和评价。在现实中，人们喜欢用分类和比较来区分不同的群体特征从而产生对内群体的偏好和外群体的偏见。如果新农民群体的新农民身份认同感越强，他们发展现代农业的愿望就越强烈，发展个人农业事业的信心就越坚定，农村农业的现代化转型就越快。反之，如果他们对新农民身份认同感不强，甚至排斥拒绝新农民身份，那么他们就没有发展农业的信心和毅力。当其他行业有新的发展机会时，就会立刻转行"跳槽"，这对于农业的稳定发展非常不利。新农民群体已成为乡村现代农业发展的主力军。要想保持现代农业的高速发展，各级政府就需要考虑提升新农民群体乡村社区认同感的途径和方法。提升新农民群体的乡村社区认同感，必须要了解这个群体的身份认同状况。新农民群体的身份认同状况是了解其乡村社区认同感的基础和前提。从2005年国家提出"职业农民"概念至今已接近二十年，新农民群体对自己的身份认同有什么变化，他们是否已经接受了新农民身份？

针对媒介使用对社会个体的身份认同影响问题，李红艳针对农民工的身份认同问题，提出农民工身份认同的形成，伴随着对"他者身份"的自我想象和对自我体验的习得，而在这一过程中，对城市他者的想象，则主要和大众媒介的报道倾向和内容有关。[①] 陈曦影认为媒介化认同在新生代农民工的新旧身份认同的形成中起到一个重要的作用,这个作用以媒介信息为引子,信息交流为具体的手段,贯穿了新生代农民工进城前后的整个过程,包括了他们未来的社会定位和城市认同,对新生代农民工的城市融入有显著影响。或许,新生代农民工对于各类媒介的影响并未放在心上,但在生活里、工作里,来自各类媒介对他们身份认同形成的作用仍在持续。[②] 庄倩在研究新生代农民工的城市适应问题时发现,新生代农民工的城市适应过程,既是不断接受媒介塑造的过程,也是不断调整自我身份认同的过程。在这一过程中,媒介对新生代农民工身份认同的形成、变化、修整起到重要作用。这是一个身份解构、混杂、模糊、重组、再造的过程,而媒介则始终参与了这一过程,影响、形塑着新生代农民工对自我身份的认知。[③] 吴雪瑞在研究新生代农民工身份转变的过程时发现,媒介发挥着重要作用,不仅是他们在城市适应阶段的缓冲器,也是提供其情感宣泄和情感支持的工具,不仅在其身份转换过程中塑造着他们新的身份认同,也提供了关于城市的文化和行为方式,尤其是消费方式。[④] 以上研究证实了媒介使用对社会个体的身份认同具有重要意义。基于此,我们提出了这样的一些问题,即在高便携性、高智能化的手机等新媒体已经深深嵌入新农民生产生活的当下,新媒体空间参与与新农民的身份认同有什么样的关系?它能不能影响新农民的身份认同?如果能,它又在多大程度上影响着新农民群体的身份认同?这需要我们去研究。

第二节 测量指标操作化和研究假设

一、新媒体空间参与概念及操作化

新媒体空间参与是指个体在新媒体平台上积极参与和互动的行为。随

[①] 李红艳:《他者身份与他者想象——乡村传播视角下的农民工与市民传播关系思考》,《新闻界》2010年第3期。
[②] 陈曦影:《媒介"镜中我":新生代农民工身份认同研究》,南京大学硕士毕业论文,2015年。
[③] 庄倩:《漂泊与栖居:新生代农民工的媒介使用与身份认同研究——以南京熊猫电子厂农民工的民族志调查为例》,兰州大学硕士毕业论文,2019年。
[④] 吴雪瑞:《城乡流动中的媒介表达与身份认同研究——以安徽省安溜村新生代农民工为基本对象》,云南师范大学硕士学位论文,2022年。

着互联网和社交媒体的普及,新媒体成了人们获取信息、表达观点和参与社交互动的重要渠道。个体可以通过发布内容、评论、点赞、分享等方式积极参与新媒体空间,表达自己的声音,与他人进行交流和互动。目前学界并没有研究新媒体空间参与的成熟量表,只有关于媒介使用的测量量表。媒介使用研究是媒介效果研究的重要组成部分。关于媒介使用对人的行为影响研究,成果比较丰富。媒介使用的调查维度和量表编制也已经比较成熟。卜卫在《大众传播对儿童的社会化和观念现代化的影响》一文中,把媒介变量操作化为"媒介的种类、频次、内容性质和内容的广泛性4个因素"。[①] 方晓红在《关于江苏农村大众媒介使用情况的调查与分析》对江苏农村农民的媒介使用情况调查所设计的指标主要包括受众媒介接触行为、接触频度、内容与选择的偏好。[②] 赵津晶研究农村居民广告媒介接触行为对消费观念的影响时,从农村居民广告媒介接触频度、接触时间、接触偏好、对广告媒介的信任度四个方面设计量表。[③] 余世红在《媒介使用与失地农民城市化转型研究:基于广州市谷围新村的调查》中设计的媒介使用量表包括"媒介接触类型偏好、媒介接触的频度、媒介接触的内容偏好、媒介使用动机、媒介满意度和媒介信任度"。[④] 李天龙等人分析了媒介接触对西北农村青年线下公共事务参与行为的影响,从新闻信息的关注度、传统媒介接触强度等维度进行操作化。[⑤] 王菁在研究媒介使用如何影响我国大学生微博政治参与时把媒介使用从微博媒介接触、微博媒介信任和媒介素养等三个维度进行变量操作化。[⑥] 借鉴上述研究者的量表设计,本研究关于新媒体空间参与的量表包括新媒体空间参与的频度、新媒体空间参与的时长、新媒体空间参与的内容偏好、新媒体空间参与动机、新媒体空间参与满意度和信任度。

1. 新媒体空间参与频度:这一变量是指测量新农民群体新媒体空间参与的频度。本研究的问卷调查采用5分制李克特量表。这道题的问题是:"在过

[①] 卜卫:《大众传播对儿童的社会化和观念现代化的影响》,《新闻研究资料》1991年第3期。
[②] 方晓红:《关于江苏农村大众媒介使用情况的调查与分析》,《新闻与传播评论》2001年第1期。
[③] 赵津晶:《广告媒介接触行为对农村居民消费观念影响的研究》,《现代传播(中国传媒大学学报)》2010年第4期。
[④] 余世红:《媒介使用与失地农民城市化转型研究——基于广州市谷围新村的调查》,武汉大学博士学位论文,2013年。
[⑤] 李天龙、李明德、张志坚:《媒介接触对农村青年线下公共事务参与行为影响的实证研究——基于西北四省县农村的调查》,《新闻与传播研究》2015年第9期。
[⑥] 王菁:《媒介使用如何影响我国大学生微博政治参与——一个以政治心理为中介变量的实证测度》,《新闻与传播研究》2017年第7期。

去的一周内,您有几天参与过下列媒体空间中的议论?",答案选项有:几乎未接触、接触1～2天、接触3～4天、接触5～6天和每天接触。

2. 新媒体空间参与时长:这一变量是指测量新农民群体花费在新媒体空间参与的时间。本研究的问卷调查采用5分制李克特量表。这一指标测量的问题是:"请问您平均每天在下列媒体中浏览或参与讨论的时间是多少?",答案选项有:半小时内、半小时～1小时、1小时～2小时、2小时～3小时和3小时以上。

3. 新媒体空间参与的内容偏好:这一变量是为了测量指受访者浏览或参与了空间哪些内容?不同的受访者对空间内容的偏好也是不同的,也就是说不同的受访者他们对不同信息的关注程度是有差异的。该问题使用5分制的李克特量表测量了新农民对不同信息的关注程度,重点测量的信息有六大类包括:有关村风土人情信息、村政务信息、村经济信息、村商务信息、村邻里杂事、村文化娱乐信息。

4. 新媒体空间参与动机:日常生活中,受众的媒介接触都是带有一定的动机的。祝建华在使用与满足理论及其它理论的基础上,提出了六种网民需求的类型,即六类动机:了解国内外新闻事件、获得有关个人生活的信息、获得有关工作的信息、娱乐、表达个人意见和看法,以及增进人际关系。[1] 本研究借助这一分类,结合新农民的新媒体空间参与行为,提出了新农民新媒体空间参与行为的七种动机:了解村里大事小情、了解工作生活信息、表达个人意见和看法、增进人际关系、共享信息、学知识/增长见识、娱乐消遣。

5. 新媒体空间参与信任度:是指人们对新媒体空间及其传播内容的信任程度。它反映了个体对媒体的可信度和可靠性的评估,以及对媒体所传播信息的置信程度。媒介信任度对于媒体的影响力和社会影响至关重要。当公众对媒体具有较高的信任度时,他们更愿意接受媒体所传播的信息,并将其视为可靠信息来源。相反,如果公众对媒体的信任度较低,他们可能会对媒体的报道持怀疑态度,甚至拒绝接受媒体所传达的信息。西方学者一般用实验法、调查法来研究"媒介可信度"。本研究的问卷调查的问题使用5分制的李克特量表来调查新农民对来源于新媒体空间的新闻或信息的信任度。1～5分表示对某种媒介的"很不相信"到"非常相信"的程度。

---

[1] ZHU J H、HE Z. Perceived characteristics, perceived needs, and perceived popularity adoption and use of the Internet in China [J]. Communication Research,2002,29(4):466-495.

6. 新媒体空间参与满意度：是指人们对于新媒体空间（如微信群、QQ群、微信朋友圈、公众号等）的使用体验与感受的满意程度。研究媒介满意度的相关理论中，最具有实践意义的理论是"使用与满足"理论，该理论认为，个体主动选择和使用媒体和信息，是为了满足自身的需求和欲望，而不仅仅是被动接受信息。这一理论强调了个体在媒体使用中的积极性和主动性，为研究媒体效果和媒体设计提供了新的视角，对于理解人们对媒体和信息的选择和使用行为，以及媒体对个体的影响具有重要意义。众多研究表明，个体对媒介的满意程度会直接影响其接触媒介的频度和接触的内容偏好。本研究对新农民新媒体空间参与满意度的调查也是采用 5 分制的李克特量表，调查问卷中的问题主要调查新农民对新媒体空间参与的满意度，1~5 分表示对某种媒介的"很不满意"到"非常满意"的程度。

二、身份认同概念与操作化

身份认同是指个体对自己所属群体或社会角色的认同感和归属感。它包括个体对自身的特征、价值观、文化背景、社会角色等的认同和认同感。它是关于"我（们）是什么，而不是什么"，"我（们）曾经是谁，现在是谁""我（们）与他人有什么不同"等问题的追问。其实，现实生活中，每个人都对自己的身份有一基本的判定，这个判定就是个人的身份认同。一般而言，要把新农民群体的身份认同这一抽象的概念测量出来，就必须要把概念变成可以从不同维度进行测量的变量。在身份认同测量方面，不同的学者由于研究对象和目的的不同划分的维度也不相同。学者韩耀锋从社会交往、自我建构和心理认同三个维度对上海知识型新移民认同现状进行考察研究。[①] 也有学者对身份认同划分为二维结构，从心理和情感两个方面考察个体的自我感知。课题组在借鉴前人研究的基础上，结合新农民群体的特征，采用 5 分制李克特量表测量新农民群体的身份认同度，从自我身份感知、对所属群体的认知和行为表现三个层面，设计了 7 项可能测量受访者身份认同的指标。对个体自我的身份认知和身份判断，操作化为"我认为我是一个新农民"；关于受访者自我归属的倾向，操作化为"别人叫我新农民，我觉得很自豪"。关于受访者群体归属感，操作化为"我对新农民群体有很强烈的归属感"。在行为层面的群体认

---

① 韩耀锋：《上海知识型新移民的身份认同研究》，中共上海市委党校硕士学位论文，2019 年。

同,操作化"我很喜欢和其他新农民互动交流"和"我很乐意参加政府组织的新农民培训"两个题项。国家的"三农"政策与新农民群体的农业经营和发展息息相关,关注国家"三农"政策是其职业身份的需要,也是其职业身份的标志之一。关于受访者对国家"三农"政策的关注,操作化为"我很关注国家关于"三农"的政策"和"我愿意花费时间去了解有关"三农"的信息"。

三、研究假设

本研究的自变量是新农民群体的新媒体空间参与,其中包括新媒体空间参与的频度、新媒体空间参与的时长、新媒体空间参与的内容偏好、新媒体空间参与动机、新媒体空间参与满意度和信任度。因变量是新农民群体的身份认同,其中控制变量是性别、年龄、文化程度、从事规模化农业经营时长、农业经营年收入以及是否是本村人。如图 4-1。

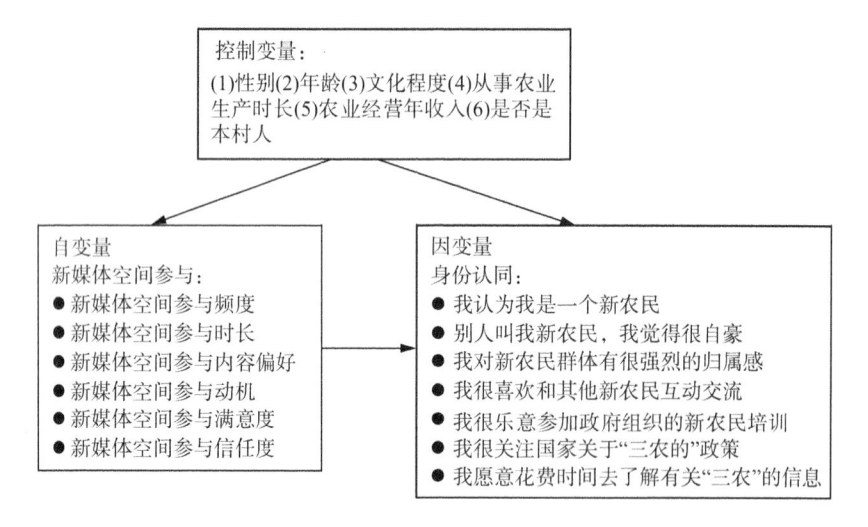

```
            ┌─────────────────────────────┐
            │ 控制变量:                   │
            │ (1)性别(2)年龄(3)文化程度(4)│
            │ 从事农业生产时长(5)农业经营 │
            │ 年收入(6)是否是本村人       │
            └─────────────────────────────┘
              ↓                    ↓
┌─────────────────────┐  ┌─────────────────────────────┐
│ 自变量              │  │ 因变量                      │
│ 新媒体空间参与:     │  │ 身份认同:                   │
│ ● 新媒体空间参与频度│  │ ● 我认为我是一个新农民      │
│ ● 新媒体空间参与时长│  │ ● 别人叫我新农民,我觉得很自豪│
│ ● 新媒体空间参与内容│  │ ● 我对新农民群体有很强烈的归属感│
│   偏好              │  │ ● 我很喜欢和其他新农民互动交流│
│ ● 新媒体空间参与动机│  │ ● 我很乐意参加政府组织的新农民培训│
│ ● 新媒体空间参与满意│  │ ● 我很关注国家关于"三农的"政策│
│   度                │  │ ● 我愿意花费时间去了解有关"三农"的信息│
│ ● 新媒体空间参与信任│  │                             │
│   度                │  │                             │
└─────────────────────┘  └─────────────────────────────┘
```

图 4-1　变量操作化

本研究的基本理论假设是:新农民群体的新媒体空间参与行为与其新农民身份认同存在一定的相关性,也就是说新农民群体在新媒体空间参与行为的不同会影响其对新农民身份的认同。在这个基本的理论假设的框架下,本研究的核心假设是:

新媒体空间参与的频度与新农民的身份认同程度存在相关性;

新媒体空间参与的时长与新农民的身份认同程度存在相关性;

新媒体空间参与的内容偏好与新农民的身份认同程度存在相关性；
新媒体空间参与动机与新农民的身份认同程度存在相关性；
新媒体空间参与满意度与新农民的身份认同程度存在相关性；
新媒体空间参与信任度与新农民的身份认同程度存在相关性；
在基本理论假设和核心假设的指导下，本研究拟定了以下具体的研究假设：
假设1：新农民的新媒体空间参与频度正向影响其身份认同；
假设2：新农民的新媒体空间参与时长正向影响其身份认同；
假设3-1：新农民对"村风土人情"的内容偏好正向影响其身份认同；
假设3-2：新农民对"村政务信息"的内容偏好正向影响其身份认同；
假设3-3：新农民对"村经济信息"的内容偏好正向影响其身份认同；
假设3-4：新农民对"村商务信息"的内容偏好正向影响其身份认同；
假设3-5：新农民对"村邻里杂事"的内容偏好正向影响其身份认同；
假设3-6：新农民对"村文化娱乐"的内容偏好正向影响其身份认同；
假设4-1：新农民"了解村里大事小情"的参与动机正向影响其身份认同；
假设4-2：新农民"了解工作生活信息"的参与动机正向影响其身份认同；
假设4-3：新农民"表达个人意见和看法"的参与动机正向影响其身份认同；
假设4-4：新农民"增进人际关系"的参与动机正向影响其身份认同；
假设4-5：新农民"共享信息"的参与动机正向影响其身份认同；
假设4-6：新农民"学知识/增长见识"的参与动机正向影响其身份认同；
假设4-7：新农民"娱乐消遣"的参与动机正向影响其身份认同；
假设5：新农民对新媒体空间的信任度正向影响其身份认同；
假设6：新农民对新媒体空间的满意度正向影响其身份认同。

第三节　新农民群体的新媒体空间参与与身份认同状况分析

一、样本的人口学特征描述性分析

在本研究中，人口学变量包括性别、年龄、文化程度、规模化农业经营年限、农业经营年收入和身份来源。性别分别为：A.男，B.女。年龄设置了五个选项，考虑到农业生产经营的风险性较大，能够达到一定的经营规模，不仅需要高超的经营智慧，还需要一定的时间积累，20岁以下进入农业生产领域且有所成就和规模的可能性不是很大,因此,本研究把最低年龄段选项设计为30岁以下,分别为"A. 30岁以下;B. 31~40岁;C. 41~50岁;D. 51~60岁;E. 60岁以上"。在文化程度问题选项设计时,从A到F共设置了6个选项分别是:"未上过学""小学""初中""高中/中专""大专""本科及以上"。考虑到新农民群体的文化程度相对城市各社会群体可能偏低,因而在文化程度选项的设置上没有研究生学历,统一将其归为"本科及以上"。关于规模化农业经营年限,考虑到一部分农业项目当年无法见到收益和部分农业项目跨年收益的特性,因此本研究把规模化农业经营的最低年限设为不满两年,该题的选项分别为"A. 不满2年;B. 2年到4年;C. 4年到6年;D. 6年到8年;E. 8年到10年;F. 10年以上"。关于农业经营年收入的选项设置,根据农业农村部对新农民种养大户的认定标准及国家统计局《第三次全国农业普查主要数据公报》对规模农业经营户的认定标准为全年农林牧渔业各类农产品销售总额达到10万元及以上,因此,选项没有设置年收入低于10万元的选项。同时考虑到农业生产的先天的"弱质""低效"等特性,没有设置100万元以上的选项,而是统一将其归为"91万元以上",因此,该问题的选项从A到E共设置了5个,分别为"A. 10万元~30万元;B. 31万元~50万元;C. 51万元~70万元;D. 71万元~90万元;E. 91万元以上"。在"您来自哪里"的问题上,只设计了三个选项,分别是"A. 农村(本村人) B. 农村(非本村人) C. 城市",该问题与新农民的新媒体素养没有强的关联性,但与乡村社区认同感有关。

  本次问卷调查共发放682份,收回584份,剔除无效问卷后,最终获得有效问卷512份,有效率为87.7%。数据统计分析后样本构成总体特征为:受访者的性别构成中男性为418人,占样本总数的81.6%,女性为94人,占样本总量的18.4%。(见表4-1)

表4-1 受访者性别构成

		频数(人次)	百分比(%)	有效百分比(%)	累积百分比(%)
有效	男	418	81.6	81.6	81.6
	女	94	18.4	18.4	100
	总计	512	100	100	

  本次调查新农民受访者的年龄分布为:30岁以下为54人,占样本总数的10.5%;31~40岁的受访者160人,占样本总数的31.3%;41~50岁的受访者214人,占总样本的41.8%;51~60岁的受访者74人,占样本总数的

14.5%;60岁以上的受访者10人,占总样本的2%。由数据可见,受访者的年龄集中分布在30~50岁之间,正值"年富力强"的人生阶段,处在该年龄阶段的受访者占比约73%,几乎占到样本总数的四分之三。60岁以上的受访者占比较小。(见表4-2)

表4-2 受访者年龄构成

		频数(人次)	百分比(%)	有效百分比(%)	累积百分比(%)
有效	30岁以下	54	10.5	10.5	10.5
	31~40岁	160	31.3	31.3	41.8
	41~50岁	214	41.8	41.8	83.6
	51~60岁	74	14.5	14.5	98
	61岁以上	10	2	2	100
	总计	512	100	100	

通过对调查数据进行分析,可以发现受访新农民的文化程度大都集中在初中、高中/中专水平。受访者全部都接受过不同程度的学校教育,没有"未上过学"的。仅接受过小学教育的是52人,占样本总数的比例是10.2%;初中文化程度的受访者人数最多,达到220人,占样本总数的比例为43%,高中/中专文化程度的受访者人数仅次于初中文化水平者,为202人,占样本总数的比例为39.5%,大专文化程度受访者有32人,比例为6.3%,本科及以上比例为1.2%。学历较低(小学及以下)的人群和学历较高(本科及以上)的人群都较少。(见表4-3)

表4-3 受访者文化程度

		频数(人次)	百分比(%)	有效百分比(%)	累积百分比(%)
有效	小学	52	10.2	10.2	10.2
	初中	220	43	43	53.1
	高中/中专	202	39.5	39.5	92.6
	大专	32	6.3	6.3	98.8
	本科及以上	6	1.2	1.2	100
	总计	512	100	100	

表4-4是关于受访者规模化农业经营年限调查数据。通过数据分析可以发现受访新农民从事规模化农业的年限以6年到8年时间段最多,共202人,约占样本总量的39.5%。从业年限高于2年但不到4年的,有54人,占

样本总量的 10.5%。从业年限高于 4 年但不到 6 年的,有 112 人,占样本总量的 21.9%。从业年限高于 8 年但不到 10 年的,有 90 人,占样本总量的 17.6%。从业年限 10 年以上的,有 54 人,占样本总量的 10.5%。

表 4-4 受访者从业年限

		频率	百分比	有效百分比	累积百分比
有效	2 年到 4 年	54	10.5	10.5	10.5
	4 年到 6 年	112	21.9	21.9	32.4
	6 年到 8 年	202	39.5	39.5	71.9
	8 年到 10 年	90	17.6	17.6	89.5
	10 年以上	54	10.5	10.5	100
	总计	512	100.0	100.0	

表 4-5 是受访者年营业收入情况,由表中数据可知,农业经营年收入在 10 万到 30 万元之间的受访者人数最多,达到了 280 人,占样本总数的比例是 54.7%;年经营收入在 31 万元到 50 万元之间的受访者人数是 122,占样本总数的 23.8%。受访者中有 74 人的年经营收入在 51 万元到 70 万元之间,占比 14.5%;有 22 人的年经营收入在 71 万元到 90 万元之间,占比 4.3%;有 14 人的年经营收入在 91 万元以上,占比 2.7%。可见,农业经营年收入在 10 万到 30 万元的人数最多,占比超过半数,而较高收入群体(51 万元及以上)的比例较小,占比约为总人数的五分之一。

表 4-5 受访者年营业收入

		频数(人次)	百分比(%)	有效百分比(%)	累积百分比(%)
有效	10~30 万元	280	54.7	54.7	54.7
	31~50 万元	122	23.8	23.8	78.5
	51~70 万元	74	14.5	14.5	93.0
	71~90 万元	22	4.3	4.3	97.3
	91 万元以上	14	2.7	2.7	100
	总计	512	100	100	

表 4-6 反映了受访者的来源。受访者中有 444 人来自农村,约占样本总数的 86.7%。其中 180 人是来自土地流转村的本村人,约占 35.2%,264 人来自周围其他村庄,约占样本总量的 51.6%。13.3% 的受访者来自城市,只有 68 人。农村(非本村人)是受访者中最大的群体,占据了绝大多数。

表 4-6 受访者来源

		频数	百分比	有效百分比	累积百分比
有效	农村(本村人)	180	35.2	35.2	35.2
	农村(非本村人)	264	51.6	51.6	86.7
	城市	68	13.3	13.3	100
	总计	512	100	100	

二、新农民群体的新媒体空间参与状况分析

(一)新媒体空间参与频度

新农民群体的新媒体空间参与频度因新媒体空间差异而有所不同。表4-7数据显示了新农民群体在各类新媒体空间的参与频度。每天接触"村微信群"的受访者是448人,约占样本总量的87.5%,每周有3~4天接触"村微信群"的受访者是12人,约占2.3%;每周几乎不接触"村微信群"的受访者是52人,约占10.2%。由于村微信群是一个相对私密的公共空间,很多非本村的新农民和来自城市的新农民都未被邀请进入农业经营所在地的村微信群。B01号受访者曾说:"我最初是加入了这个村子的微信群的,还是他们书记邀请我加入的,在群里每天看大家说什么,聊天,其实挺好的,但我很少发言,除非有人@我。在群里待了一段时间,其间有几次几个人聊天时,就说我们私聊吧,这群里有点不方便,我看到后,就明显觉得是在说我。我就感觉我是一个外来人,确实不该加入他们的群,后来我给书记说了一下,就退群了。"每天接触"微信朋友圈"的受访者是482人,约占样本总量的94.1%,每周有3~4天接触"微信朋友圈"的受访者是10人,约占2%;每周有1~2天接触"微信朋友圈"的受访者是16人,约占3.1%,每周几乎不接触"微信朋友圈"的受访者是4人,约占0.8%。每天接触"抖音快手"的受访者是468人,约占样本总量的91.4%;每周有5~6天接触"抖音快手"的受访者是2人,约占0.4%;每周有3~4天接触"抖音快手"的受访者是12人,约占2.3%;每周几乎不接触"抖音快手"的受访者是30人,约占5.9%。每天接触"村公众号"的受访者是132人,约占样本总量的25.8%;每周有5~6天接触"村公众号"的受访者是4人,约占0.8%;每周有3~4天接触"村公众号"的受访者是38人,约占7.3%;每周有1~2天接触"村公众号"的受访者是118人,约占23%,每周几乎不接触"村公众号"的受访者是220人,约占43%。村公众号内容大多是以

科普类和农业专业类文章居多,由于受到文化水平所限,很多受访者表示不好理解和接受。F01号受访者曾说:"我初中文化水平,看那些文章,真的有点吃力,有些词根本不理解。闲下来的时候,我一般是看看短视频,刷刷朋友圈,基本不看公众号的文章。村书记让我关注,我关注了。那些文章都是他们村里来的那个大学生村官写的,要不就是他转发的,其实文章很好,但我真的看不下去。""村QQ群"和"村百度贴吧"等公共空间,受访者参与的频度很低。F02号受访者曾说:"现在有了微信群,大家几乎不再用QQ了,我们的QQ群是我当村书记时建的,当时拉了很多人,最初是很活跃的,现在只有几个人还在发言,相对活跃点。我的手机设置了消息提醒,只要有人发言,我就会看到,所以我几乎天天打开看看。"

表4-7 每周新媒体空间参与频度

			频数(人次)	百分比(%)	有效百分比(%)	累积百分比(%)
村微信群	有效	几乎未接触	52	10.2	10.2	10.2
		接触3~4天	12	2.3	2.3	12.5
		每天接触	448	87.5	87.5	100
		总计	512	100	100	
微信朋友圈	有效	几乎未接触	4	0.8	0.8	0.8
		接触1~2天	16	3.1	3.1	3.9
		接触3~4天	10	2.0	2.0	5.9
		每天接触	482	94.1	94.1	100
		总计	512	100	100	
抖音快手	有效	几乎未接触	30	5.9	5.9	5.9
		接触3~4天	12	2.3	2.3	8.2
		接触5~6天	2	0.4	0.4	8.6
		每天接触	468	91.4	91.4	100
		总计	512	100	100	
村公众号	有效	几乎未接触	220	43.0	43.0	43.0
		接触1~2天	118	23.0	23.0	66.0
		接触3~4天	38	7.4	7.4	73.4
		接触5~6天	4	0.8	0.8	74.2
		每天接触	132	25.8	25.8	100
		总计	512	100	100	

续表

			频数(人次)	百分比(%)	有效百分比(%)	累积百分比(%)
村QQ群	有效	几乎未接触	422	82.4	82.4	82.4
		接触1~2天	42	8.2	8.2	90.6
		接触3~4天	24	4.7	4.7	95.3
		接触5~6天	6	1.2	1.2	96.5
		每天接触	18	3.5	3.5	100
		总计	512	100	100	
村百度贴吧	有效	几乎未接触	446	87.1	87.1	87.1
		接触1~2天	44	8.6	8.6	95.7
		接触3~4天	14	2.7	2.7	98.4
		接触5~6天	6	1.2	1.2	99.6
		每天接触	2	0.4	0.4	100
		总计	512	100	100	

(二) 新媒体空间参与时长

表4-8中的数据显示了受访者新农民群体新媒体空间参与的时长。受访者每天参与"村微信群"的时长在1~2小时的居多,人数为385,占比为75.2%,这说明村微信群确实是受访者的主要信息来源。受访者每天参与"微信朋友圈"的时长也是在1~2小时的居多,人数为424,占比为82.8%。受访者每天刷"抖音快手"的时长在2~3小时的人数为416,占比为81.3%。F11号受访者是一位三十多岁的黄烟种植大户,他说:"像我这样每天刷手机应该在三四个小时以上,有时候下雨天不下地干活,可能刷的时间更多。一个是看看村微信群,有没有人在说话,对话题感兴趣的话,就会在群里聊很久。不感兴趣的话题,看看就退出了。一个就是刷朋友圈,你看我朋友圈里加的微信好友快到一千了,很多是在县农业局培训时加的,还有出去参观学习时加的,很多都不认识了,但我很喜欢看他们发的朋友圈,他们干什么的(各种农作物)都有,很能长见识,有时一刷一个小时就没了。还有就是看短视频,我关注了很多农业农村的视频号,看看也很好,很能开阔眼界。所以每天休息的时候,睡觉之前都要看看。所以每天三四个小时,肯定是有的。"F11号受访者的新媒体空间参与时长状况与其他接受采访的受访者相差无几。刷手机已成为新农民群体休闲时间最主要的娱乐形式。部分文化水平偏高的受访者对公众号的推文比较感兴趣,能坚持一个小时左右的阅读时间。对于村QQ群和村百度贴吧,则很少有人投入时间关注。

表 4-8 新媒体空间参与时长

			频数(人次)	百分比(%)	有效百分比(%)	累积百分比(%)
村微信群	有效	0.5小时以内	52	10.2	10.2	10.2
		0.5~1小时	48	9.4	9.4	19.5
		1~2小时	385	75.2	75.2	94.7
		2~3小时	22	4.3	4.3	99
		3小时以上	5	1	1	100
		总计	512	100	100	
微信朋友圈	有效	0.5小时以内	18	3.5	3.5	3.5
		0.5~1小时	40	7.8	7.8	11.3
		1~2小时	424	82.8	82.8	94.1
		2~3小时	24	4.7	4.7	98.8
		3小时以上	6	1.2	1.2	100
		总计	512	100	100	
抖音快手	有效	0.5小时以内	28	5.5	5.5	5.5
		0.5~1小时	6	1.2	1.2	6.6
		1~2小时	34	6.6	6.6	13.3
		2~3小时	416	81.3	81.3	94.5
		3小时以上	28	5.5	5.5	100
		总计	512	100	100	
村公众号	有效	0.5小时以内	226	44.1	44.1	44.1
		0.5~1小时	226	44.1	44.1	88.3
		1~2小时	60	11.7	11.7	100
		总计	512	100	100	
村QQ群	有效	0.5小时以内	418	81.6	81.6	81.6
		0.5~1小时	68	13.3	13.3	94.9
		1~2小时	24	4.7	4.7	99.6
		2~3小时	2	0.4	0.4	100
		总计	512	100	100	
村百度贴吧	有效	0.5小时以内	444	86.7	86.7	86.7
		0.5~1小时	56	10.9	10.9	97.7
		1~2小时	10	2.0	2.0	99.6
		2~3小时	2	0.4	0.4	100
		总计	512	100	100	

(三)新媒体空间内容偏好

新农民群体对新媒体空间内容的喜好是有差异的。从表4-9可见,村风土人情、村政务信息、村经济信息、村商务信息、村文化娱乐都是非常受关注的内容,关注人数占到样本总量的80%左右。关注邻里杂事的人数较少,选择"关注"和"非常关注"的人数占比为17.9%,不到样本总量的五分之一。从表4-10可以看到,受访者对"村风土人情"的关注度是最高的,均值为4.27,标准偏差为0.729。排在第二位的是受访者对"村经济类信息"的关注度,均值为4.25,标准偏差为0.746。受访者对"村政务类信息"和"村商务类信息"的关注度均值都是4.21,标准偏差分别为0.821和0.722。受访者对这四类信息的关注度都是处在"关注"和"非常关注"之间偏"关注"的位置上。受访者对"村文化娱乐"类信息的关注度均值是3.73,标准偏差为0.659,是处在"一般"和"关注"之间偏"关注"的位置上。受访者对"村邻里杂事"的关注度均值是2.56,标准偏差为1.015,是处在"不太关注"和"一般"之间偏"一般"的位置上,在六类信息中受到的关注度是最低的。

表4-9 新媒体空间内容偏好

			频数(人次)	百分比(%)	有效百分比(%)	累积百分比(%)
村风土人情	有效	从不关注	2	0.4	0.4	0.4
		不太关注	2	0.4	0.4	0.8
		一般	68	13.3	13.3	14.1
		关注	226	44.1	44.1	58.2
		非常关注	214	41.8	41.8	100
		总计	512	100	100	
村政务信息	有效	从不关注	4	0.8	0.8	0.8
		不太关注	14	2.7	2.7	3.5
		一般	64	12.5	12.5	16.0
		关注	220	43.0	43.0	59.0
		非常关注	210	41.0	41.0	100
		总计	512	100	100	
村经济信息	有效	不太关注	8	1.6	1.6	1.6
		一般	70	13.7	13.7	15.2
		关注	220	43.0	43.0	58.2
		非常关注	214	41.8	41.8	100
		总计	512	100	100	

续表

			频数(人次)	百分比(%)	有效百分比(%)	累积百分比(%)
村商务信息	有效	不太关注	4	0.8	0.8	0.8
		一般	78	15.2	15.2	16.0
		关注	234	45.7	45.7	61.7
		非常关注	196	38.3	38.3	100
村邻里杂事	有效	从不关注	80	15.6	15.6	15.6
		不太关注	172	33.6	33.6	49.2
		一般	168	32.8	32.8	82
		关注	78	15.2	15.2	97.3
		非常关注	14	2.7	2.7	100
		总计	512	100	100	
村文化娱乐	有效	从不关注	6	1.2	1.2	1.2
		不太关注	28	5.5	5.5	6.6
		一般	80	15.6	15.6	22.3
		关注	384	75.0	75.0	97.3
		非常关注	14	2.7	2.7	100
		总计	512	100	100	

表 4-10 新媒体空间内容偏好度描述统计

	N	最小值	最大值	均值	标准偏差
村风土人情	512	1	5	4.27	0.729
村政务信息	512	1	5	4.21	0.821
村经济信息	512	2	5	4.25	0.746
村商务信息	512	2	5	4.21	0.722
村邻里杂事	512	1	5	2.56	1.015
村文化娱乐	512	1	5	3.73	0.659

（四）新媒体空间参与动机

表 4-11 是关于受访者新媒体空间参与动机的调查数据。"了解生活工作信息"是受访者新媒体空间参与的最主要的动机，选择这一动机的受访者有 480 人，占样本总量的 93.8%；"共享信息"是受访者新媒体空间参与的第二大动机，选择这一动机的受访者有 460 人，占样本总量的 89.8%；"增进人际关系"是受访者新媒体空间参与的第三大动机，选择这一动机的受访者有 458 人，占样本总量的 89.5%；"娱乐消遣"是排在第四位的受访者新媒体空间参与动机，选择这

一动机的受访者有452人,占样本总量的88.3%;"学知识/增长见识"是排在第五位的受访者新媒体空间参与动机,选择这一动机的受访者有426人,占样本总量的83.2%;"表达个人意见和看法"是排在第六位的受访者新媒体空间参与动机,选择这一动机的受访者有376人,占样本总量的73.4%;"了解村里大事小情"是排在第七位的受访者新媒体空间参与动机,选择这一动机的受访者有362人,占样本总量的70.7%。将性别和参与动机交叉分析后,发现在"表达个人意见和看法"这个动机上,男性占男性样本总量的比为76%,女性占比为62%,男性要明显高于女性。在将身份来源与参与动机交叉分析后,发现在"表达个人意见和看法"这个动机上,来自农村的受访者所占样本总量的比为78%,来自城市的受访者所占样本总量的比为44%,两者差异十分明显。受访者B03号的说法,可能给予这一差异一个解释:"我是从上海来的,我岳母家是这个村的,村书记和其他领导对我都挺照顾的,不拿我当外来人,有很多事甚至还找我聊聊,我真的很感动。但是我不能不拿自己当外人,虽然我也在他们村的村民微信群和乡贤群里,但我很少说话,发的比较多的是一些图片和表情,基本上都是点赞的,很多时候只是看看听听。你如果乱说话,可能会引起别人的反感。我来承包了他们村里的地,把我的稻虾混养经营好,多给他们点承包费,这比什么都强。"但在"增进人际关系"和"共享信息"这两个动机方面,来自城市的受访者占比分别为97%、94%;远高于来自农村的两类受访者。B04号受访者是来自台湾的投资商,他认为"我们这些外地来的投资商和当地村民必须搞好关系,这很重要。我没有进入他们村的群,但是我和他们村里的很多人都是微信好友,他们有的发了朋友圈,我看到后会点赞。我觉得这是搞好人际的一个很好的方式。所以碰到村里的人,只要想加我的微信我都会同意。每天看看他们在朋友圈发的东西,了解了解他们的状态,对我们这些外来者是很有必要的。"诚如B04号受访者所言,资本下乡绝不像在城市一样只是单纯的投资经营。产业要在乡村长久持续发展下去,不仅是在地理空间上与村民拉近距离,而且还要在风俗习惯上主动融入,适应当地的村规民约、风土人情。

表4-11 新媒体空间参与动机

			频数(人次)	百分比(%)	有效百分比(%)	累积百分比(%)
了解村里大事小情	有效	否	150	29.3	29.3	29.3
		是	362	70.7	70.7	100
		总计	512	100	100	

续表

			频数(人次)	百分比(%)	有效百分比(%)	累积百分比(%)
了解工作生活信息	有效	否	32	6.3	6.3	6.3
		是	480	93.8	93.8	100
		总计	512	100	100	
表达个人意见和看法	有效	否	136	26.6	26.6	26.6
		是	376	73.4	73.4	100
		总计	512	100	100	
增进人际关系	有效	否	54	10.5	10.5	10.5
		是	458	89.5	89.5	100
		总计	512	100	100	
共享信息	有效	否	52	10.2	10.2	10.2
		是	460	89.8	89.8	100
		总计	512	100	100	
学知识/增长见识	有效	否	86	16.8	16.8	16.8
		是	426	83.2	83.2	100
		总计	512	100	100	
娱乐消遣	有效	否	60	11.7	11.7	11.7
		是	452	88.3	88.3	100
		总计	512	100	100	
其他	有效	否	484	94.5	94.5	94.5
		是	28	5.5	5.5	100
		总计	512	100	100	

（五）新媒体空间参与的满意度与信任度

表4-12和表4-13是受访者对新媒体空间的信任度和满意度的数据，从表4-12中，可以看到选择"相信"和"非常相信"新媒体空间的受访者为414人，约占样本总量的81%。这说明超过五分之四的受访者是相信新媒体网络空间的。从表4-13中，可以看到受访者对新媒体空间参与的满意程度，选择"满意"和"非常满意"的受访者为408人，约占样本总量的80%。这说明大多数受访者对新媒体空间参与是满意的。表4-14是受访者新媒体空间参与信任度与满意度的描述统计，从数据可以得知，受访者对新媒体空间的信任度均值为3.82，标准偏差为0.535；表明受访者对新媒体网络空间的信任度是处在"一般"和"相信"之间偏"相信"的位置水平上。受访者对新媒体空间的满

意度均值为3.91,标准偏差为0.629。这个数据表明,受访者对新媒体网络空间参与的满意度是处在"一般"和"满意"之间偏"满意"的位置水平上。

表4-12 新媒体空间参与的信任度

		频数(人次)	百分比(%)	有效百分比(%)	累积百分比(%)
有效	不太相信	14	2.7	2.7	2.7
	一般	84	16.4	16.4	19.1
	比较相信	392	76.6	76.6	95.7
	非常相信	22	4.3	4.3	100
	总计	512	100	100	

表4-13 新媒体空间参与的满意度

		频数(人次)	百分比(%)	有效百分比(%)	累积百分比(%)
有效	非常不满意	2	0.4	0.4	0.4
	不太满意	6	1.2	1.2	1.6
	一般	96	18.8	18.8	20.3
	满意	340	66.4	66.4	86.7
	非常满意	68	13.3	13.3	100
	总计	512	100	100	

表4-14 新媒体空间参与信任度与满意度描述统计

	N	最小值	最大值	均值	标准偏差
信任度	512	2	5	3.82	0.535
满意度	512	1	5	3.91	0.629

二、新农民群体的身份认同数据分析

(一)新农民群体身份认同状况

本项目关于新农民群体身份认同情况调查采用的是5分制李克特量表,调查问卷中设置了7个题项来测量新农民群体的身份认同。问卷调查的有效样本是512份,通过SPSS软件的分析,受访者身份认同量表的克朗巴哈α系数值0.815,KMO值为0.722,这两个值充分说明了此次调查新农民的"身份认同"的量表信度和效度都很高。

从表 4-15 中数据可以看到,对于"我认为我是一个新农民"题项的选择,选择"非常同意"的有 128 人,占比为 25%;有 312 人选择了"同意",占样本总量的 60.9%;选择"一般"的有 68 人,占比为 13.3%;4 人选择"不同意",占比 0.8%;没有人选择"很不同意"。对于"别人叫我新农民,我觉得很自豪"这一说法,选择"非常同意"的受访者有 84 人,占样本总量的 16.4%;选择"同意"的有 326 人,占样本总量的 63.7%;选择"一般"的有 88 人,占比为 17.2%,14 人选择"不同意",占比 2.7%;没有人选择"很不同意"。对于"我对新农民群体有很强烈的归属感"这一说法,选择"非常同意"的受访者有 64 人,占样本总量的 12.5%;选择"同意"的有 278 人,占样本总量的 54.3%;选择"一般"的有 144 人,占比为 28.1%,选择"不同意"的人数是 26,占比为 5.1%,没有人选择"很不同意"。对于"我很喜欢和其他新农民互动交流"这一说法,选择"非常同意"的受访者有 104 人,占样本总量的 20.3%;选择"同意"的有 350 人,占样本总量的 68.4%;选择"一般"的有 58 人,占比为 11.3%,没有人选择"不同意"和"很不同意"。对于"我很乐意参加政府组织的新农民培训"这一说法,选择"非常同意"的受访者有 38 人,占样本总量的 7.4%;选择"同意"的有 282 人,占样本总量的 55.1%;选择"一般"的有 154 人,占比为 30.1%,选择"不同意"的人数为 30,占比为 5.9%;有 8 人选择了"很不同意",占比为 1.6%。对于"我很关注国家关于'三农'的政策"这一说法,选择"非常同意"的受访者有 114 人,占样本总量的 22.3%;选择"同意"的有 380 人,占样本总量的 74.2%;选择"一般"的有 18 人,占比为 3.5%,没有人选择"不同意"和"很不同意"。对于"我愿意花费时间去了解有关'三农'的信息"这一说法,选择"非常同意"的受访者有 124 人,占样本总量的 24.2%;选择"同意"的有 374 人,占样本总量的 73.0%;选择"一般"的有 14 人,占比为 2.7%,没有人选择"不同意"和"很不同意"。

以上数据显示了受访者的身份认同情况,大部分受访者"同意"或"非常同意"自己是新农民,占比达到 85.9%左右,并且对于"别人叫我新农民,我觉得很自豪"这个表述,80.1%的人表示"同意"或"非常同意"。在情感归属感方面,66.8%的被调查者表示对新农民群体有很强烈的归属感。从行为层面上看,受访者关注国家关于"三农"政策的人数较较高,有 96.5%的人表示"同意"或"非常同意"。愿意花费时间去了解有关"三农"信息的人数也较多,有 97.3%的人"同意"或"非常同意"。只有参加政府组织的新农民培训的意愿较低,只有 62.5%的人选择"同意"或"非常同意"。综上所述,大多数被调查者积极主动关注国家有关"三农"的政策,对自己身份认同较强并且超过一半的受访者对于新农民群体有很强的归属感。

表 4-15　受访者新农民身份认同情况

			频数(人次)	百分比(%)	有效百分比(%)	累积百分比(%)
我认为我是一个新农民	有效	不同意	4	0.8	0.8	0.8
		一般	68	13.3	13.3	14.1
		同意	312	60.9	60.9	75
		非常同意	128	25	25	100
		总计	512	100	100	
别人叫我新农民,我觉得很自豪	有效	不同意	14	2.7	2.7	2.7
		一般	88	17.2	17.2	19.9
		同意	326	63.7	63.7	83.6
		非常同意	84	16.4	16.4	100
		总计	512	100	100	
我对新农民群体有很强烈的归属感	有效	不同意	26	5.1	5.1	5.1
		一般	144	28.1	28.1	33.2
		同意	278	54.3	54.3	87.5
		非常同意	64	12.5	12.5	100
		总计	512	100	100	
我很喜欢和其他新农民互动交流	有效	一般	58	11.3	11.3	11.3
		同意	350	68.4	68.4	79.7
		非常同意	104	20.3	20.3	100
		总计	512	100	100	
我很乐意参加政府组织的新农民培训	有效	很不同意	8	1.6	1.6	1.6
		不同意	30	5.9	5.9	7.4
		一般	154	30.1	30.1	37.5
		同意	282	55.1	55.1	92.6
		非常同意	38	7.4	7.4	100
		总计	512	100	100	
我很关注国家关于"三农"的政策	有效	一般	18	3.5	3.5	3.5
		同意	380	74.2	74.2	77.7
		非常同意	114	22.3	22.3	100
		总计	512	100	100	

续表

		频数(人次)	百分比(%)	有效百分比(%)	累积百分比(%)
我愿意花费时间去了解有关"三农"的信息	有效				
	一般	14	2.7	2.7	2.7
	同意	374	73	73	75.8
	非常同意	124	24.2	24.2	100
	总计	512	100	100	

（二）新农民群体的身份认同度分析

为了能够更清晰精确地描述受访者的身份认同度,课题组对受访者的新农民身份认同数据用 SPSS 做了描述统计。从表 4-16 中的数据,可以看到,量表的这 7 个题项的均值,有四项高于 4,有三项低于 4。四个均值均高于 4 的题项中,其中"我愿意花费时间去了解有关'三农'的信息"题项的均值最高,为 4.21,标准偏差为 0.473;"我很关注国家关于"三农的政策"的题项的均值是 4.19,标准偏差为 0.472,位居第二。"我认为我是一个农民"的均值是 4.10,标准偏差为 0.636。"我很喜欢和其他新农民互动交流"的均值是 4.09,标准偏差为 0.556。这四项的均值虽然都是大于 4,但也都小于 4.5,总体上是处于"同意"到"非常同意"之间偏向于"同意"的位置水平。"别人叫我新农民,我觉得很自豪"题项均值为 3.94,标准偏差为 0.665;"我对新农民群体有很强烈的归属感"题项均值为 3.74,标准偏差为 0.738;"我很乐意参加政府组织的新农民培训"题项均值为 3.61,标准偏差为 0.774。三个题项的均值都处于"一般"到"同意"之间偏向于"同意"的位置水平。

整体而言,被调查者对于新农民身份认同度的平均分约为 3.98 分,处于"同意"到"非常同意"之间极度偏向于"同意"的位置水平,这说明新农民群体对其新农民身份认同度较高,但并没有非常认同其新农民身份。

表 4-16 受访者新农民身份认同度描述统计

	N	最小值	最大值	均值	标准偏差
我认为我是一个新农民	512	2	5	4.10	0.636
别人叫我新农民,我觉得很自豪	512	2	5	3.94	0.665
我对新农民群体有很强烈的归属感	512	2	5	3.74	0.738
我很喜欢和其他新农民互动交流	512	3	5	4.09	0.556
我很乐意参加政府组织的新农民培训	512	1	5	3.61	0.774
我很关注国家关于"三农"的政策	512	3	5	4.19	0.472
我愿意花费时间去了解有关"三农"的信息	512	3	5	4.21	0.473

第四章 新农民群体的新媒体空间参与与身份认同

(三) 来源不同的新农民身份认同差异分析

把受访者的来源与身份认同变量做均值比较分析后(见表4-17),可以看到三类受访者的身份认同差异。对于"我认为我是一个新农民"和"别人叫我新农民,我觉得很自豪"两个题项的态度选择,来自农村(本村人)的受访者的态度均值分别为4.30和4.16,来自农村(非本村人)受访者对这两个题项的态度均值分别是4.15和4.00,来源城市的受访者对这两个题项的态度均值分别是3.38和3.12。通过比较,可以看出,来自农村的两类受访者对这两个题项的态度均值都大于4,且小于4.5,处于"同意"到"非常同意"之间偏向于"同意"的位置水平。来自城市的受访者对这两个题项的态度均值都大于3且小于3.5,处于"一般"到"同意"之间偏向于"一般"的位置水平。在这两个题项的态度水平位置上,来自农村的两类受访者对新农民身份的认同度要高于来自城市的受访者。对于"我对新农民群体有很强烈的归属感"这个题项的态度选择,来自农村(本村人)的受访者的态度均值为3.89,来自农村(非本村人)受访者对这个题项的态度均值是3.83,来源城市的受访者对这个题项的态度均值是3.03。通过比较,可以看出,来自农村的两类受访者对这个题项的态度均值都大于3.5,且小于4,处于"一般"到"同意"之间偏向于"同意"的位置水平。来自城市的受访者对这个题项的态度均值大于3且小于3.5,处于"一般"到"同意"之间偏向于"一般"的位置水平。虽然二者对这一题项的态度水平都处于"一般"到"同意"位置水平,但来自农村的两类受访者对新农民身份的认同度要高于来自城市的受访者。对于"我很喜欢和其他新农民互动交流"这一题项的态度,三类受访者的态度均值分别为4.17、4.2和3.5,前两者都处于"同意"到"非常同意"之间偏向于"同意"的位置水平,后者处于"一般"到"同意"之间。对于"我很乐意参加政府组织的新农民培训"这一题项的态度,三类受访者的态度均值分别为3.53、3.82和3.00,都处于"一般"到"同意"之间,只是来自农村的两类受访者的态度均值偏向于"同意"的位置水平,而来自城市的受访者的态度均值偏向于"一般"的位置水平。对于"我很关注国家关于'三农'的政策"和"我愿意花费时间去了解有关'三农'的信息"两个题项的态度选择,三者的态度均值都大于4且小于4.5,处于"同意"到"非常同意"之间偏向于"同意"的位置水平。

总起来看,来自农村(本村人)的受访者对新农民身份认同态度的均值最大,为4.08,说明该类别受访者对新农民职业身份的认同度是最高的。其次是来自农村的非本村人,他们对新农民身份认同的均值为4.05;来自城市的受访者对其身份的认同度较低,只有 3.46。

表 4-17 不同来源的受访者身份认同度均值比较

	农村（本村人）		农村（非本村人）		城市	
	平均值	个案数	平均值	个案数	平均值	个案数
我认为我是一个新农民	4.30	180	4.15	264	3.38	68
别人叫我新农民,我觉得很自豪	4.16	180	4.00	264	3.12	68
我对新农民群体有很强烈的归属感	3.89	180	3.83	264	3.03	68
我很喜欢和其他新农民互动交流	4.17	180	4.19	264	3.50	68
我很乐意参加政府组织的新农民培训	3.53	180	3.82	264	3.00	68
我很关注国家关于"三农"的政策	4.26	180	4.17	264	4.09	68
我愿意花费时间去了解有关"三农"的信息	4.29	180	4.19	264	4.12	68

第四节 影响新农民群体身份认同的新媒体空间参与因素分析

众多研究表明,媒介和身份认同之间存在着密切的关系,媒介对个体的身份认同会产生深远影响。新农民群体作为一个被政策建构的社会群体,他们的身份认同对国家乡村振兴战略的推进和农业的现代化转型具有非常重要的意义。因而,本课题将新农民群体的身份认同作为其乡村社区认同感的一个重要测量指标,以考察新媒体空间参与对新农民的身份认同存在的影响。在本节中,笔者将先对新农民的新媒体空间参与与其身份认同进行相关性分析,继而通过多元线性回归分析,考察新农民群体的新媒体空间参与行为对其身份认同产生的影响。

一、新媒体空间参与与新农民身份认同的相关性分析

（一）新媒体空间参与频率与新农民身份认同

新媒体空间参与频率与新农民身份认同做相关性分析之后发现,新农民关于"村微信群""微信朋友圈""村抖音快手""村公众号"四个新媒体空间的使用频率与其身份认同之间有着显著的正相关关系,相关系数值分别为

0.426、0.351、0.354、0.217，并且都呈现出 0.01 水平的显著性。这说明随着新农民群体对这四类新媒体空间接触频率的提高，新农民群体的身份认同感将会进一步增强。"村 QQ 群"和"村百度贴吧"的使用频率与身份认同并没有显示出相关关系。其中身份认同和"村 QQ 群"使用频率之间的相关系数值为 0.028，接近于 0，并且 p 值为 0.526＞0.05。身份认同和"村百度贴吧"之间的相关系数值为－0.014，接近于 0，并且 p 值为 0.749＞0.05。（见表 4-18）

（二）新媒体空间参与时长与新农民身份认同

对新媒体空间参与时长与新农民身份认同作相关性分析后发现，新农民每天参与"村微信群""微信朋友圈""村抖音快手""村公众号"这四类新媒体空间的时间长短与其新农民身份认同之间有着显著的正相关关系，其相关系数值分别为 0.427、0.210、0.291 和 0.160，且呈现出 0.01 水平的显著性。新农民身份认同和"村 QQ 群"参与时间之间的相关系数值为－0.012，接近于 0，并且 p 值为 0.795＞0.05，这说明新农民身份认同和"村 QQ 群"的参与时间之间并没有相关关系。"村百度贴吧"的参与时间与新农民身份认同之间也没有相关关系，二者之间的相关系数值为－0.041，接近于 0，并且 p 值为 0.349＞0.05。

（三）新媒体空间参与信任度和满意度与新农民身份认同

对身份认同和信任度、满意度之间做相关性分析后发现，身份认同和信任度的相关系数值为 0.422，并且呈现出 0.01 水平的显著性，这说明身份认同和空间信任度之间有着显著的正相关关系。身份认同和满意度之间的相关系数值为 0.394，并且呈现出 0.01 水平的显著性，这说明身份认同和满意度之间有着显著的正相关关系。这意味着新农民群体对新媒体空间的信任度和满意度越高，其新农民身份认同度也会随之提高。

（四）新媒体空间内容偏好与新农民身份认同

身份认同与新农民群体的新媒体空间内容偏好做相关性分析可以发现，除了对"村邻里杂事"的关注外，对"村风土人情""村政务信息""村经济信息""村商务信息""村文化娱乐信息"等五类信息的关注偏好都与新农民的身份认同有着显著的正相关关系。其中身份认同和关注"村风土人情"之间的相关系数值为 0.374，呈现出 0.01 水平的显著性。身份认同和关注"村经济信息"之间的相关系数值为 0.399，呈现出 0.01 水平的显著性。身份认同和关注"村政务信息"之间的相关系数值为 0.442，呈现出 0.01 水平的显著性。身份认同和关注"村商务信息"之间的相关系数值为 0.423，呈现出 0.01 水平的显著性。身份认同和关注"村文化娱乐"之间的相关系数值为 0.191,并且呈现出 0.01 水平的显著性。

与其他五类内容偏好有助于提升新农民的身份认同感不同,对"村邻里杂事"的关注无助于新农民身份认同感的提升,两者间的相关系数值为 0.042,接近于 0,并且 p 值为 0.344>0.05,这说明身份认同和关注"村邻里杂事"之间并没有相关关系。(见表 4-18)

(五)新媒体空间参与动机与新农民身份认同

在新媒体空间参与动机变量组中,与因变量身份认同有正相关关系的参与动机有"了解村里大事小情""表达个人意见和看法""增进人际关系""学知识/增长见识""共享信息"等。其中身份认同和"了解村里大事小情"动机之间的相关系数值为 0.297,身份认同和"表达个人意见和看法"动机之间的相关系数值为 0.488,份认同和"增进人际关系"动机之间的相关系数值为 0.477,身份认同和"学知识/增长见识"动机之间的相关系数值为 0.114,这四项的 p 值呈现出 0.01 水平的显著性;身份认同和"共享信息"动机之间的相关系数值为 0.099,且呈现出 0.05 水平的显著性。此外,身份认同和"了解工作生活信息"动机之间的相关系数值为 -0.021,接近于 0,并且 p 值为 0.639>0.05,因而说明身份认同和"了解工作生活信息"之间并没有相关关系。身份认同和"娱乐消遣"动机之间也没有相关关系,二者之间的相关系数值为 0.070,接近于 0,并且 p 值为 0.111>0.05。身份认同和"其他"动机之间也没有相关关系,二者之间的相关系数值为 -0.036,接近于 0,并且 p 值为 0.413>0.05。(见表 4-18)

表 4-18　新媒体空间参与与身份认同相关性分析

变量		身份认同
参与频率	村微信群	0.426**
	微信朋友圈	0.351**
	村抖音快手视频	0.354**
	村 QQ 群	0.028
	村公众号	0.217**
	村百度贴吧	-0.014

续表

变量		身份认同
参与时间	村微信群	0.427**
	微信朋友圈	0.210**
	村抖音快手视频	0.291**
	村公众号	0.160**
	村QQ群	−0.012
	村百度贴吧	−0.041
	空间信任度	0.422**
	空间满意度	0.394**
内容偏好	村风土人情	0.374**
	村经济信息	0.399**
	村政务信息	0.442**
	村商务信息	0.423**
	村邻里杂事	0.042
	村文化娱乐	0.191**
参与动机	了解村里大事小情	0.297**
	了解工作生活信息	−0.021
	表达个人意见和看法	0.488**
	增进人际关系	0.477**
	学知识/增长见识	0.114**
	共享信息	0.199*
	娱乐消遣	0.070
	其他	−0.036

注：(1) * $p<0.05$ ** $p<0.01$；
(2) 采用Pearson相关性，显著性（双侧）

二、新媒体空间参与对新农民群体身份认同影响的回归分析

经过独立样本T检验和单因素方差检验，人口学变量中的性别、学历、年收入、身份来源、从业年限都对身份认同有显著影响，因此把性别、学历、年收入、身份来源、从业年限作为控制变量一起纳入模型进行分析。（见表4-19）

表 4-19 新媒体空间参与对新农民群体身份认同影响的回归分析（n=512）

模型			非标准化系数		标准化系数	t	p
			B	标准误	Beta		
控制变量		常数	2.769	0.224	—	12.340	0.000**
	性别[a]	男	0.110	0.038	0.099	2.931	0.004**
		女	0				
	身份来源[b]	农村（本村人）	0.457	0.073	0.507	6.256	0.000**
		农村（非本村人）	0.452	0.063	0.525	7.149	0.000**
		城市	0				
	文化水平[c]	小学	−0.157	0.141	−0.11	−1.113	0.266
		初中	−0.220	0.130	−0.253	−1.698	0.090
		高中	−0.275	0.130	−0.312	−2.121	0.034*
		大专	−0.115	0.139	−0.065	−0.830	0.407
		本科及以上	0				
	农业经营年收入		0.062	0.016	0.148	3.827	0.000**
	从业时间		0.156	0.015	0.404	10.538	0.000**
自变量	参与频率		0.133	0.044	0.187	2.995	0.003**
	参与时长		0.099	0.023	0.225	4.366	0.000**
	空间信任度		−0.078	0.044	−0.097	−1.801	0.072
	空间满意度		−0.028	0.033	−0.041	−0.842	0.400
	内容偏好	村风土人情	0.159	0.061	0.113	2.619	0.009**
		村文化娱乐	−0.014	0.024	−0.022	−0.604	0.546
		村商务信息	0.111	0.055	0.185	2.020	0.044*
		村政务信息	0.178	0.059	0.339	2.993	0.003**
		村经济信息	0.275	0.073	0.524	3.752	0.000**
	参与动机	了解村里大事小情	0.082	0.037	0.087	2.205	0.028*
		表达个人意见和看法	0.174	0.027	0.310	6.375	0.000**
		增进人际关系	0.167	0.052	0.119	3.231	0.001**
		共享信息	−0.023	0.053	−0.016	−0.431	0.666
		学知识/增长见识	−0.035	0.041	−0.03	−0.834	0.404
R^2					0.562		
调整 R^2					0.537		
F					$F(27,484)=22.958, p=0.000$		

注：(1) * $p<0.05$，** $p<0.01$；
(2) a 参考类别是女性，b 参考类别是城市，c 参考类别是本科及以上。

由表4-19可知,将性别、参与时长、参与频率、参与动机等作为自变量,而将身份认同作为因变量进行线性回归分析,数据显示,模型R方值为0.562,意味着可以解释身份认同的56.2%变化原因。对模型进行F检验时发现模型通过F检验($F=22.958, p=0.000<0.05$),这说明自变量中至少一项会对身份认同产生影响关系,另外,针对模型的多重共线性进行检验发现,模型中VIF值均小于10,这说明模型不存在共线性问题。

从表中数据可以看到,在控制变量组,对因变量身份认同有正向影响的是性别男,男性的回归系数值为$0.110(t=2.931, p=0.004<0.01)$,这意味着男性会对新农民身份认同产生显著的正向影响关系。农村(本村人)的回归系数值为$0.457(t=6.256, p=0.000<0.01)$,意味着身份来源为农村(本村人)会对新农民身份认同产生显著的正向影响关系。农村(非本村人)的回归系数值为$0.452(t=7.149, p=0.000<0.01)$,意味着身份来源为农村但不是本村同样会对新农民身份认同产生显著的正向影响关系。在文化水平方面,小学文化程度的回归系数值为$-0.157(t=-1.113, p=0.266>0.05)$,这意味着小学文化水平不会对身份认同产生影响关系。初中的回归系数值为$-0.220(t=-1.698, p=0.090>0.05)$,这同样意味着初中学历水平并不会对身份认同产生影响关系。高中的回归系数值为$-0.275(t=-2.121, p=0.034<0.05)$,这意味着高中学历水平会对身份认同产生显著的负向影响关系。大专的回归系数值为$-0.115(t=-0.830, p=0.407>0.05)$,这说明大专学历水平并不会对身份认同产生影响关系。对新农民身份认同有显著影响的还有新农民的农业经营年收入。农业经营年收入的回归系数值为$0.062(t=3.827, p=0.000<0.01)$,这说明农业经营年收入会对新农民的身份认同产生显著的正向影响关系。从事规模化农业生产的时间也是影响新农民身份认同的一个重要因素。从业时间的回归系数值为$0.156(t=10.538, p=0.000<0.01)$,意味着规模化农业从业时间会对新农民的身份认同产生显著的正向影响关系。

排除了性别、身份来源、文化程度、农业经营年收入、农业从业时间等混杂干扰之后,在自变量组中,模型中新媒体空间参与频率的回归系数值为$0.133(t=2.995, p=0.003<0.01)$,这说明新农民群体新媒体空间参与的频率会对其身份认同产生显著的正向影响作用。新媒体空间参与时长的回归系数值为$0.099(t=4.366, p=0.000<0.01)$,这说明参与时长会对新农民群体的身份认同产生显著的正向影响作用,也就是说,新媒体空间参与时间越

长越对增强新农民群体的身份认同感有利。模型中,空间信任度的回归系数值为-0.078($t=-1.801$,$p=0.072>0.05$),这说明新农民群体对新媒体网络空间的信任度并不会对其身份认同产生影响关系。同时,也可以看到,新农民群体对新媒体空间传播的信息和内容的满意度的回归系数值为-0.028($t=-0.842$,$p=0.400>0.05$),因此,新农民群体对新媒体网络空间的满意度也不会对其身份认同产生影响关系。

在新媒体空间内容偏好组,"村风土人情"的回归系数值为0.159($t=2.619$,$p=0.009<0.01$),这说明新农民群体对村里风土人情的关注会对其身份认同产生显著的正向影响。"村政务信息"的回归系数值为0.178($t=2.993$,$p=0.003<0.01$),这说明新农民关注村政务信息会对其身份认同产生显著的正向影响。"村商务信息"的回归系数值为0.111($t=2.020$,$p=0.044<0.05$),这意味着村商务信息会对身份认同产生显著的正向影响。"村经济信息"的回归系数值为0.275($t=3.752$,$p=0.000<0.01$),这意味着对村经济信息的偏好会对其身份认同产生正向影响关系。村文化娱乐的回归系数值为-0.014($t=-0.604$,$p=0.546>0.05$),这说明对村文化娱乐信息的偏好并不会对其身份认同产生影响关系。

在新媒体空间参与动机组,可以看到,新农民抱着"了解村里大事小情"的动机参与新媒体空间(B=0.082,$t=2.205$,$p=0.028<0.05$)会对身份认同产生显著的正向影响作用。"表达个人意见和看法"的动机的回归系数值为0.174($t=6.375$,$p=0.000<0.01$),这说明"表达个人意见和看法"这一动机会对身份认同产生显著的正向影响作用。"增进人际关系"动机的回归系数值为0.167($t=3.231$,$p=0.001<0.01$),这意味着"增进人际关系"的动机会对新农民的身份认同产生显著的正向影响。"共享信息""学知识/增长见识"的动机则不会对身份认同产生影响。

第五节　研究结论与讨论

一、研究结论

与现代性的概念相关,现代传媒技术的发展在某种程度上重构了人们的身份认同。新媒体的使用对人类的生产生活产生了广泛而深远的影响,这些

第四章 新农民群体的新媒体空间参与与身份认同

影响涵盖了社交、信息获取、工作、学习、娱乐等方方面面。本章分析了新媒体空间参与与新农民群体身份认同之间的关系。从上一节中的数据可以看到,通过新媒体空间参与对新农民身份认同影响的多元回归分析可以得知,新农民群体的新媒体空间"参与频率""参与时长",对"村风土人情""村经济信息""村政务信息"和"村商务信息"的偏好关注以及"了解村里大事小情""表达个人意见和看法"和"增进人际关系"的新媒体空间参与动机与其身份认同密切相关,都会正向显著地影响其身份认同感。这一结论证明了假设1、假设2、假设3-1、假设3-2、假设3-3、假设3-4、假设4-1、假设4-3、假设4-4;其他假设则均不成立。

新农民群体新媒体空间参与会对其身份认同产生显著的正向影响,这就是说,新农民频繁地参与新媒体空间在一定程度上能够提升其身份认同感。这在笔者的个案访谈中也得到了验证。正如F08号受访者所言:

"我来这个村四五年了,加这个村的微信群也四五年了,里面有近三百人,非常活跃。他们村的地几乎都流转出去了,被我们十几个人给承包了,大家干什么的(农业经营项目)都有,村里人也是干什么工作的都有,每天都有人发言。有的谈国家三农政策,有的说县乡里的配套政策,各地都有差异,了解一下真的很好。还有做采摘广告的,今天他家草莓熟了,明天他家葡萄熟了。当然也有他们村里一些鸡毛蒜皮的事。反正大家有事就在里面说,也不需要顾忌什么。我自己感觉和他们没有什么不一样,他们也觉得我们这几个承包地的老板和他们一样。大家都不容易,我们包了这么多地,投资那么大,要承担很大的风险,如果行情不好,可能赚的钱,还不如他们出去打工的多。"

"和他们村的人比较熟了,我临时需要工人的时候,一般会在群里说一下,大家谁有空就来干。一般在家没有事的一些妇女和老人就过来干。"

在当代社会中,我们每一个人的身份角色的形成都与社会实践活动无法分开。社会个体正是通过在各种情境中的互动产生了不同的"镜中我"。[①] F08号受访者在与村民在微信群里相处的四五年间,虽然村民一直把他们这些土地承包人视为老板,但他们自己却觉得自己与传统村民没有差异。这是他们在与村民互动过程中对自己新农民身份的自我评价和感知。在谈到"增进人际关系"的参与动机时,F08号受访者更是毫不隐藏。他说:"我是从外地

---

① [美]查尔斯·霍顿·库利:《人类本性与社会秩序》,包凡一、王源译,北京:华夏出版社,1989年,第118页。

过来包地的,我不和他们村里的人搞好关系,那怎么能行呢?你想想看,来到这里,我是人生地不熟的,我前期投资了这些大棚、房子、农家乐设施等,如果搞不好关系,经常莫名其妙地有人搞破坏,这是没法经营的,所以要搞好关系。我的手机微信群里有很多这个村里的人,我浏览朋友圈时,发现这些人发的我都会点赞,有时还会评论两句,有时候碰到面,我还会问他诸如你朋友圈发的那几张图片是在哪里拍的,真的很好看等等,通过这种方式就不断地加深联络情感,这样群里的人就真的都是朋友圈里的朋友了。我现在和他们村里的人的关系都很好,我虽然不抽烟,但我时刻带着烟,只要碰着面,我都会给他们递烟。"

依照社会身份论的观点,身份(社会)认同由三个基本历程组成:类化、比较和承认。类化是指人们将自己归入某个社会群体;比较是评价自己认同的社会群体相对于其他社会群体的优劣、地位和声誉;承认是认为自己拥有该社会群体成员的普遍特征。[1] 对于新农民群体而言,类化、认同和比较既是在既定结构(制度)中发生,也都与他们的社会交往互动对象的反馈和互动场域密切相关。从F08号受访者的言谈中,可以发现通过微信朋友圈增进人际关系,已经成为他的人际关系"经营之道"。在他的谈话中,也可以感觉到,他有意将本人与群里的村民融入一起,从"外来人"的身份转变为"乡村自己人"。在他看来,只有融入一起,不分彼此,自己与本地村民的合作和互动才会更有空间和价值,也就是说外来新农民置于乡村场域中,新农民身份能够为其在乡村的生产经营等各种行动赋予"合法性"。可想而知,如果工作生活在乡村的新农民,不认同自己的新农民身份,与乡村社会保持距离,与本地村民之间缺少深层次的人情往来,被限制在村庄熟人社会的文化圈层和信任结构之外,其生产经营必定不会顺利。

二、讨论:新媒体空间参与与新农民身份认同的协商调适

在现代社会中,社会个体的身份不仅是多元的,而且还是多变的。职业无疑已成为个体获取社会身份最重要的途径之一,职业的变化往往会冲击原来的身份认同要求建立新的身份认同。新农民进入农业生产领域后,其生活空间和生产经营场域发生了巨大的变化,这种变化会对其身份认同产生冲

---

[1] 赵志裕、温静、谭俭邦:《身份认同的基本心理历程》,《社会学研究》2005年第5期。

击,为此,他们必须要积极地进行自我认知调适,以尽快重新建立身份认同。新农民群体重新建立身份认同并不是要求他们简单地抛弃旧有的职业角色和职业身份,而是要他们接受或建立新的职业身份,如果不能接受新的职业角色并建立身份认同,那么他们就无法全身心地投入到现代农业的经营中去。所以身份认同对新农民的职业角色接纳具有重要意义。

身份是社会个体进行社会交往的一个重要标签,它代表着个体能否获得他人和社会的认同。一般而言,对于个体身份的认同包含两个层面的认同,即个体的自我身份认同以及他人对个体身份的认同。身份认同作为一个过程,是个体在实践生活中积极进行自我认知并与社会环境不断互动的过程。随着网络社会的到来,人们在面对现实空间的同时,还要面对一个数字化的虚拟空间。具有强互动性的虚拟空间成为新农民群体实现个人与社会进行身份协商调适的最佳载体,同时也是其强化身份认同的重要空间。

以社交见长的新媒体的出现为新农民强化自我身份认同开辟了新的虚拟空间。与实体可感的现实空间不同,虚拟网络空间只是以数字化形式存在。在网络平台中新农民的自我呈现行为成为一种"虚拟在场"的行为。从戈夫曼的拟剧理论视角看,新农民虚拟在场的身体表演不仅仅是为了"记录生活",也是为了谋求与他人建立各种关系,更是为在社会互动环境中构建自我身份认同。

(一)新媒体空间积极叙事与身份认同

网名和头像是用户在社交网络上的身份标识,可以反映出用户自我认知和认同感。用户可以通过选择合适的网名来表达自己的特点、爱好、生活态度或个人价值观。F01号受访者现在是一位经营甘薯种植及其秧苗繁育的新农民。早年从学校毕业后,从事过水果贩卖、开超市等工作,随着工作的不同,其网名也不断地更换。

"我的网名曾经取过三个。每一个可以说都与我的从事的职业有关。我初中毕业后,成绩不是很好,就没有继续上学。毕业后刚开始跟着村里的一个大哥在青岛做水果生意。当然也不是什么大生意,就是去批发市场批发各种水果,然后零卖,赚个中间的差价。我当时的网名就是'水果吴',取这个名字的想法很简单,就是让加我微信的人知道,我是卖水果的,我姓吴。"

"2014年,我从青岛回老家创业,开始承包土地繁育甘薯秧苗。这时再叫水果吴就不合适了,当时很多朋友给我开玩笑说我是大地主、超级大地主。我觉得这个称呼有意思,所以就改了网名叫'超级大地主',到现在我的很多同学还这么称呼我。事实上我现在的规模比那时还大。我现在不仅自己繁育脱毒的甘薯秧苗,我还自己种甘薯,也和周边村镇的农民签订种植收购合同,他们用我的秧苗种植,我秋天统一收购外销。现在我的甘薯秧苗繁育基地有400多亩,签约种植的农户有1 100多亩。现在我们又和黄烟种植管理站达成协议,我们县南边这四个乡镇的烟叶种植基地5 000亩和我们的甘薯种植准备轮作,两年烟叶一年甘薯。明年的甘薯种植规模会更大。前两年我注册了甘薯秧苗品牌,成立了合作社,所以现在的网名就是我的品牌加合作社加我的名字,这样的网名非常清楚,大家一看网名就知道你是干什么。"

"我现在每年网络销售渠道走的货占到我们总销量的三分之一,约有五千多万株秧苗。"

"我现在基地平时用人四五十人,忙时有时要四百人,每年的工资开支接近600万元,这些人都是附近村里的,也算是我带他们一起致富。"

"我现在创的品牌,被国家评为'名优特新'品牌,是国家首批。"

"我准备在基地建一个甘薯博物馆,让大家来了解我们的甘薯文化。"

从F01号受访者口中可以知道他是在城市打拼多年后主动回农村创业的农民工。在城市的发展使他有了开阔的眼界,积累了一定的发展资金、职业经验和销售技能。他进入现代农业领域之后,通过自身努力,克服困难,创业成功以及带周边居民一起致富带来的获得感和成就感,成为他构建身份认同的重要推动力。F01号受访者的每一个网名背后都有一种积极的叙事内涵,其替换的过程是其通过积极的自我叙事呈现真实自我身份的过程,更是个人自我身份建构的过程,因此,虚拟网名对其强化新农民身份认同具有重要的表征意义。

(二)新媒体空间自我修饰与身份认同

短视频带货和直播带货是一种通过视频或直播平台进行产品销售和推广的商业模式。在直播带货中,主播充当产品推广和销售的角色,通过展示产品特点、分享使用心得等方式,向观众传递产品信息和推销产品,影响观众的购买决策。在这个过程中,作为直播带货的主播,身份意义之一是充当产品的代言人和推销员。为了使产品销售更具有竞争力,短视频拍摄或直播带货地点、带货主播往往需要进行"自我修饰"。F03号受访者从2019年开始就对自己的脆枣进行短视频带货和直播带货。

"我家的脆枣成熟时,这两年都是我自己出镜代言推销,第一年做的时候找的网红,有效果,但是成本也高。后来让孩子买了设备,我就自己出镜代言。现在周边几十里的村,谁不知道我是种枣的。我代言时会把自己稍微打扮一下,在场景上要在桌子上堆一堆上好的枣子,让人家知道你确实是种枣的农民。不那样拍摄,宣传效果肯定很差。拍摄地点的选择,我们也会选择在枣园树下,让看视频的人感觉就在枣园。后来孩子让我加上一些稍微夸张的动作和表情,我照做了,感觉像拍电视剧一样。"

新媒体空间的呈现与表达功能为新农民提供了展示身份和寻找认同的平台,通过社交媒体他们可以对自我身份进行塑造从而彰显自己的群体归属的社会地位。从F03号受访者的谈话中可以得知,新农民在短视频或直播中一般都要进行自我修饰。所谓的自我修饰就是要在现场或个人服装上呈现出枣农的元素。他们直播中的表演其实是作为一种"叙事"策略而存在的,目的是想通过引导受众对自己形象的认知,来达到销售的目的。他们不会追求过度精致的装扮,不会有对事实的无限夸张。他们的呈现与表达虽是一种带有目的性的描摹,但更多是对自我或事实的客观书写。事实上,新农民在短视频或直播中对自我的修饰,不仅可以对自我形象起到一定的美化效果,更是他们对自我身份的一种强化。

(三)网络学习农技与身份认同

在网络没有普及前,农民学习农业技能通常需要到农业学校或农业培训机构进行实地学习和实践。农村数字化发展战略,为农民通过互联网平台和在线学习资源来获取和学习农业相关的知识和技能提供了极大的便利。与传统的学习方式不同,通过网络平台学习可以不受时间和空间的限制,根据个人的时间和地点灵活安排学习,可以在自己的节奏下进行学习,适应个人的工作和生活安排。不仅如此,网络学习平台通常会及时更新最新的农业知识和技术,保持学习内容的时效性。同时,学习者还可以通过在线讨论、问答平台等与其他学习者和专家进行交流和互动,分享经验和解决问题。正如访谈对象F08所言,

"网络信息太丰富了,什么都有,只要有不知道的不懂的,不管哪方面的信息,只要你搜一下,都能找到相关信息。你看我经营的这片古桩月季园,有接近100亩地,绝大部分是我嫁接的,不敢相信吧。我原来最早是在企业上班的,后来又做生意,怎么会嫁接月季这种活呢?最早我第一批古桩月季,都是从河南南阳请来嫁接工给嫁接的。后来我嫌太麻烦费用也太高,我就从网上查找视频资料,看有没有,结果一搜还真有,我自己就学者嫁接,还真学会了,后来的几批古桩月季都是我自己和几个工人一起嫁接的。"

F03 是一位从事脆枣种植的家庭农场主,也有通过网络搜索信息进行学习的经历。"前几年我种的枣树有几棵招了一种怪病,叶子从很小就有很多小孔,当时大家都说是一种有害菌导致的。这样也不知道怎么用药,怎么防治。我对这种枣树的怪病就很纳闷,难道就无法治?后来,我就在网上搜搜看,发现也有人遇到这种情况,他们讲叶子出现小孔是一种叫绿盲蝽的虫子吸走了叶子里的汁液导致的,并且有防治方法。我就照着他们提供的方法进行防治,还真有效果。这两年我的枣园就没有出现这种问题。"

通过网络学习农业技能,学习者可以获取实用的农业知识和技术,提升自己的农业生产能力,提高农业生产效益和可持续发展能力。网络学习带来的成就感,非常有利于新农民提升自身的身份认同感。

(四)网络销售与身份认同

2017 年《中共中央国务院关于深入推进农业供给侧结构性改革加快培育农业农村发展新动能的若干意见》提出"促进新型农业经营主体、加工流通企业与电商企业全面对接融合,推动线上线下互动发展"。[1] "互联网+"在现代农业中的深入应用,正潜移默化地改变着传统农业生产经营模式,使新农民创业创新从农业生产环节,逐步拓展到农业经营、服务等各个环节和细分市场。以快节奏、低成本、销路广为特点的电商网络销售,不仅缩短了产销直线距离,还在一定程度上降低新型农业经营主体规模化生产面临的市场风险。[2] 开辟网络销路已成为当前新农民的共识。

F01 培育改良的甘薯秧苗也开辟有网络和线下两大销售渠道。

"我们的甘薯秧苗,现在每年销售接近 1.5 亿株,网络线上渠道的销量(占了)接近三成。网络是我们一个很重要的销售渠道,没有网络渠道,我们很难完成近 1.5 亿株的年销量。其实,网络渠道打开后,势头很好,我最初都没有想到,以前只是线下客户来购买。从 2016 年开始,我觉得应该开辟网络渠道,即使卖不了多少,也可以宣传一下。所以从当年开始我们就在网上开了网店,销售甘薯秧苗。后来电商直播兴起,我们又组建了电商直播团队,雇了几个专业技术人员,购买了相关设备,进行直播销售。现在我们的网络销量,每年差不多能到五千万株,而且每年还在增长,这是我以前从没想到的。"

---

[1] 《中共中央国务院关于深入推进农业供给侧结构性改革加快培育农业农村发展新动能的若干意见》,http://www.gov.cn/zhengce/2017-02/05/content_5165626.htm

[2] 薛岩、马彪、彭超:《新型农业经营主体与电子商务:业态选择与收入绩效》,《农林经济管理学报》2020 年第 4 期。

从事脆枣种植的家庭农场主 F03 也把网络尤其是直播带货作为其一个重要的销售渠道。

"这六个大棚和这整个山坡上的脆枣都是我种植的,每年产量很大,通过网上销售,也通过线下销售。网络销售渠道销售额这几年越来越大,这两年都有二十多万,占很大一块。我线上有网店销售,近两年通过电商直播销售量越来越大,只要有人下单就发快递很方便。每年成熟的时候,直接在枣园直播,进行销售。平时我自己在抖音、快手发些短视频进行宣传,效果也挺好的,周边县市的人有刷到我的视频,看到枣子熟了,就开车来采摘。这种销售方式,我原来也不会,没办法,现在都搞直播,不学不行啊,为了销路必须要学,好在我学的比较快,现在直播、发个短视频都会了。"

通过网络销售农产品,对新农民的身份认同具有重要意义。农产品网络销售为农民提供了一个更广阔的市场和更多的销售机会,通过网络销售,新农民可以直接与消费者进行交易,减少中间环节,获得更多的利润,这有助于增加新农民的经济收入,无形中增强其农业经营的成就感,同时新农民可以更好地展示自己的农产品质量和特色,当消费者对农产品给予认可和好评时,他们也会获得一种自豪感,进而增强其农业经营的自信心,激发更大的生产热情。

综上所述,网络新媒体在农村的发展与普及,给乡村社会和传统农业注入新的时代元素的同时,也为新农民打开了另一个新世界的入口。当前,随着移动互联网、物联网、大数据、云计算等新一代信息技术飞速发展,新农民有了更多的创业创新途径。新媒体赋能新农民,不仅为新农民带来可观的经济效益,更在某种程度上强化了其身份认同。

第五章 新农民群体的新媒体空间参与与乡村社区文化认同

乡村社区文化是指人们在特定地域、特定社会历史条件下创造和发展起来的文化。它与城市文化形成鲜明对比,具有独特的表现形式和内涵。乡村社区文化认同指的是居住在乡村社区的居民对其所在社区文化的认同感和归属感。这种认同是对乡村社区的历史、传统、价值观念、社会互动和日常生活方式的认同。乡村社区文化认同可以增强社区居民之间的凝聚力和归属感。共同的文化认同有助于增进社区居民之间的相互信任与合作,形成更加和谐稳定的社区环境。乡村社区文化认同也是乡村振兴战略的重要组成部分。新农民群体对自己的乡村社区文化有认同感,他们才更愿意参与乡村社区的发展,积极投入到乡村振兴的实践中。本章将结合新农民群体乡村社区文化认同的现状,运用问卷调查法探究新农民群体的新媒体空间参与在何种程度上影响其乡村社区文化认同,旨在为探讨新媒体接触使用和乡村社区文化认同的理论关联提供经验材料与解释框架。

第一节 新农民群体的新媒体参与与乡村社区文化认同的研究背景

2017年党的十九大作出实施乡村振兴战略的规划,这一战略是决胜全面建成小康社会、开启全面建设社会主义现代化国家新征程的新战略。"乡村振兴战略"为今后很长一段时间乡村的建设与发展指明了方向。2018年中央一号文件《中共中央国务院关于实施乡村振兴战略的意见》中再次重申了实施乡村振兴的重要战略意义。《意见》明确指出:"实施乡村振兴战略是党的十九大做出的重大决策部署,是决胜全面建成小康社会、全面建设社会主义现代化国家的重大历史任务,是新时代'三农'工作的总抓手。"并指出要坚持乡村全面振兴的原则,"挖掘乡村多种功能和价值,统筹谋划农村经济建设、政治建设、文化建设、社会建设、生态文明建设和党的建设,注重协同性、关联性,整体部署,协调推进。"① 可见,乡村振兴战略是一个系统而又全面的伟大战略工程,它是以产业兴旺、生态宜居、乡风文明、治理有效、生活富裕作为最终目标。乡村文化是乡村存在与发展的灵魂,建设乡村文化,培育文明乡风是乡村振兴战略的重要组成部分。因此,加快乡村振兴,推动乡村文化繁荣兴盛无疑是乡村振兴战略的题中要义。不容否认的是现实乡村文化在城镇化、工业化的进程中出现了不同程度的衰落,淳朴的乡村文化面临着凋敝的风险。然而文化作为一种更基本、更深沉、更持久的力量,以其先导性、战略性,可以为乡村振兴战略提供了精神激励、智慧支持和道德滋养。乡村文化还是构成乡风文明的核心要素,乡村文化振兴有助于促进移风易俗,建设文明新农村。② 乡村文化价值的发现与重构不仅可以唤醒人们对乡村价值的认可,有利于激发乡村振兴主体投入乡村振兴的内生动力。③ 还可以促进乡村多维度协同发展,为全面实现产业兴旺、生态宜居、乡风文明、治理有效、生活富裕等目标提供精神依托和动力源泉。④ 新农民是乡村振兴的主体力量,是实施乡村振兴战略的重要抓手。新农民群体的乡村社区文化认同状况是衡量其乡村社区认同感的主要指标之一,关系到这个群体是否能真正融入乡村进而成为新农民的一个重要主观标准。研究了解新农民对乡村文化的认同程度和对乡村发展的期望,可以为乡村振兴战略的实施提供指导,也可以帮助政府和相关部门制定更符合实际情况的政策和措施,进而推动乡村振兴战略的顺利进行。

然而,传播在个体的文化认同确立过程中扮演着重要角色。"认同的传播理论"(Communication Theory of Identity)就是生发于学界文化与传播研究的框架中。在当下的媒介化社会情境中,大众媒介作为社会文化机制的重要组成部分正逐步成为塑造现代人文化认同的重要资源,如何利用大众媒介化解文化认同危机成为学界热衷探讨的话题。⑤ 目前已有众多学者研究表明,传播在文化认同形成中具有重要作用。科利尔(M. J. Collier)认为,认同

---

① 《中共中央国务院关于实施乡村振兴战略的意见》,2018 年 1 月 2 日。http://www.moa.gov.cn/nybgb/2018/201802/201805/t20180515_6142125.htm
② 金筱萍、陈珉希:《乡村振兴视域下乡村文明的价值发现与重构》,《农村经济》2018 年第 7 期。
③ 徐勇:《乡村文化振兴与文化供给侧改革》,《东南学术》2018 年第 5 期。
④ 倪国良、张世定:《乡村振兴中乡村文化自信的重建》,《新疆社会科学》2018 年第 3 期;吴理财,解胜利:《文化治理视角下的乡村文化振兴:价值耦合与体系建构》,《华中农业大学学报(社会科学版)》2019 年第 1 期。
⑤ 吴世文、石义彬:《我国受众的媒介接触与其中国文化认同——以武汉市为例的经验研究》,《新闻与传播研究》2014 年第 1 期。

是一个可教化的、管理的、协商的,甚至是可操纵的、流动的和复杂的传播过程。[1] 布拉德福德·霍尔(B. J. Hall)也认可文化认同是在特定的文化情境中通过传播而建构起来的观点。[2] 汀·图梅(S. Ting-Toomey)等人曾经研究过文化认同构建过程中的传播机制。[3] 大众媒介对文化认同发生作用是通过受众的媒介接触实现的。媒介接触是受众接触和使用特定的媒介的行为,表现为接触的方式与频率等。由于媒介接触的过程是媒介内容与接触行为作用于受众心理和行为的过程,也是传播效果发生的过程,因此,媒介接触能够影响受众的认知、态度和行为。[4] 有学者针对台北市青少年的调查发现,媒介接触和文化认同之间具有正相关关系。[5] 蒋晓丽等人通过对大学生群体的实证研究也发现,新媒体是影响青少年价值观和文化认同的中介因素,媒介接触与青少年文化认同存在正相关关系。[6] 张国良等人以外籍汉语学习者为研究对象,研究发现外国人对中国大众媒介的接触,不仅有助于汉语学习,更有机会加深外国人对中国文化的了解与接纳程度,并建构实质性的文化认同。[7] 吴世文、石义彬以武汉市为例,调查发现我国受众接触不同媒介类型和媒介内容形式中的中国文化内容,对其中国文化认同及认知、情感、行为意向有正向影响,媒介接触在构建文化认同方面具有重要作用。[8] 随着网络传播技术的发展和农村互联网的普及,我国已经进入了移动互联网时代,同时也为新媒体传播提供了一种新的社会语境。在本章中,我们所探讨的核心论题是:在这一新的传播语境中,新农民的新媒体空间参与与其乡村社区文化认同到底有无关联?如果有,它又在多大程度上影响着新农民的乡村社区文化认同建构?

---

[1] Collier, M. J. "Theorizing cultural identifications: Critical updates and continuing evolution," In Gudykunst, W. B. eds., Theorizing about intercultural communication, Thousand Oaks, CA: Sage, 2005: 235-256.

[2] Hall, B. J., Among cultures: The challenge of comrunication, Thomson. Wadsworth, 2005.

[3] Ting-Toomey, S. & Chung, L. C., Understanding intercultural communication. New York: Oxford University Press, 2005.

[4] 吴世文、石义彬:《我国受众的媒介接触与其中国文化认同——以武汉市为例的经验研究》,《新闻与传播研究》2014年第1期。

[5] 黄葳威:《文化传播》,台北:正中书局,1999年。

[6] 蒋晓丽、董子铭、曹漪那:《新媒体培养大学生核心价值观的交互机制研究》,《湘潭大学学报(哲学社会科学版)》2010年第5期。

[7] 张国良、陈青文、姚君喜:《媒介接触与文化认同——以外籍汉语学习者为对象的实证研究》,《西南民族大学学报(人文社会科学版)》2011年第5期。

[8] 同[4]

第二节 测量指标操作化和研究假设

一、测量指标操作化

本章的自变量为新农民的新媒体空间参与,其概念解析与测量操作化见第四章。本章的因变量为新农民群体的乡村社区文化认同。

关于文化认同这一概念,有学者认为文化认同是"一种人类对于文化的倾向性共识与认可"。[1] 陈薇提出文化认同是个体或群体对接触到的某种文化所产生的认可、内化、归属感的心理过程,包括价值规范认同、风俗习惯认同、宗教道德认同、语言文字认同以及文化艺术认同等方面。[2] 王春光等学者通过对农民工的研究认为,农民对乡土的认同是其传统文化认同的一个重要组成部分。[3] 因此,所谓文化认同实质上就是个体对其所生活的文化体系的认可与归属感。国外有学者认为文化认同体现在穿戴的服装、吃的食物、交往的人群、坚持的价值观,以及用来适应新文化和当地人的策略等方面。[4] 目前有相当多的文献研究表明社会个体在行为上的变化与文化适应相关。但是文化适应的认知指标验证起来比较困难。主要原因是,个体的认知和行为改变并不总是同时发生,通常是社会个体的认知发生变化之后,其行为才会发生相应的变化。因此,社会个体的文化认同是很难直接测量的。即使很难直接测量,也有学者试着对社会个体的文化认同进行间接测量。这些学者的测量指标虽然因各自的研究对象和研究目的差异会有所不同,但都对本课题的测量指标设计有借鉴意义。郧彦辉在其《农民市民化程度测量指标体系及评估方法探析》一文中提出的农民市民化测量指标中有"对生活方式的认同度、对城市生活质量的评价、对城市工作方式的评价、社会参与指数和选举投

---

[1] 郑晓云:《文化认同论》,北京:中国社会科学出版社,2008年,第4页。
[2] 陈薇:《文化认同到文化自觉—新农村社区文化建设的出路——以C村为例》,华中师范大学硕士论文,2010年。
[3] 王春光:《新生代农村流动人口的社会认同与城乡融合的关系》,《社会学研究》2001年第3期。
[4] Ward C. Bochner S & Furnham A, The psychology of culture shock(2nded.). Boston: Routledge, 2001. pp 124-132.

票"等。① 朱冬梅、张丹、郭云梅等试图从语言交流、风俗习惯和社会交往的三个维度来考察成都流动人口的文化认同与社会适应问题。② 童星等编制了流动农民和失地农民的态度和认同的量表,包括 19 个指标,对本文的量表设计也有一定的启发意义。③ 张国良、陈青文、姚君喜等人认为考察个体的文化认同,可以主要从对文化的了解、情感上的认可及其在行为上的坚持性三个方面去测量。④ 张雁军、马海林在研究西藏本土藏族大学生文化认同态度时,划分了整合、同化以及分离三个维度。⑤ 韦克平、谢俏静从民族文化认知理解、民族文化情感依附、民族文化评价态度和对待民族文化的行为选择四个维度测度青少年民族文化认同。⑥ 高旭等认为中学生武术文化认同由武术文化的价值判断、情感投入、行为卷入、身份确认四个因子所构成的复杂结构。⑦ 综合以上学者的研究可以看到,大部分学者比较倾向于从认知、情感、行为三个维度测量文化认同。本课题组在设计新农民群体文化认同的量表指标时借鉴了以上的研究成果,并对已有的指标进行了修改整合而成了本课题的新农民乡村社区文化认同测量指标。

从表现形式上看,文化认同复杂而抽象,人们常常以某些象征物为标志或标识来对其进行表征。⑧ 因此关于对乡村社区文化的认知,操作化为两个题项,分别是"我非常了解村里的饮食和风俗习惯"和"我认为村里的乡土文化应该传承并发展下去"。关于对乡村社区文化的情感,操作化为三个题目,分别为"我非常喜欢听村里的历史故事和传说""我很喜欢看村里的传统文艺表演""我很喜欢参加村里的民俗活动和传统节日活动"。关于受访者文化认同归属感,操作化为"我为村里的乡土文化感到自豪与骄傲"。在行为层面的

---

① 郎彦辉:《农民市民化程度测量指标体系及评估方法探析》,《学习与实践》,2009 年第 8 期。
② 朱冬梅、张丹、郭云梅:《成都流动人口的文化认同与社会适应性研究》,《西南交通大学学报(社会科学版)》2010 年第 4 期。
③ 童星:《交往、适应与融合:一项关于流动农民和失地农民的比较研究》,北京:社会科学文献出版社,2010 年,第 289 页。
④ 张国良、陈青文、姚君喜:《媒介接触与文化认同——以外籍汉语学习者为对象的实证研究》,《西南民族大学学报(人文社会科学版)》,2011 年第 5 期。
⑤ 张雁军、马海林:《西藏藏族大学生文化认同态度模式研究》,《青年研究》2012 年第 6 期。
⑥ 韦克平、谢俏静:《民族团结教育场域下青少年民族文化认同实证研究》,《民族教育研究》2019 年第 3 期。
⑦ 高旭、柴娇、孟宇:《中学生武术文化认同:结构、量表及特点》,《沈阳体育学院学报》2019 年第 4 期。
⑧ 吴世文、石义彬:《我国受众的媒介接触与其中国文化认同——以武汉市为例的经验研究》,《新闻与传播研究》2014 年第 1 期。

文化认同,操作化为两个题目"我愿意向别人介绍或宣传村里的乡土文化"和"我愿意为村里乡土文化的传承贡献一份力量"。这些题目全部采用5分制李克特量表(1表示很不同意,2表示不同意,3表示一般,4表示同意,5表示十分同意)测量新农民群体的乡村社区文化认同度。

为了评估该量表的可靠性,我们进行了量表的内部一致性信度检测。经过SPSS分析后得到克隆巴赫α系数0.830,得到KMO值为0.811,这表明该量表信度和效度都很好,可以进行调研和问题分析。

二、研究假设

本研究的自变量是新农民群体的新媒体空间参与,其中包括新媒体空间参与的频度、新媒体空间参与时长、新媒体空间参与的内容偏好、新媒体空间参与动机、新媒体空间参与满意度和信任度。因变量是新农民群体的乡村社区文化认同,其中控制变量是性别、年龄、文化程度、从事规模化农业经营时长、农业经营年收入以及是否是本村人,如图5-1所示。

控制变量:
(1)性别(2)年龄(3)文化程度(4)从事农业生产时长(5)农业经营年收入(6)是否是本村人

自变量
新媒体空间参与:
- 新媒体空间参与频度
- 新媒体空间参与时长
- 新媒体空间参与内容偏好
- 新媒体空间参与动机
- 新媒体空间参与满意度
- 新媒体空间参与信任度

因变量
乡村社区文化认同:
- 我非常了解村里的饮食和风俗习惯
- 我非常喜欢听村里的历史故事和传说
- 我很喜欢看村里的传统文艺表演
- 我很喜欢参加村里的民俗活动和传统节日活动
- 我为村里的乡土文化感到自豪与骄傲
- 我愿意向别人介绍或宣传村里的乡土文化
- 我认为村里的乡土文化应该传承并发展下去
- 我愿意为村里乡土文化的传承贡献一份力量

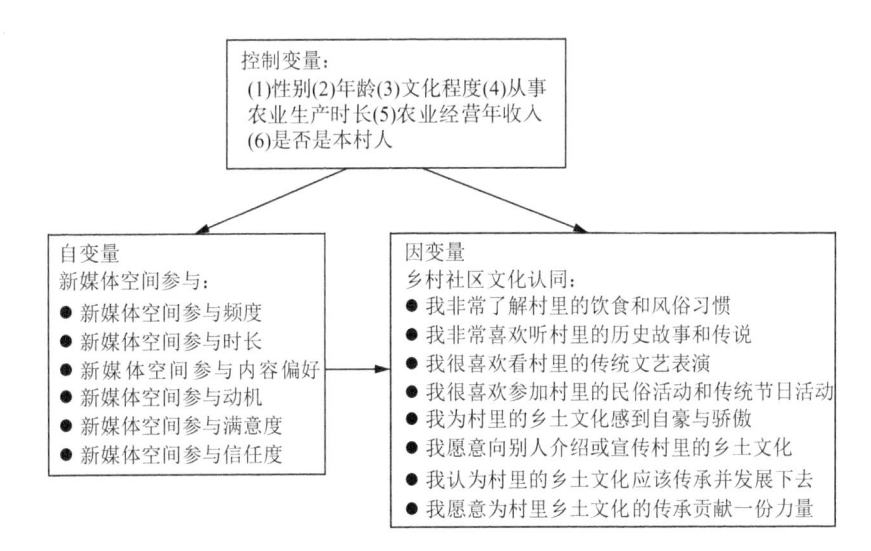

图5-1 变量操作化

本研究的基本理论假设是:新农民群体的新媒体空间参与行为与其乡村社区文化认同存在一定的相关性,也就是说新农民群体在新媒体空间参与行为的不同会影响其对乡村社区文化的认同。在这个基本的理论假设的框架

下,本研究的核心假设是:

(1) 新媒体空间参与的频度与新农民的乡村社区文化认同程度存在相关性;

(2) 新媒体空间参与的时长与新农民的乡村社区文化认同程度存在相关性;

(3) 新媒体空间参与的内容偏好与新农民的乡村社区文化认同程度存在相关性;

(4) 新媒体空间参与动机与新农民的乡村社区文化认同程度存在相关性;

(5) 新媒体空间参与满意度与新农民的乡村社区文化认同程度存在相关性;

(6) 新媒体空间参与信任度与新农民的乡村社区文化认同程度存在相关性。

在基本理论假设和核心假设的指导下,本研究拟定了以下具体的研究假设:

假设1:新农民的新媒体空间参与频度正向影响其乡村社区文化认同;

假设2:新农民的新媒体空间参与时长正向影响其乡村社区文化认同;

假设3-1:新农民对"村风土人情"的内容偏好正向影响其乡村社区文化认同;

假设3-2:新农民对"村政务信息"的内容偏好正向影响其乡村社区文化认同;

假设3-3:新农民对"村经济信息"的内容偏好正向影响其乡村社区文化认同;

假设3-4:新农民对"村商务信息"的内容偏好正向影响其乡村社区文化认同;

假设3-5:新农民对"村邻里杂事"的内容偏好正向影响其乡村社区文化认同;

假设3-6:新农民对"村文化娱乐"的内容偏好正向影响其乡村社区文化认同;

假设4-1:新农民"了解村里大事小情"的参与动机正向影响其乡村社区文化认同;

假设4-2:新农民"了解工作生活信息"的参与动机正向影响其乡村社区文化认同;

假设4-3:新农民"表达个人意见和看法"的参与动机正向影响其乡村社区文化认同;

假设4-4:新农民"增进人际关系"的参与动机正向影响其乡村社区文化认同;

假设4-5:新农民"共享信息"的参与动机正向影响其乡村社区文化认同;

假设4-6:新农民"学知识/增长见识"的参与动机正向影响其乡村社区文化认同;

假设4-7:新农民"娱乐消遣"的参与动机正向影响其乡村社区文化认同;

假设5:新农民对新媒体空间的信任度正向影响其乡村社区文化认同;

假设6:新农民对新媒体空间的满意度正向影响其乡村社区文化认同。

第三节　新农民群体的乡村社区文化认同现状分析

一、新农民群体的乡村社区文化认同数据分析

关于新农民群体乡村社区文化认同情况调查采用的是李克特5分制量表,调查问卷中设置了8个题项来测量新农民群体的乡村社区文化认同。从表5-1中数据可以看到,对于"我非常了解村里的饮食和风俗习惯"题项的选择,选择"非常同意"的有142人,占比为27.7%;有184人选择了"同意",占样本总量的35.9%;选择"一般"的有167人,占比为32.6%;19人选择"不同意",占比3.7%;没有人选择"很不同意"。这说明超过60%的受访者非常了解村里的饮食和风俗习惯。对于"我非常喜欢听村里的历史故事和传说"这一说法,选择"非常同意"的受访者有41人,占样本总量的8%;选择"同意"的有73人,占样本总量的14.3%;选择"一般"的有215人,占比为42%,183人选择"不同意",占比35.7%;没有人选择"很不同意"。对于"我很喜欢看村里的传统文艺表演"这一说法,选择"非常同意"的受访者有72人,占样本总量的14.1%;选择"同意"的有105人,占样本总量的20.5%;选择"一般"的有228人,占比为44.5%,选择"不同意"的人数是107,占比为20.9%,没有人选择"很不同意"。对于"我很喜欢参加村里的民俗活动和传统节日活动"这一说法,选择"非常同意"的受访者有52人,占样本总量的10.2%;选择"同意"的有108人,占样本总量的21.1%;选择"一般"的有252人,占比为49.2%,100人选择"不同意",占比19.5%;没有人选择"很不同意"。对于"我为村里的乡土文化感到自豪与骄傲"这一说法,选择"非常同意"的受访者有73人,占样本总量的14.3%;选择"同意"的有159人,占样本总量的31.1%;选择"一般"的有224人,占比为43.8%,选择"不同意"的人数为56,占比为10.9%;没有人选择"很不同意"。对于"我愿意向别人介绍或宣传村里的乡土文化"这一说法,选择"非常同意"的受访者有46人,占样本总量的9%;选择"同意"的有144人,占样本总量的28.1%;选择"一般"的有311人,占比为60.7%,选择"不同意"有11人,占比2.1%;没有人选择"很不同意"。对于"我认为村里的乡土文化应该传承并发展下去"这一说法,选择"非常同意"的受访者有62人,

占样本总量的12.1%；选择"同意"的有103人，占样本总量的20.1%；选择"一般"的有322人，占比为62.9%，选择"不同意"的有25人，占比4.9%，没有人选择"很不同意"。对于"我愿意为村里乡土文化的传承贡献一份力量"这一说法，选择"非常同意"的受访者有44人，占样本总量的8.6%；选择"同意"的有133人，占样本总量的26%；选择"一般"的有322人，占比为62.9%，选择"不同意"的人数为13，占比为2.5%；没有人选择"很不同意"。

以上数据显示了受访者的乡村社区文化认同情况，大部分受访者非常了解村里的饮食和风俗习惯，占比达到60%左右，但只有32%左右的受访者认为村里的乡土文化应该传承并发展下去，这说明受访者对乡村社区文化有一定的认知，但是并不看好乡村社区文化的传承。"我非常喜欢听村里的历史故事和传说""我很喜欢看村里的传统文艺表演""我很喜欢参加村里的民俗活动和传统节日活动""我为村里的乡土文化感到自豪与骄傲"这四个表述都是在情感认同层面考察受访者的态度，数据显示不到40%的受访者表示"同意"或"非常同意"，说明受访者对乡村社区文化的情感层面的认同不是很高。从行为层面上看，只有不到40%的受访者对"愿意向别人介绍或宣传村里的乡土文化"和"愿意为村里乡土文化的传承贡献一份力量"都表示赞同。综上所述，大多数被调查者对乡村社区文化的发展并不看好。他们在情感上无法认同乡村社区文化，在行为上也不能够积极支持乡村社区文化的传承与发展。

表5-1 新农民群体的乡村社区文化认同情况

			频数(人次)	百分比(%)	有效百分比(%)	累积百分比(%)
我非常了解村里的饮食和风俗习惯	有效	不同意	19	3.7	3.7	3.7
		一般	167	32.6	32.6	36.3
		同意	184	35.9	35.9	72.3
		非常同意	142	27.7	27.7	100.0
		总计	512	100.0	100.0	
我非常喜欢听村里的历史故事和传说	有效	不同意	183	35.7	35.7	35.7
		一般	215	42.0	42.0	77.7
		同意	73	14.3	14.3	92.0
		非常同意	41	8.0	8.0	100.0
		总计	512	100.0	100.0	

续表

			频数(人次)	百分比(%)	有效百分比(%)	累积百分比(%)
我很喜欢看村里的传统文艺表演	有效	不同意	107	20.9	20.9	20.9
		一般	228	44.5	44.5	65.4
		同意	105	20.5	20.5	85.9
		非常同意	72	14.1	14.1	100.0
		总计	512	100.0	100.0	
我很喜欢参加村里的民俗活动和传统节日活动	有效	不同意	100	19.5	19.5	19.5
		一般	252	49.2	49.2	68.8
		同意	108	21.1	21.1	89.8
		非常同意	52	10.2	10.2	100.0
		总计	512	100.0	100.0	
我为村里的乡土文化感到自豪与骄傲	有效	不同意	56	10.9	10.9	10.9
		一般	224	43.8	43.8	54.7
		同意	159	31.1	31.1	85.7
		非常同意	73	14.3	14.3	100.0
		总计	512	100.0	100.0	
我愿意向别人介绍或宣传村里的乡土文化	有效	不同意	11	2.1	2.1	2.1
		一般	311	60.7	60.7	62.9
		同意	144	28.1	28.1	91.0
		非常同意	46	9.0	9.0	100.0
		总计	512	100.0	100.0	
我认为村里的乡土文化应该传承并发展下去	有效	不同意	25	4.9	4.9	4.9
		一般	322	62.9	62.9	67.8
		同意	103	20.1	20.1	87.9
		非常同意	62	12.1	12.1	100.0
		总计	512	100.0	100.0	
我愿意为村里乡土文化的传承贡献一份力量	有效	不同意	13	2.5	2.5	2.5
		一般	322	62.9	62.9	65.4
		同意	133	26.0	26.0	91.4
		非常同意	44	8.6	8.6	100.0
		总计	512	100.0	100.0	

二、新农民群体的乡村社区文化认同度分析

为了能够更清晰精确地描述受访者的乡村社区文化认同度,课题组对受访者的新农民乡村社区文化认同数据用 SPSS 做了描述统计。从表 5-2 中的数据可以看到,量表中的这 8 个题项的均值,有七项高于 3,有一项低于 3。其中"我非常了解村里的饮食和风俗习惯"的题项的均值最高是 3.88,标准偏差为 0.859;处于"一般"到"同意"之间偏向于"同意"的位置水平。"我很喜欢参加村里的民俗活动和传统节日活动"题项的均值为 3.22,标准偏差为 0.875;"我很喜欢看村里的传统文艺表演"的均值是 3.28,标准偏差为 0.949。"我为村里的乡土文化感到自豪与骄傲"的均值是 3.49,标准偏差为 0.869;"我认为村里的乡土文化应该传承并发展下去"题项均值为 3.39,标准偏差为 0.761;"我愿意为村里乡土文化的传承贡献一份力量"题项均值为 3.41,标准偏差为 0.682;"我愿意向别人介绍或宣传村里的乡土文化"题项均值为 3.44,标准偏差为 0.685。这六个题项的均值都处于"一般"到"同意"之间偏向于"一般"的位置水平。"我非常喜欢听村里的历史故事和传说",该题项的均值为 2.95,标准偏差为 0.905。处于"不同意"到"一般"之间偏向于"一般"的位置水平。

整体而言,被调查者对于新农民乡村社区文化认同度的平均分值约为 3.38,处于"一般"到"同意"之间偏向于"一般"的位置水平,这说明新农民群体对乡村社区文化的认同度并不高。

表 5-2 新农民群体的乡村社区文化认同度描述统计

	N	最小值	最大值	均值	标准偏差
我非常了解村里的饮食和风俗习惯	512	2	5	3.88	0.859
我非常喜欢听村里的历史故事和传说	512	2	5	2.95	0.905
我很喜欢看村里的传统文艺表演	512	2	5	3.28	0.949
我很喜欢参加村里的民俗活动和传统节日活动	512	2	5	3.22	0.875
我为村里的乡土文化感到自豪与骄傲	512	2	5	3.49	0.869
我愿意向别人介绍或宣传村里的乡土文化	512	2	5	3.44	0.685
我认为村里的乡土文化应该传承并发展下去	512	2	5	3.39	0.761
我愿意为村里乡土文化的传承贡献一份力量	512	2	5	3.41	0.682

三、来源不同的新农民乡村社区文化认同差异分析

把受访者的来源与乡村社区文化认同变量做均值比较分析后(见表5-3),可以看到三类受访者的乡村社区文化认同的差异

在对乡村社区文化的认知层面上,对于"我非常了解村里的饮食和风俗习惯"这个题项的态度选择,来源于农村(本村人)、农村(非本村人)和城市的受访者的态度均值分别为4.12、3.95和2.96,通过比较可知,来源于农村(本村人)对自己村子的饮食和风俗习惯的了解程度是最高的,来源于城市的受访者对经营所在村庄的饮食和风俗习惯了解程度比较低,其态度均值处于"不同意"到"一般"之间偏向于"一般"的位置水平。对于"我认为村里的乡土文化应该传承并发展下去"这个题项的态度选择,来源于农村(本村人)、农村(非本村人)和城市的受访者的态度均值分别为3.58、3.47和2.63,通过比较可知,来源于农村两类受访者对乡村社区文化传承发展的意愿要明显高于来自城市的受访者。

来源于城市的受访者对经营所在村庄的饮食和风俗习惯了解程度比较低,其态度均值处于"不同意"到"一般"之间偏向于"一般"的位置水平。

在对乡村社区文化的情感认同方面,对于"我非常喜欢听村里的历史故事和传说"这个题项的态度选择,来源于农村(本村人)的受访者的态度均值为3.27,来自农村(非本村人)受访者对这个题项的态度均值是2.90,来源城市的受访者对这个题项的态度均值是2.26。通过比较,可以看出,来源于农村的两类受访者对这个题项的态度均值虽然处于不同的区间,但是都偏向于"同意"的位置水平。来源于城市的受访者对这个题项的态度均值小于3,处于"不同意"到"一般"之间偏向于"不同意"的位置水平。对于"我很喜欢看村里的传统文艺表演"这个题项的态度选择,来源于农村(本村人)的受访者的态度均值为3.47,来自农村(非本村人)受访者对这个题项的态度均值是3.36,来源城市的受访者对这个题项的态度均值是2.46。通过比较,可以看出,来源于农村的两类受访者对这个题项的态度均值都大于3,且小于3.5,处于"一般"到"同意"之间偏向于"一般"的位置水平。来源于城市的受访者对这个题项的态度均值大于2且小于2.5,处于"不同意"到"一般"之间偏向于"不同意"的位置水平。来自城市的受访者对乡村社区文化的认同度要低于来自农村的两类受访者。对于"我为村里的乡土文化感到自豪与骄傲"这一题项的态度,三类受访者的态度均值分别为3.71、3.61和2.43,来自农村的两类受访者的态度均值都处于"一般"到"同

意"之间偏向于"同意"的位置水平,而来自城市的受访者的态度均值小于2.5,处于"不同意"到"一般"之间偏向于"不同意"的位置水平。可见,来自农村的两类受访者对乡土文化的自豪感要高于来自城市的受访者。

在对待乡村社区文化的行为层面上,对于"我很喜欢参加村里的民俗活动和传统节日活动"这一题项的态度,三类受访者的态度均值分别为3.39、3.32和2.38,前两者都处于"一般"到"同意"之间偏向于"一般"的位置水平,后者处于"不同意"到"一般"之间偏向于"不同意"的位置水平;前两者的态度均值要明显高于后者。"我愿意向别人介绍或宣传村里的乡土文化"这一题项的态度,三类受访者的态度均值分别为3.59、3.48和2.87,"我愿意为村里乡土文化的传承贡献一份力量"这一题项的态度,三类受访者的态度均值分别为3.58、3.42和2.87,通过比较可知,来源于城市的受访者对这两个题项的态度均值都小于3且大于2.5,处于"不同意"到"一般"之间偏向于"一般"的位置水平;来自农村(非本村人)对这两个题项的态度均值都大于3,且小于3.5,处于"一般"到"同意"之间偏向于"一般"的位置水平;来自农村(本村人)对这两个题项的态度均值都大于3.5,且小于4,处于"一般"到"同意"之间偏向于"同意"的位置水平上。总体而言,在行为层面上,来自农村(本村人)对待乡村社区文化的认同度最高,次是来自农村(非本村人),态度均值最低的是来自于城市的受访者。

总体来看,通过在认知、情感和行为三个层面的比较可见,来源于农村(本村人)的受访者对乡村社区文化认同态度的均值最大,为3.58,处于"一般"到"同意"之间偏向于"同意"的位置水平上。来源于农村(非本村人)的受访者对乡村社区文化认同态度的均值为3.43,处于"一般"到"同意"之间偏向于"一般"的位置水平上。来源于城市的受访者对乡村社区文化认同态度的均值最小,为2.61,处于"不同意"到"一般"之间偏向于"一般"的位置水平上。这些数据说明,来自农村的两类受访者对乡村社区文化认同度是要高于来自城市的受访者。

表5-3 不同来源受访者的乡村社区文化认同度比较

	农村(本村人)		农村(非本村人)		城市	
	平均值	标准偏差	平均值	标准偏差	平均值	标准偏差
我非常了解村里的饮食和风俗习惯	4.12	0.789	3.95	0.773	2.96	0.762
我非常喜欢听村里的历史故事和传说	3.27	0.974	2.90	0.832	2.26	0.477
我很喜欢看村里的传统文艺表演	3.47	0.948	3.36	0.933	2.46	0.502

续表

	农村(本村人)		农村(非本村人)		城市	
	平均值	标准偏差	平均值	标准偏差	平均值	标准偏差
我很喜欢参加村里的民俗活动和传统节日活动	3.39	0.855	3.32	0.835	2.38	0.574
我为村里的乡土文化感到自豪与骄傲	3.71	0.773	3.61	0.811	2.43	0.498
我愿意向别人介绍或宣传村里的乡土文化	3.59	0.707	3.48	0.658	2.87	0.383
我认为村里的乡土文化应该传承并发展下去	3.58	0.755	3.47	0.708	2.63	0.486
我愿意为村里乡土文化的传承贡献一份力量	3.58	0.700	3.42	0.642	2.87	0.486

第四节 影响新农民群体乡村社区文化认同的新媒体空间参与因素分析

一、新媒体空间参与与新农民乡村社区文化认同的相关性分析

（一）新媒体空间参与频率与新农民乡村社区文化认同

新媒体空间参与频率与新农民乡村社区文化认同相关性分析结果显示（见表5-4），新农民关于"村微信群""微信朋友圈""抖音快手""村公众号"和"村QQ群"五个新媒体空间的使用频率与其乡村社区文化认同之间有着显著的正相关关系，相关系数值分别为0.486、0.449、0.311、0.121和0.088，其中前四项都呈现出0.01水平的显著性。这说明随着新农民群体对这五类新媒体空间接触频率的提高，新农民群体的乡村社区文化认同感将会进一步增强。"村百度贴吧"的使用频率与乡村社区文化认同并没有显示出相关关系。

（二）新媒体空间参与时长与新农民乡村社区文化认同

从参与时间的维度看，新媒体空间参与与新农民乡村社区文化认同相关性分析结果显示，新农民每天参与"村微信群""微信朋友圈""村抖音快手"这三类新媒体空间的时间长短与其新农民乡村社区文化认同之间有着显著的正相关关系。其相关系数值分别为0.458、0.420和0.165，且呈现出0.01水平的显著性。与以上不同，新农民乡村社区文化认同和"村QQ群""村公众号"参与时间之间的相关系数值分别为0.079、0.066，三者p均

大于0.05,这说明新农民乡村社区文化认同和"村QQ群""村公众号"的参与时长之间并没有相关关系。"村百度贴吧"的参与时间与新农民乡村社区文化认同之间也没有相关关系,二者之间的相关系数值为0.041,并且p值为0.443>0.05。

(三)新媒体空间参与信任度和满意度与新农民乡村社区文化认同

新媒体空间的信任度和满意度与乡村社区文化认同之间相关性分析结果表明,乡村社区文化认同和信任度的相关系数值为0.442,并且呈现出0.01水平的显著性,这说明乡村社区文化认同和空间信任度之间有着显著的正相关关系。乡村社区文化认同和满意度之间的相关系数值为0.298,并且呈现出0.01水平的显著性,这说明乡村社区文化认同和满意度之间也有着显著的正相关关系。(见表5-4)这意味着新农民群体对新媒体空间的信任度和满意度越高,其新农民乡村社区文化认同度也会随之提高。

(四)新媒体空间内容偏好与新农民乡村社区文化认同

通过乡村社区文化认同与新农民群体的新媒体空间内容偏好相关性分析可以发现,对"村风土人情""村经济信息""村政务信息""村文化娱乐"等四类信息内容的关注与新农民的乡村社区文化认同具有显著的正相关关系。对"村邻里杂事""村商务信息"等两类信息的关注偏好都与新农民的乡村社区文化认同并没有相关关系。其中乡村社区文化认同和关注"村风土人情"之间的相关系数值为0.485,呈现出0.01水平的显著性。乡村社区文化认同和关注"村经济信息"之间的相关系数值为0.361,呈现出0.01水平的显著性。乡村社区文化认同和关注"村政务信息"之间的相关系数值为0.253,呈现出0.01水平的显著性。乡村社区文化认同和关注"村文化娱乐信息"之间的相关系数值为0.299,呈现出0.01水平的显著性。

(五)新媒体空间参与动机与新农民乡村社区文化认同

在新媒体空间参与动机变量组中,与因变量乡村社区文化认同有相关关系的参与动机只有"表达个人意见和看法""共享信息""娱乐消遣"三项。其中乡村社区文化认同和"表达个人意见和看法"动机之间的相关系数值为0.402,p值呈现出0.01水平的显著性,说明二者有着显著的正相关关系。乡村社区文化认同和"共享信息"动机之间的相关系数值为0.378,p值呈现出0.05水平的显著性,说明二者有着显著的正相关关系。乡村社区文化认同和"娱乐消遣"动机之间的相关系数值为0.336,p值呈现出0.05水平的显著性,说明二者有着显著的正相关关系。此外,"了解村里大事小情""了解工作生活信息""增进人际关系""学知识/增长见识"等动机均与新农民乡村社区文化认同之间没有显著的相关关系。

表5-4 新媒体空间参与与乡村社区文化认同相关性分析

变量		乡村社区文化认同
参与频率	村微信群	0.486**
	微信朋友圈	0.449**
	抖音快手	0.311**
	村QQ群	0.088*
	村公众号	0.121**
	村百度贴吧	0.078
参与时间	村微信群	0.458**
	微信朋友圈	0.420**
	抖音快手	0.165**
	村公众号	0.066
	村QQ群	0.079
	村百度贴吧	0.041
	空间信任度	0.442**
	空间满意度	0.298**
内容偏好	村风土人情	0.485**
	村经济信息	0.361**
	村政务信息	0.253**
	村商务信息	0.053
	村邻里杂事	−0.036
	村文化娱乐	0.299**
参与动机	了解村里大事小情	−0.017
	了解工作生活信息	0.022
	表达个人意见和看法	0.402**
	增进人际关系	−0.057
	学知识/增长见识	−0.038
	共享信息	0.378*
	娱乐消遣	0.336*
	其他	−0.031

注：(1) * $p<0.05$,** $p<0.01$；
(2) 采用Pearson相关性,显著性(双侧)。

二、新媒体空间参与对新农民群体乡村社区文化认同影响的回归分析

经过独立样本 T 检验和单因素方差检验,人口学变量中的性别、学历、年收入、身份来源、从业年限都对乡村社区文化认同有显著影响,因此把性别、学历、年收入、身份来源、从业年限作为控制变量一起纳入模型进行分析。(见表 5-5)

表 5-5 新媒体空间参与对新农民群体乡村社区文化认同影响的回归分析($n=512$)

模型			非标准化系数 B	标准误	标准化系数 Beta	t	p
控制变量		常数	3.078	0.222	—	13.888	0.000**
	性别[a]	男	0.070	0.037	0.057	1.886	0.060
		女	0				
	身份来源[b]	农村(本村人)	0.696	0.072	0.702	9.646	0.000**
		农村(非本村人)	0.586	0.062	0.618	9.372	0.000**
		城市	0				
	文化水平[c]	小学	0.008	0.139	0.005	0.056	0.955
		初中	0.114	0.128	0.119	0.889	0.374
		高中	0.047	0.128	0.049	0.369	0.712
		大专	−0.053	0.137	−0.027	−0.383	0.702
		本科及以上	0				
	农业经营年收入		−0.079	0.016	−0.172	−4.954	0.000**
	从业时间		0.100	0.015	0.236	6.849	0.000**
自变量	参与频率		0.137	0.044	0.175	3.131	0.002**
	参与时长		0.189	0.033	0.290	5.712	0.000**
	空间信任度		0.089	0.043	0.101	2.074	0.039*
	空间满意度		−0.060	0.033	−0.079	−1.826	0.069
	内容偏好	村风土人情	0.122	0.059	0.212	2.083	0.038*
		村文化娱乐	0.042	0.025	0.059	1.685	0.093
		村政务信息	0.027	0.058	0.042	0.471	0.638
		村经济信息	−0.020	0.019	−0.035	−1.042	0.298
	参与动机	表达个人意见和看法	0.293	0.051	0.265	5.708	0.000**
		共享信息	0.111	0.052	0.071	2.126	0.034*
		娱乐消遣	0.101	0.046	0.068	2.166	0.031*

续表

模型	非标准化系数		标准化系数	t	p
	B	标准误	Beta		
R²			0.647		
调整 R²			0.627		
F	F(27,484)=32.828,p=0.000				

注：(1) $^*p<0.05,^{**}p<0.01$
(2) a 参考类别是女性，b 参考类别是城市，c 参考类别是本科及以上。

从表 5-5 可知，将性别、文化水平、从业时间等与新农民新媒体空间参与时间、参与频率、内容偏好、参与动机等作为自变量，将文化认同作为因变量进行线性回归分析，结果显示，模型 R 方值为 0.647，意味着自变量可以解释文化认同的 64.7% 变化原因。对模型进行 F 检验时发现模型通过 F 检验（F=32.828,p=0.000<0.05），也说明自变量中至少有一项会对文化认同产生影响关系，另外，针对模型的多重共线性进行检验发现，模型中 VIF 值均小于 10，意味着模型不存在共线性问题。

在控制变量组，能够对乡村社区文化认同产生影响的有身份来源、从业时间和农业经营年收入。"农村（本村人）"的回归系数值为 0.696（t=9.646，p=0.000<0.01），意味着农村（本村人）的出身来源会对乡村社区文化认同产生显著的正向影响关系。农村（非本村人）的回归系数值为 0.586（t=9.372,p=0.000<0.01），意味着农村（非本村人）的出身来源会对文化认同产生显著的正向影响关系。"从业时间"的回归系数值为 0.100（t=6.849,p=0.000<0.01），这意味着新农民从事规模化农业种植的时长会对其乡村社区文化认同产生显著的正向影响关系。农业经营年收入的回归系数值为 -0.079（t=-4.954,p=0.000<0.01），这意味着农业经营年收入会对新农民的乡村社区文化认同产生显著的负向影响关系。此外，性别与文化程度均不会对新农民的乡村社区文化认同产生影响关系。

排除了性别、身份来源、文化程度、农业经营年收入、从业时间等混杂干扰之后，在新媒体空间参与变量组，可以看到，"参与频率""参与时长""空间信任度"会对新农民的乡村社区文化认同产生影响关系。其中"参与频率"的回归系数值为 0.137（t=3.131,p=0.002<0.01），这意味着参与频率会对新农民的乡村社区文化认同产生显著的正向影响。"参与时长"的回归系数值为 0.189（t=5.712,p=0.000<0.01），这意味着参与时长会对新农民的乡村社区文化认同产生显著的正向影响。"空间信任度"的回归系数值为 0.089

($t=2.074, p=0.039<0.05$),这说明新农民对新媒体空间参与的信任度会对其乡村社区文化认同产生显著的正向影响关系。"参与满意度"的回归系数值为-0.060($t=-1.826, p=0.069>0.05$),这说明新农民参与新媒体空间满意度并不会对新农民的乡村社区文化认同产生影响关系。

在对空间内容的偏好变量组,只有对"村风土人情"信息的偏好会对新农民的乡村社区文化认同产生影响关系,其回归系数值为0.122($t=2.083, p=0.038<0.05$),这说明新农民对"村风土人情"的偏好关注会对其乡村社区文化认同产生显著的正向影响关系。此外,相关数据还显示,对"村政务信息""村经济信息""村文化娱乐"等三项内容的关注与偏好并不会对新农民的乡村社区文化认同产生影响关系。

在新媒体空间参与动机变量组,可以发现,"表达个人意见和看法""共享信息""娱乐消遣"的参与动机会对新农民的乡村社区文化认同产生影响关系。其中,"表达个人意见和看法"的回归系数值为0.293($t=5.708, p=0.000<0.01$),这说明表达个人意见和看法的参与动机会对新农民的乡村社区文化认同产生显著的正向影响关系。"共享信息"的回归系数值为0.111($t=2.126, p=0.034<0.05$),这说明共享信息的参与动机会对新农民的乡村社区文化认同产生显著的正向影响关系。"娱乐消遣"的回归系数值为0.101($t=2.166, p=0.031<0.05$),这说明共享信息的参与动机会对新农民的乡村社区文化认同产生显著的正向影响关系。

第五节 本章研究结论与讨论

西方学者对媒介使用与文化认同的相关议题研究已有较为丰富的成果。近些年在国内学界,学者们也有意识地开始对这一议题进行经验层面的研究。本课题是基于苏北鲁南六个地级市区的实证研究,研究证实了新农民群体的新媒体参与频率、参与时长、对新媒体的信任度以及新媒体空间内容偏好和参与动机均能显著地正向影响其乡村社区文化认同感,从而使得假设1、假设2、假设3-1、假设4-3、假设4-5、假设4-7、假设5等被证明,其他假设均没有通过验证。基于以上结论,笔者认为以下几点值得深入讨论。

第一,本研究发现新农民群体的乡村社区文化认同感并不高。新农民群体一般有着非农的从业经历、先进的经营理念和与市场打交道的丰富经验。

第五章 新农民群体的新媒体空间参与与乡村社区文化认同

从他们对乡村社区文化的认同感基本可以预知乡村社区文化的发展趋势。进入21世纪以来,我国农村就进入了急剧的社会转型时期,在城镇化、工业化和市场化的冲击下,农村社会从封闭、静止、同质逐步走向开放、流动、多元。农民个体从传统的宗教信仰、道德规范、村规民约等地方性规则中解放出来,对乡村社区文化的认同感日渐丧失,代表着传统的乡村社区文化大有"礼崩乐坏"之势。本次调研也证实了这一点,新农民对乡村社区文化的认同度并不高。从其认同现状可以窥知其他广大农民的乡村社区文化认同情况。F04号受访者是一位脆枣种植大户,也是一位当地中学退休的教师。他的言论很具有代表性。

"现在人都喜欢新东西新思想,老的那些东西没人喜欢了。像我们这个村子,建村的历史应该有六百多年了,是明朝初年的时候从山西搬过来的。我以前闲下来有空的时候,我还整理过我们村的历史,到县档案馆和地方志办公室去查过资料,写了有三万多字。还有关于我们村这个山的故事传说和革命战争年代的事迹都有整理,我自己印了二十多份,发给一些人看,发现他们根本没有兴趣看完;我把村史发到我们村的百度贴吧,看的人也不多。我把村史讲给我孙子听,他都不愿意听,觉得不如玩手机有意思。"

"多少年来,我们村有一个规则就是,无论哪家有老人去世,凡是在家里的同姓男性都要主动去帮忙办丧事,这个规则我估计是从建村时就形成了,但是现在这个规则没有了。现在谁家有丧事,愿意主动去帮忙人的少了,都觉得去帮忙浪费时间还不如干点自己的事情。现在一般都是要主家亲自打电话去叫,才有可能到场。大家都去,好多事就容易安排。这几年有人去世时,需要找八个年轻力壮的人抬棺材,很多时候是找不齐的,结果最后还是年纪大的人去抬了,这在以前从来没有过的。有时我就想,等我们这些老人都不能动了,由谁来抬棺材?难道要花钱雇人抬?如果那样的话,可真让人笑话了。大家都是同村同姓一个老祖宗,连这点忙都不能帮了吗?"

F02号受访者在谈到组织集体活动时,说感觉非常困难。

"如今村里的集体活动越来越不好开展了,以前村里要组织大家修个路或建个水池,还是很好组织人的。现在能够参加村里的一些义务劳动的人是越来越少了。当然这原因很多,一方面是由于村里的年轻人根本就没有几个,他们也不愿意耽误自己的时间来参加活动,在他们看来这些活动简直就是浪费他们挣钱的时间,若是非参加不可,也会让家里的妇女或是老人去表示一下。去年过年的时候,下了一场大雪,气温很低,村里大路被车压的很滑,根本不敢上去走,但是要过年了大家都要串串门走亲戚,摔倒了不得了。所以我当时想让村里人拿铁锹把路上的雪铲掉,这不是为了某一个人,这是为了大家的安全。当时要过年了,年轻人打工都回来了,我在村大喇叭喊了几遍,又在微信群了发了好几遍通知,有人回应,但结果只有几个人拿工具出来扫雪,你看就这样。所以现在组织活动太难了。"

F04和F02号的谈话反映出了农村现代化变革中,乡村社会关系呈现出"去组织化"和"原子化"的发展趋势,在这一趋势下,农民越来越自我中心化和过度理性化。[①] 在F04号受访者看来,大家都是生活在一个村里的,同村同姓一个老祖宗,人与人之间都是沾亲带故的,相互帮忙是应该的。其实他的这种想法,可以用滕尼斯的"共同体"理论来阐释。滕尼斯所谓的"共同体"就是那种建立在先天性地缘和血缘等自然意志支配地位之上的,人们之间亲密无间、相互信任、守望相助的温馨家园。[②] 然而,现实是随着城镇化的发展,农民的选择越来越理性化,村民之间感情越来越淡漠,对乡村社区文化的认同感也越来越弱。

第二,新媒体空间参与时间对新农民乡村社区文化认同具有正向的影响作用。由上一节的回归分析可见,新农民群体微信群、朋友圈等新媒体空间接触次数越多,对其乡村社区文化认同度也就越高。新农民群体对新媒体空间的信任程度越高,对乡村社区文化认同度也就越高。1974年,美国社会学家E·卡茨从受众的角度出发提出了使用与满足理论,该理论认为受众根据自身的需求进行媒介接触,并通过媒介接触活动使需求得到满足。传播效果产生于受众进行媒介接触的过程中,媒介接触对受众的认知、情感和行为产生影响。[③] 格伯纳等人提出的涵化理论也可以给这一现象很好的解释。涵化理论认为,大量看电视的人更容易认同电视所显示给观众的世界,媒介接触可以培养观众的主流意识形态和文化价值观。[④] 国内也有学者研究证实了文化认同建构过程中的媒介作用。夏忠敏、刘建新以《中美两国民众的世界观念》的全国性调查数据为基础,研究发现中国公众的媒介接触行为与对美国

---

① 张良:《乡村社会的个体化与公共性建构》,北京:中国社会科学出版社,2017年,第2页。
② [德]斐迪南·滕尼斯:《共同体与社会》,林远荣译,北京:商务印书馆,1999年,第43页。
③ 喻国明、梁爽:《移动互联时代:场景的凸显及其价值分析》,《当代传播》2017年第1期。
④ 乔治·格伯纳,拉理·戈罗斯,石义彬等:《与电视共同成长:涵化过程》,《新闻与传播评论》2004年第1期。

的认知相关,并且接触新媒体的受众比接触传统媒体的对美国的印象分更高。[1] 孙庚、田嵩通过跨文化传播的视角,分析在京的外国留学生的媒介接触行为,研究显示留学生的媒介接触行为对跨文化适应有正向影响,留学生的跨文化适应性和文化认同感正相关。[2] 因此,新农民群体通过新媒体空间参与能够有效地影响其对自身价值观的认知和理解,进而影响其对乡村社区文化认同的形成。

第三,在内容偏好方面,对"村政务信息""村文化娱乐""村邻里杂事""村商务信息"等内容的关注与偏好并不会对新农民的乡村社区文化认同产生明显的影响关系。课题组在设计问卷时,原设想文化娱乐类内容会是影响新农民乡村社区文化认同的重要因素。数据显示的结论超出了我们的料想。在谈到文化娱乐时,F13号受访者曾表示这些东西完全可以"忽略不计"了。

"至于村子里的文化娱乐,基本上没有集体的娱乐活动,没有人组织,也没有人会组织。村里几乎没有年轻人,他们都出去打工了,过年过节的时候才会回来。平时村里只有一些上了年纪的老人,要么有病,要么行动不便,再加上一些小孩,你让他们组织文化活动,像南方农村那样端午节弄个龙舟比赛,根本弄不起来。好像秋收忙完后,村里的几个年轻妇女每天晚饭后会跳跳广场舞。除此之外,真没有看到有什么娱乐活动。平时大家干活可能也太累,回家躺在沙发上不是看电视就是看手机,这可能是最适合的文化娱乐了。村里根本就没有文化活动,想关注也没有。"

F13号受访者的谈话实际上反映了农村公共文化组织缺位的问题。公共文化组织缺位,这是当前广大农村地区公共文化衰落的重要原因。工业化和城镇化带来的打工潮,使村庄里的青壮年劳动力大量外流,这些人本应是集体活动的重要组织者和参与者,他们的缺位自然使组织活动无法开展。同时网络、电视等在农村的普及,为农民个人的文化生活由公共性转向私密性提供了前提。传统的人与人之间的互动转变为人与网络、人与电视的互动,由此导致公共文化娱乐被个人自娱自乐所取代。其实,公共文化活动是在为人们参与、交流与互动提供一个平台和机会。在交流互动的过程中产生公共舆论,进而形成村规民约。如今公共文化活动缺位,人们少了能够互动交流的

---

[1] 夏忠敏、刘建新:《中国公众的媒介接触对美国认知研究——基于"中美两国民众的世界观念"调查资料的分析》,《湖北民族学院学报(哲学社会科学版)》2018年第3期。

[2] 孙庚、田嵩:《跨文化适应性视阈下媒介接触行为探析》,《社会科学家》2020年第7期。

平台，不可能形成对村民有约束力的村规民约，更难奢谈乡村社区文化认同。

第四，在新媒体空间参与动机变量组，可以发现，"表达个人意见和看法""共享信息"的参与动机对新农民的乡村社区文化认同产生了正相关影响关系。不可否认，当前农村社会道德有下滑的趋势，突出表现就是对老人的不孝不敬，有的甚至突破底线打骂老人虐待老人。F17号受访者曾讲一段他们村里的故事。

"我们村里就有这么一对夫妻，也不出去打工，年纪轻轻好吃懒做，平时都是把孩子丢给老人，自己享受清闲，媳妇特别厉害，婆婆稍有不慎就会被打骂。有一次有个人拍了她打骂婆婆的视频发到村微信群里，大家一看又是她，都发了表示鄙视愤怒的表情，在群里的两百多人都发了。估计她自己肯定也看到了。其实大家就是想让她看到，这种行为会受到众人的鄙视，大家都批评这种行为。这是我们村微信群第一次就某一件事有这么一致的意见。"

F17号受访者村微信群大家一致抨击谴责打骂老人的行为，实际是在塑造一种乡村社区公共舆论氛围，那就是要孝敬老人。如果违背伦理、超越底线就会遭到乡村公共舆论的讨伐，这背后是对乡村传统文化的认同。

"每年村里很多年轻人都出去打工，他们很多人都会在群里交流，你在哪里，他在哪里，你那边工资高不高，活好不好干，你那边还要人吗，我想过去等等。每年都有人通过信息交流更换打工的城市，从北京去上海的，从武汉到广东的都有。"

网络打破了时间和空间的限制，不在同一时空的人都可在同一平台即时交流。同一个村子外出打工，分布在全国各地，正是微信群给大家提供了交流的平台，从而使大家能够互通信息、相互引援。这种交流互动不仅能够拓宽社会个体的视野，更能培养一种守望相助的乡村共同体精神。

第六章　新农民群体的新媒体空间参与与乡村社区归属感

我国乡村社会正处于一个加速转型的过程中,这种持续的、剧烈的变迁不可避免地对乡村社区带来巨大的影响。乡村社区作为一个共同体,维系的核心在于其居民具有社区归属感,只有强烈的乡村社区归属感才能推动整个农村社会的和谐、健康地发展。本章着眼于乡村社会日益壮大的新农民群体的乡村社区归属感,探讨了新农民群体的新媒体空间参与与其乡村社区归属感间的关系。

第一节　新农民群体乡村社区归属感的研究背景

社区归属感是指社区居民对本社区地域和人群集合体的认同、喜爱和依恋的感觉。它一直是社区建设的一个重要参考指标和维度,主要体现为成员在社区内的参与和融入。乡村社区归属感是新农民群体与乡村社区之间情感联系的重要表现,它能够使新农民感受到社区成员之间的亲密关系,从而在减少陌生感的同时增强个体的安全感。同时,乡村社区归属感有助于增强社区凝聚力和互助关系。新农民群体对乡村社区产生归属感后,会更加愿意积极参与社区事务,与社区成员建立亲密关系,形成共同体验和共同价值观,从而促进社区凝聚力的形成和互助关系的建立。社区归属感一般被认为包含情感和行动两个层面,形成归属感过程是在情感上寻找归属的过程。归属感的最后实现还需要寻找在行动上付诸实践的载体。

众多研究表明,随着大众媒介的普及,媒介使用对受众的社区生产生活产生了广泛而又深远的影响。对于大众传媒与农村受众、农村社会变迁关系的研究,国内学者早在21世纪初就开始展开研究。早在2002年方晓红教授就通过大型调查问卷实证考察并分析了苏南农村大众媒介与政治、经济、文化发展的互动关系。[①] 郭建斌运用民族志的研究方法,研究了云南西北部独龙族聚居乡村大众传媒的发展现状,探讨了电视对独龙族群众日常生活的影响。[②] 陈建胜以浙江外前坞村受众为考察对象,对该村村民的媒介使用行为、特征进行考察,解释了大众传播媒介对社会转型时期农民的影响。[③] 吕新雨和赵月枝在其论文中探讨了大众传媒与中国现代化及社会公共性的关系,强调了大众传媒在其中的重要作用等。[④] 孙信茹聚焦传媒与民俗生活变迁,以云南元江甘庄华侨农场作为研究的对象,通过描述甘庄人的日常生活、传统习俗与传媒发生的联系,从而揭示大众传媒在乡村社会和传统民俗变迁过程中的重要作用。[⑤] 这些研究都是从宏观社会变迁视角探讨了大众传媒对乡村社会发展变迁的重要影响。

近年来,随着移动互联网向农村的普及和发展,农村网民急剧增多。截至 2022 年 12 月,我国农村网民规模达 3.08 亿,占网民整体的 28.9%。[⑥] 具有脱域性质的移动网络成为连接城市与乡村、村庄内外的重要媒介。部分学者开始把研究目光转向网络新媒体对乡村社区的影响,从社区层面探讨新媒体传播对乡村社区的影响。美国社会学家罗伯特·帕克(Robert Ezra Park)是最早把社区概念引入传播学的学者,他认为社区是以地区为范围,人们在地缘基础上结成的互助合作的群体。文化和传播是社区形成的两大要素,人们正是通过文化所包含的主观价值、态度和观念,借助交流和传播进行反射、调节、协商,在此基础上形成社区。[⑦] 因此,媒体传播对社区的形成具有重要的意义。对此,国内学者也有类似的看法。牛耀红认为,针对目前我国流动性增强的农村社区而言,分布在不同空间的村民可以通过数字社区公共领域参与村务,开展公共生活,从而实现了跨越时空的"社区再造",这对于我国农

[①] 方晓红:《大众传媒与农村》,北京:中华书局,2002 年。
[②] 郭建斌:《电视下乡:社会转型期大众传媒与少数民族社区——独龙江个案的民族志阐释》,上海:复旦大学博士学位论文,2003 年。
[③] 陈建胜:《转型农民的大众媒介使用——基于浙江外前坞村村民的研究》,南京:南京大学博士学位论文,2012 年。
[④] 吕新雨、赵月枝:《中国的现代性、大众传媒与公共性的重构》,《"传播与中国·复旦论坛"(2009)——1949—2009:共和国的媒介、媒介中的共和国论文集》,2009 年。
[⑤] 孙信茹:《传媒与民俗生活变迁:甘庄的个案描述与分析》,昆明:云南大学博士学位论义,2001 年。
[⑥] 中国互联网络信息中心:第 51 次《中国互联网络发展状况统计报告》中国互联网络信息中心网站:https://www.cnnic.net.cn/n4/2023/0303/c88-10757.html
[⑦] 柯泽:《帕克社会学理论中的传播思想及其反思》,《武汉大学学报(人文科学版)》2013 年第 3 期。

村社区建设具有借鉴意义。[①] 他还认为乡村社区成员的"媒介公共行动通过线上讨论和动员达成了共识,是建构社区认同的一种方式"。[②] 王斌等认为,随着新媒体发展产生的网络虚拟社区,包括小区论坛和业主自发形成的QQ群、微信群等,更是将线上交流的弱关系与线下社区生活中的强关系连结。这些新媒体成为社区自治、动员、维权和抗争的重要平台,也更接近真正意义上的社区媒介。"社区媒介作为聚合民意和行动的平台,强化居民的归属感和情感联系,催生社区公共意识、实现线上线下动员,是传承本地文化、增强自我认同的重要途径。"[③]李永萍等认为,村民的网络公共参与为地方秩序再生产注入了能量,从而有利于强化社区认同,凝聚集体力量,促进地方社会的整合。[④] 基于以上认识,本章将问题聚焦于:新农民群体的新媒体空间参与与其乡村社区归属感之间的关系,探索到底哪些新媒体传播因素能够对新农民群体的乡村社区归属感产生影响。

第二节 测量指标操作化和研究假设

一、测量指标操作化

卡萨达(Kasar da)、贾诺威茨(Jano witz)和格尔森(Gerson)等人通过对居民的社区归属感研究,认为可以从以下几方面对居民的社区归属感进行测量:A. 居民是否感觉自己属于这个社区,愿意长久居住并且认同自己是其社区的居民;B. 居民是否对社区发生的事情感兴趣,并认为这些事情同自己息息相关;C. 当居民要迁出社区时,是否会对该社区感到留恋和依依不舍;D. 居民是否愿意为社区的建设和发展贡献自己的力量。[⑤] 谢治菊教授在其

[①] 牛耀红:《建构乡村内生秩序的数字"社区公共领域"——一个西部乡村的移动互联网实践》,《新闻与传播研究》2018年第4期。

[②] 牛耀红:《媒介再造乡土团结:村民网络公共参与和乡村社会整合——基于一个西部农村的田野调查》,《新媒体与社会》2019年第1期。

[③] 王斌、刘伟:《媒介与社区赋权:语境、路径和挑战》,《国际新闻界》2015年第10期。

[④] 李永萍、杜鹏:《乡村庙会的社会整合功能及其实践特征》,《湖南农业大学学报(社会科学版)》2016年第4期。

[⑤] 单菁菁:《从社区归属感看中国城市社区建设》,《中国社会科学院研究生院学报》2006年第6期。

关于贵州和江苏村民社区认同的研究中认为，社区成员越是认同这个社区，他对这个社区投入的情感就越多，因此也越愿意为之付出，愿意尽更多的义务和责任。可见，村民在社区中是否具有归属感，是否对社区有感情并愿意为之付出行动是衡量社区归属感的主要标准。根据这一认识，她设计了"我们村的发展对我很重要""我喜欢我们村""我相信我们村会发展得越来越好""哪怕有机会到更好的地方我也不会搬离我们村""我愿意为社区发展贡献力量""我可以为村里的荣誉牺牲个人利益""我对我们村的事务比较关心""为了村容村貌我不会乱丢垃圾""我愿意遵从我们村的村规民约"9个变量来测量村民对农村社区是否认同。[①] 根据上述理论结合新农民群体的乡村社区归属感特征，我们借鉴了谢治菊教授的农民乡村社区认同测量量表，加以适当修改，做了如下量表：

（1）"这个村子的发展对我很重要"。受访者对这个表述的态度，在一定程度上反映了他对自己经营所在村庄的依存程度。

（2）"我喜欢这个村及其居民"。这句表述意在检验受访者对其农业经营所在村庄及村庄居民的情感态度，对这一表述的态度选择可以让课题组直接看到受访者对所在村庄及其居民的情感接受程度。

（3）"我相信这个村会发展得越来越好"。这句话意在检测受访者对所在村庄未来的发展预期。对这句话的态度选择可以让课题组看到受访者对所在村庄的未来发展有没有信心。

（4）"哪怕有机会到更好的地方我也不会搬离这个村"。这句话意在检测受访者的地域意识和对所在村庄的依恋程度。

（5）"我愿意为这个村子发展贡献力量"；（6）"我可以为村里的荣誉牺牲个人利益"。这两句话意在检测受访者对所在村庄的奉献精神和牺牲精神。

（7）"我对这个村子的事务比较关心"；（8）"我会无偿为村级事务献计献策"；（9）"我会免费为村级事务出工出力"。这三句话意在考察受访者对村庄事务的关心程度，以及其作为所在村庄地域利益共同体的归属感。

（10）"为了村容村貌我不会乱丢垃圾"；（11）"我愿意遵从这个村子的村规民约"。这两句意在从行为层面考察受访者对所在村庄的归属感。

[①] 谢治菊：《村民社区认同与社区参与——基于江苏和贵州农村的实证研究》，《理论与改革》2012年第4期。

(12)"我愿意参加村内各种协会的活动";(13)"我经常与乡邻之间交流信息";(14)"我愿意参加村里各类人情往来"这三句话意在从交往层面考察受访者与所在村村民的人际交往关系。

在量表设置的基础上,给每个测量指标设定"很不同意、不同意、一般、同意、十分同意"五个答案,并分别赋值1~5分,以便于后续分析。为了评估该量表的可靠性,我们进行了量表的内部一致性信度检测。把14个题项值输入SPSS后经过分析得到克隆巴赫α系数0.749,KMO值为0.733,这表明该量表信度和效度都很好,可以以此量表数据进行进一步的分析。

二、研究假设

本研究的自变量是新农民群体的新媒体空间参与,其中包括新媒体空间参与的频度、新媒体空间参与的时长、新媒体空间参与的内容偏好、新媒体空间参与动机、新媒体空间参与满意度和信任度。因变量是新农民群体的乡村社区归属感,其中控制变量是性别、年龄、文化程度、从事规模化农业经营时长、农业经营年收入以及是否是本村人,如图6-1所示。

本研究的基本理论假设是:新农民群体的新媒体空间参与行为与其乡村社区归属感存在一定的相关性,也就是说新农民群体在新媒体空间参与行为的不同会影响其对乡村社区归属感。在这个基本的理论假设的框架下,本研究的核心假设是:

(1)新媒体空间参与的频度与新农民的乡村社区归属感程度存在相关性。

(2)新媒体空间参与的时长与新农民的乡村社区归属感程度存在相关性。

(3)新媒体空间参与的内容偏好与新农民的乡村社区归属感程度存在相关性。

(4)新媒体空间参与动机与新农民的乡村社区归属感程度存在相关性。

(5)新媒体空间参与满意度与新农民的乡村社区归属感程度存在相关性。

(6)新媒体空间信任度与新农民的乡村社区归属感程度存在相关性。

在基本理论假设和核心假设的指导下,本研究拟定了以下具体的研究假设:

```
┌─────────────────────────┐
│ 控制变量：              │
│ (1)性别(2)年龄(3)文化程度(4)从事│
│ 农业生产时长(5)农业经营年收入│
│ (6)是否是本村人         │
└─────────────────────────┘
```

┌──────────────────────┐ ┌──────────────────────────────┐
│ 自变量   │ │ 因变量   │
│ 新媒体空间参与：   │ │ 乡村社区归属感：   │
│ ● 新媒体空间参与频度 │ │ ● 这个村子的发展对我很重要   │
│ ● 新媒体空间参与时长 │ │ ● 我喜欢这个村及其居民   │
│ ● 新媒体空间参与内容偏好│ │ ● 我相信这个村会发展得越来越好│
│ ● 新媒体空间参与动机 │ │ ● 哪怕有机会到更好的地方我也不会搬离这个村│
│ ● 新媒体空间参与满意度│ │ ● 我愿意为这个村子发展贡献力量│
│ ● 新媒体空间参与信任度│ │ ● 我可以为村里的荣誉牺牲个人利益│
│   │ │ ● 我对这个村子的事务比较关心 │
│   │ │ ● 为了村容村貌我不会乱丢垃圾 │
│   │ │ ● 我愿意遵从这个村子的村规民约│
│   │ │ ● 我会免费为村级事务出工出力 │
│   │ │ ● 我愿意参加村里各类人情往来 │
│   │ │ ● 我愿意参加村内各种协会的活动│
│   │ │ ● 我经常与乡邻之间交流信息   │
│   │ │ ● 我会无偿为村级事务献计献策 │
└──────────────────────┘ └──────────────────────────────┘

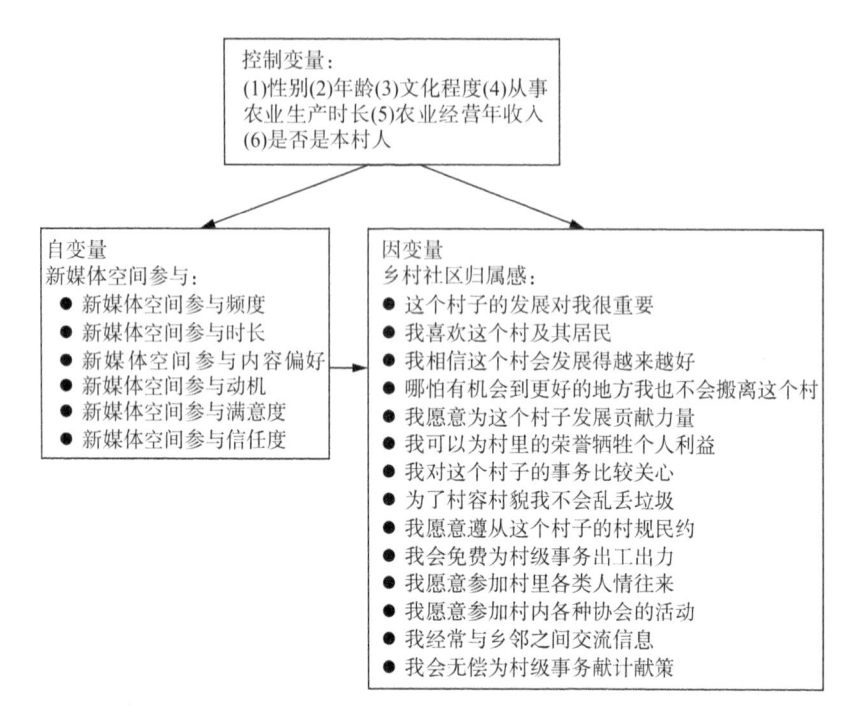

图 6-1　变量操作化

假设1：新农民的新媒体空间参与频度正向影响其乡村社区归属感。

假设2：新农民的新媒体空间参与时长正向影响其乡村社区归属感。

假设3-1：新农民对"村风土人情"的内容偏好正向影响其乡村社区归属感；

假设3-2：新农民对"村政务信息"的内容偏好正向影响其乡村社区归属感；

假设3-3：新农民对"村经济信息"的内容偏好正向影响其乡村社区归属感；

假设3-4：新农民对"村商务信息"的内容偏好正向影响其乡村社区归属感；

假设3-5：新农民对"村邻里杂事"的内容偏好正向影响其乡村社区归属感；

假设3-6：新农民对"村文化娱乐"的内容偏好正向影响其乡村社区归属感；

假设4-1：新农民"了解村里大事小情"的参与动机正向影响其乡村社区

归属感；

假设4-2：新农民"了解工作生活信息"的参与动机正向影响其乡村社区归属感；

假设4-3：新农民"表达个人意见和看法"的参与动机正向影响其乡村社区归属感；

假设4-4：新农民"增进人际关系"的参与动机正向影响其乡村社区归属感；

假设4-5：新农民"共享信息"的参与动机正向影响其乡村社区归属感；

假设4-6：新农民"学知识/增长见识"的参与动机正向影响其乡村社区归属感；

假设4-7：新农民"娱乐消遣"的参与动机正向影响其乡村社区归属感。

假设5：新农民对新媒体空间的信任度正向影响其乡村社区归属感。

假设6：新农民对新媒体空间的满意度正向影响其乡村社区归属感。

第三节　新农民群体的乡村社区归属感现状分析

一、新农民群体乡村社区归属感数据分析

从表6-1中数据可以看到，对于"这个村子的发展对我很重要"题项的选择，选择"十分同意"的有59人，占比为11.5%；有158人选择了"同意"，占样本总量的30.9%；选择"一般"的有254人，占比为49.6%；选择"不同意"的人数为41，占比为8%，没有人选择"很不同意"。也就是说只有不到43%的受访者对这一说法持认同态度。这说明，在新农民群体中大多数人都不认为其农业经营所在的村庄对其事业的发展很重要，自己事业的发展并不是离不开所在地村庄的发展。

对于"我喜欢这个村及其居民"题项的选择，选择"十分同意"的有77人，占比为15%；有182人选择了"同意"，占样本总量的35.5%；选择"一般"的有253人，占比为49.4%；没有人选择"不同意"和"很不同意"。选择"十分同意"和"同意"的人数为259人，占样本总量的50.6%。这说约有一半的受访者对这句表述持认同态度。同时表明，新农民群体以经营农业为主，与农村和村民交往较多，往往在情感上能够接受所在村庄及村庄村民。

对于"我相信这个村会发展得越来越好"题项的选择,选择"十分同意"的有83人,占比为16.2%;有119人选择了"同意",占样本总量的23.2%;选择"一般"的有218人,占比为42.6%;有92人选择了"不同意",占比18%;没有人选择"很不同意"。总计有39.4%的受访者认同农村发展越来越好的观点。也就是说,大约有40%的新农民对农村发展的未来预期持肯定态度,他们对乡村未来的发展普遍较有信心。

对于"哪怕有机会到更好的地方我也不会搬离这个村"题项的选择,选择"十分同意"的有25人,占比为4.9%;有119人选择了"同意",占样本总量的23.2%;选择"一般"的有180人,占比为35.2%;有177人选择了"不同意",占比34.6%;还有11人选择了"很不同意",占样本总量的2.1%。从受访者的选择看,认可这一说法和不认可这一说法的受访者人数相差很大,前者不到30%,后者约为37%。这说明受访者对所在地情感上的依恋程度并不高。在新农民群体头脑中,投资回报率是首先要考虑的,哪里投资回报率高当然要去哪里,这是资本的本性使然,也是人的理性使然,符合社会学理性行动理论中的效益最大化原则。正如受访者F14所言,"我建这么多大棚、买这么多设备还有人工工资是需要很多钱的,投资是很高的,当然要考虑能挣钱,挣更多的钱。如果不能挣钱或者挣的钱不多,我还在这干嘛呢?但感情是另一回事,我和村里的老少爷们都很好的。我就是到了外地去发展,也不会影响我和村里老少爷们这么多年的感情。"但是由于受到自然资源禀赋和前期投资的限制以及一些情感因素的影响,有些受访者对这一表述持反对态度。F16是位生态农场主,他说:"一方面,我承包这个山坡的合同是30年,一时半会想走也走不了;另一方面,这个山上独特的风景在别处也找不到,很多游客到我的农庄来玩,就喜欢爬爬这个山。我前期投了70多万盖房子、整地开荒、修路、修水池、打水井、铺设电路,你要走,这些东西搬不走的。还有就是这个村子里的村民,人真的很好,我来这儿快十年了,和他们相处得很好,我这么大的山坡,从来没有遭到任何的糟蹋破坏,到别的地方去,不一定能碰到这么好的人。"

对于"我愿意为这个村子发展贡献力量"题项的选择,选择"十分同意"的有28人,占比为5.5%;有292人选择了"同意",占样本总量的57%;选择"一般"的有192人,占比为37.5%;没有人选择"不同意"和"很不同意"。从数据看对这一说法持认同态度的人数超过了60%。对于"我可以为村里的荣誉牺牲个人利益"题项的选择,选择"十分同意"的有27人,占比为

5.3%;有281人选择了"同意",占样本总量的54.9%;选择"一般"的有204人,占比为39.8%;没有人选择"不同意"和"很不同意"。超过60%的受访者认可这一说法。综合受访者对这两句表述的意见态度选择,可以说,超过60%的新农民都对所在地村庄的发展有奉献和牺牲的思想准备,他们可以为村庄的发展奉献,当村庄需要他们牺牲个人利益时,他们也可以为村庄做出牺牲。

对于"我对这个村子的事务比较关心"题项的选择,选择"十分同意"的有17人,占比为3.3%;有209人选择了"同意",占样本总量的40.8%;选择"一般"的有286人,占比为55.9%;没有人选择"不同意"和"很不同意"。对于"我会无偿为村级事务献计献策"题项的选择,选择"十分同意"的有58人,占比为11.3%;有129人选择了"同意",占样本总量的25.2%;选择"一般"的有325人,占比为63.5%;没有人选择"不同意"和"很不同意"。对于"我会免费为村级事务出工出力"题项的选择,选择"十分同意"的有26人,占比为5.1%;有182人选择了"同意",占样本总量的35.5%;选择"一般"的有298人,占比为58.2%;选择"不同意"的人数为6,占比为1.2%;没有人选择"很不同意"。这三个题项意在考察受访者对村庄事务的关心程度,以及其作为所在村庄地域利益共同体的所属感。从受访者对这三个题项的选择数据上看,只有40%左右的受访者对其所在村庄事务比较关心,对乡村社区有不同程度的归属感和亲切感,并且愿意承担作为乡村社区主人的责任和义务。

对于"为了村容村貌我不会乱丢垃圾"和"我愿意遵从这个村子的村规民约",从选择数据看,超过90%的受访者能够为了村容村貌不乱丢垃圾;有69.2%的受访者愿意遵从村里的村规民约。这说明在个人行为层面上,绝大多数受访者会维护所在村庄社区的村容村貌和村庄秩序。

对于"我愿意参加村内各种协会的活动";"我经常与乡邻之间交流信息";"我愿意参加村里各类人情往来"三个题项,选择"十分同意""同意"数据分别为:43.8%、77.4%和46.9%。这三个题项意在从交往层面考察受访者与所在村村民的人际互动交往情况,从数据看,只有45%左右的受访者愿意参加村内协会办的活动和村内各种人情往来。这与当前农村个体"原子化"的现实是相符的。

表 6-1 新农民群体的乡村社区归属感情况

			频数	百分比	有效百分比	累积百分比
这个村子的发展对我很重要	有效	不同意	41	8	8	8
		一般	254	49.6	49.6	57.6
		同意	158	30.9	30.9	88.5
		非常同意	59	11.5	11.5	100
		总计	512	100	100	
我喜欢这个村及其居民	有效	一般	253	49.4	49.4	49.4
		同意	182	35.5	35.5	85
		非常同意	77	15	15	100
		总计	512	100	100	
我相信这个村会发展得越来越好	有效	不同意	92	18	18	18
		一般	218	42.6	42.6	60.5
		同意	119	23.2	23.2	83.8
		非常同意	83	16.2	16.2	100
		总计	512	100	100	
哪怕有机会到更好的地方我也不会搬离这个村	有效	很不同意	11	2.1	2.1	2.1
		不同意	177	34.6	34.6	36.7
		一般	180	35.2	35.2	71.9
		同意	119	23.2	23.2	95.1
		非常同意	25	4.9	4.9	100
		总计	512	100	100	
我愿意为这个村子发展贡献力量	有效	一般	192	37.5	37.5	37.5
		同意	292	57	57	94.5
		非常同意	28	5.5	5.5	100
		总计	512	100	100	
我可以为村里的荣誉牺牲个人利益	有效	一般	204	39.8	39.8	39.8
		同意	281	54.9	54.9	94.7
		非常同意	27	5.3	5.3	100
		总计	512	100	100	
我对这个村子的事务比较关心	有效	一般	286	55.9	55.9	55.9
		同意	209	40.8	40.8	96.7
		非常同意	17	3.3	3.3	100
		总计	512	100	100	

续表

			频数	百分比	有效百分比	累积百分比
为了村容村貌我不会乱丢垃圾	有效	一般	34	6.6	6.6	6.6
		同意	394	77	77	83.6
		非常同意	84	16.4	16.4	100
		总计	512	100	100	
我愿意遵从这个村子的村规民约	有效	一般	158	30.9	30.9	30.9
		同意	282	55.1	55.1	85.9
		非常同意	72	14.1	14.1	100
		总计	512	100	100	
我会无偿为村级事务献计献策	有效	一般	325	63.5	63.5	63.5
		同意	129	25.2	25.2	88.7
		非常同意	58	11.3	11.3	100
		总计	512	100	100	
我会免费为村级事务出工出力	有效	不同意	6	1.2	1.2	1.2
		一般	298	58.2	58.2	59.4
		同意	182	35.5	35.5	94.9
		非常同意	26	5.1	5.1	100
		总计	512	100	100	
我愿意参加村里各类人情往来	有效	不同意	10	2	2	2
		一般	262	51.2	51.2	53.1
		同意	210	41	41	94.1
		非常同意	30	5.9	5.9	100
		总计	512	100	100	
我愿意参加村内各种协会的活动	有效	不同意	38	7.4	7.4	7.4
		一般	250	48.8	48.8	56.3
		同意	194	37.9	37.9	94.1
		非常同意	30	5.9	5.9	100
		总计	512	100	100	
我经常与乡邻之间交流信息	有效	不同意	12	2.3	2.3	2.3
		一般	104	20.3	20.3	22.7
		同意	366	71.5	71.5	94.1
		非常同意	30	5.9	5.9	100
		总计	512	100	100	

二、新农民群体乡村社区归属感程度分析

用 5 级量表赋值法对上述统计结果进行数据处理后,得到了表 6-2 的数据。由表 6-2 数据可见,受访者对于"为了村容村貌我不会乱丢垃圾"这个题项的认同度均值最高,为 4.10,处于"同意"到"十分同意"之间偏向于"同意"的位置水平。"我喜欢这个村及其居民""我愿意为这个村子发展贡献力量""我可以为村里的荣誉牺牲个人利益""我愿意遵从这个村子的村规民约""我愿意参加村里各类人情往来""我经常与乡邻之间交流信息"六个题项的认同度均值分别是 3.66、3.68、3.65、3.83、3.51 和 3.81,均处于"一般"到"同意"之间偏向于"同意"的位置水平上。

受访者对"这个村子的发展对我很重要""我相信这个村会发展得越来越好""我对这个村子的事务比较关心""我会免费为村级事务出工出力""我愿意参加村内各种协会的活动""我会无偿为村级事务献计献策"六个题项的认同度均值分别是 3.46、3.38、3.47、3.45、3.42 和 3.48,均处于"一般"到"同意"之间偏向于"一般"的位置水平上。受访者对于"哪怕有机会到更好的地方我也不会搬离这个村"这个题项的认同度是最低的,均值为 2.94,处于"不同意"到"一般"之间偏向于"一般"的位置水平。

最后,综合受访者各项的均值后,得到受访者乡村社区归属感程度的平均得分为 3.56,处于"一般"到"同意"之间偏向于"同意"的位置水平。这说明新农民群体对乡村社区的归属感并不高。

表 6-2 受访者乡村社区归属感程度描述统计

	N	最小值	最大值	均值	标准偏差
这个村子的发展对我很重要	512	2	5	3.46	0.800
我喜欢这个村及其居民	512	3	5	3.66	0.726
我相信这个村会发展得越来越好	512	2	5	3.38	0.959
哪怕有机会到更好的地方我也不会搬离这个村	512	1	5	2.94	0.926
我愿意为这个村子发展贡献力量	512	3	5	3.68	0.572
我可以为村里的荣誉牺牲个人利益	512	3	5	3.65	0.576
我对这个村子的事务比较关心	512	3	5	3.47	0.562
为了村容村貌我不会乱丢垃圾	512	3	5	4.10	0.470
我愿意遵从这个村子的村规民约	512	3	5	3.83	0.649

续表

	N	最小值	最大值	均值	标准偏差
我会免费为村级事务出工出力	512	2	5	3.45	0.611
我愿意参加村里各类人情往来	512	2	5	3.51	0.638
我愿意参加村内各种协会的活动	512	2	5	3.42	0.715
我经常与乡邻之间交流信息	512	2	5	3.81	0.565
我会无偿为村级事务献计献策	512	3	5	3.48	0.691

为了更清晰地展现新农民群体乡村社区归属感的差异，我们把不同来源的新农民和乡村社区归属感程度做了均值比较（见表6-3），以便分析三类受访者的乡村社区归属感的差异。从情感维度看，对于"这个村子的发展对我很重要""我喜欢这个村及其居民""我相信这个村会发展得越来越好"和"哪怕有机会到更好的地方我也不会搬离这个村"四个题项的态度选择，来自农村（本村人）的受访者的态度均值分别为3.71、3.91、3.30和4.06，来自农村（非本村人）受访者对这四个题项的态度均值分别是3.54、3.61、3.48和3.55，来源城市的受访者对这四个题项的态度均值分别是2.47、3.18、3.16和3.18。通过比较，可以看出，来源不同的三类受访者对这四个题项的态度均值差异较大，来源农村的两类受访者的态度均值为3.75和3.55，来源城市的受访者的态度均值为2.99。前两者处于"一般"到"同意"之间偏向于"同意"的位置水平上；后者处于"不同意"到"一般"之间偏向于"一般"的位置水平上。虽然总体上新农民对乡村社区的情感依恋度并不高，但来源于农村的新农民要比来源于城市的新农民对乡村社区的依恋程度要高。

从参与行为维度看，对于"我愿意为这个村子发展贡献力量""我对这个村子的事务比较关心""我可以为村里的荣誉牺牲个人利益""为了村容村貌我不会乱丢垃圾""我愿意遵从这个村子的村规民约""我会无偿为村级事务献计献策"和"我会免费为村级事务出工出力"七个题项的态度选择，来源于农村（本村人）的受访者的态度均值分别为2.62、3.88、3.47、4.26、4.24、3.44和3.53，来自农村（非本村人）受访者对这七个题项的态度均值分别是3.22、3.62、3.53、4.11、3.65、3.60和3.44。来源城市的受访者对这七个题项的态度均值是2.69、3.19、3.28、3.62、3.46、3.10和3.24。通过比较，可以看出，来源于农村（本村人）的受访者对这七个题项的态度均值为3.63，处于"一般"到"同意"之间偏向于"同意"的位置水平。来源于农村（非本村人）的受访者对这七个题项的态度均值为3.60，处于"一般"到"同意"之间偏向于"同意"的位置水平。来源于城市的受访者对这七个题项的态度均值为 3.23,处于"一般"到"同意"之间偏向于"一般"的位置水平。这说明在参与维度上,来自农村的两类受访者对乡村社区的归属感程度要高于来自城市的受访者。

在人际交往维度上,三类受访者对"我愿意参加村里各类人情往来""我愿意参加村内各种协会的活动""我经常与乡邻之间交流信息"三个题项的态度均值分别为 3.79、3.54 和 3.17。从数据可以看到,三类受访者与经营所在地村民的交往意愿是不同的,来自农村的两类受访者的态度均值处于"一般"到"同意"之间偏向于"同意"的位置水平,而来自城市的受访者的态度均值也是处于"一般"到"同意"之间,但是偏向于"一般"的位置水平。这说明来源于农村的新农民的交往互动意愿要强于来自城市的新农民。

总起来看,三类受访者对乡村社区归属感程度都不是很高。来源于农村(本村人)的新农民对乡村社区的归属感程度在三者中是最高的,他们对乡村社区的归属感的均值为 3.70。其次是来源于农村(非本村人)的受访者,他们对乡村社区归属感态度的均值为 3.57。对乡村社区归属感最弱的是来自于城市的受访者,他们对乡村社区的归属感程度只有 3.15。

表 6-3　不同来源的受访者的乡村社区归属感程度比较

	农村(本村人) 平均值	农村(本村人) 标准偏差	农村(非本村人) 平均值	农村(非本村人) 标准偏差	城市 平均值	城市 标准偏差
这个村子的发展对我很重要	3.71	0.751	3.54	0.680	2.47	0.610
我喜欢这个村及其居民	3.91	0.707	3.61	0.727	3.18	0.455
我相信这个村会发展得越来越好	3.30	1.181	3.48	0.872	3.16	0.444
我愿意为这个村子发展贡献力量	2.62	0.892	3.22	0.931	2.69	0.605
哪怕有机会到更好的地方我也不会搬离这个村	4.06	0.419	3.55	0.549	3.18	0.384
我对这个村子的事务比较关心	3.88	0.562	3.62	0.546	3.19	0.396
我可以为村里的荣誉牺牲个人利益	3.47	0.602	3.53	0.551	3.28	0.452
为了村容村貌我不会乱丢垃圾	4.26	0.437	4.11	0.341	3.62	0.647
我愿意遵从这个村子的村规民约	4.24	0.431	3.65	0.630	3.46	0.656
我会无偿为村级事务献计献策	3.44	0.609	3.60	0.768	3.10	0.352
我会免费为村级事务出工出力	3.53	0.655	3.44	0.607	3.24	0.427
我愿意参加村里各类人情往来	3.69	0.645	3.47	0.597	3.18	0.622
我愿意参加村内各种协会的活动	3.72	0.652	3.28	0.722	3.18	0.571
我经常与乡邻之间交流信息	3.96	0.537	3.88	0.410	3.15	0.697

第四节　新农民群体乡村社区归属感的影响因素分析

一、新媒体空间参与与新农民乡村社区归属感的相关性分析

(一) 新媒体空间参与频率与新农民乡村社区归属感

新媒体空间参与频率与新农民乡村社区归属感相关性分析结果显示(见表6-4),新农民关于"村微信群""微信朋友圈"和"村QQ群"三个新媒体空间的使用频率与其乡村社区归属感之间有着显著的正相关关系,相关系数值分别为0.494、0.397、0.117,并且三项都呈现出0.01水平的显著性。这说明随着新农民群体对这三类新媒体空间接触频率的提高,新农民群体的乡村社区归属感感将会进一步增强。"抖音快手""村公众号"和"村百度贴吧"的使用频率与乡村社区归属感并没有显示出相关关系。

(二) 新媒体空间参与时长与新农民乡村社区归属感

从参与时间的维度看,新媒体空间参与与新农民乡村社区归属感相关性分析结果表明(见表6-4),新农民每天参与"村微信群""微信朋友圈""村抖音快手""村公众号"这四类新媒体空间的时间长短与其新农民乡村社区归属感之间有着显著的正相关关系。其相关系数值分别为0.408、0.441、0.331和0.097,其中前三类呈现出0.01水平的显著性,后一类呈现出0.05水平的显著性。此外,"新农民乡村社区归属感"和"村QQ群""村百度贴吧"参与时间之间的相关系数值分别为0.024、0.017,这三者p均大于0.05,这说明"新农民乡村社区归属感"和"村QQ群""村百度贴吧"的参与时长之间并没有相关关系。

(三) 新媒体空间参与信任度和满意度与新农民乡村社区归属感

新媒体空间的信任度和满意度与乡村社区归属感之间做相关性分析后发现,乡村社区归属感和信任度的相关系数值为0.434,并且呈现出0.01水平的显著性,这说明乡村社区归属感和空间信任度之间有着显著的正相关关系。乡村社区归属感和满意度之间的相关系数值为0.334,并且呈现出0.01水平的显著性,这说明乡村社区归属感和满意度程度之间也有着显著的正相关关系(见表6-4)。这意味着新农民群体对新媒体空间的信任度和满意度越

高,其新农民乡村社区归属感也会随之增强。

(四) 新媒体空间内容偏好与新农民乡村社区归属感

乡村社区归属感与新农民群体的新媒体空间内容偏好相关性分析结果表示(见表6-4),对"村风土人情""村经济信息""村政务信息""村商务信息""村邻里杂事""村文化娱乐"信息等六类内容的关注偏好与新农民的乡村社区归属感具有显著的正相关关系且都呈现出0.01水平的显著性。其中关注"村风土人情"和乡村社区归属感之间的相关系数值为0.404,偏好"村经济信息"和乡村社区归属感之间的相关系数值为0.438,偏好关注"村政务信息"和乡村社区归属感之间的相关系数值为0.313,关注偏好"村商务信息"和乡村社区归属感之间的相关系数值为0.335,关注"村邻里杂事"和乡村社区归属感和之间的相关系数值为0.258,关注"村文化娱乐信息"和乡村社区归属感之间的相关系数值为0.197。

(五) 新媒体空间参与动机与新农民乡村社区归属感

在新媒体空间参与动机变量组中,与因变量乡村社区归属感有相关关系的参与动机有"了解村里大事小情""了解工作生活信息""表达个人意见和看法""增进人际关系"等四项。其中"了解村里大事小情""表达个人意见和看法""增进人际关系"动机与乡村社区归属感之间有着显著的正相关关系,相关系数值为0.484、0.474和0.256,三者p值都呈现出0.01水平的显著性。"了解工作生活信息"动机与乡村社区归属感之间的相关系数-0.106,p值呈现出0.01水平的显著性,这说明这个动机和新农民的乡村社区归属感有着显著的负相关关系。此外,"共享信息""学知识增长见识""娱乐消遣"等动机均与新农民乡村社区归属感之间没有相关关系,这说明假设4-5、假设4-6、假设4-7均不成立。(见表6-4)

表6-4 新媒体空间参与与乡村社区归属感相关性分析

变量		乡村社区归属感
参与频率	村微信群	0.494**
	微信朋友圈	0.397**
	村抖音快手视频	0.084
	村QQ群	0.117**
	村公众号	0.033
	村百度贴吧	0.048

续表

变量		乡村社区归属感
参与时间	村微信群	0.408**
	微信朋友圈	0.441**
	村抖音快手视频	0.331**
	村公众号	0.097*
	村QQ群	0.024
	村百度贴吧	0.017
	空间信任度	0.434**
	空间满意度	0.334**
内容偏好	村风土人情	0.404**
	村经济信息	0.438**
	村政务信息	0.313**
	村商务信息	0.335**
	村邻里杂事	0.258**
	村文化娱乐	0.197**
参与动机	了解村里大事小情	0.484**
	了解工作生活信息	−0.106**
	表达个人意见和看法	0.474**
	增进人际关系	0.256**
	学知识/增长见识	0.020
	共享信息	0.064
	娱乐消遣	0.030

注：(1) * $p<0.05$，** $p<0.01$；
(2) 采用Pearson相关性，显著性（双侧）。

二、新媒体空间参与对新农民群体乡村社区归属感影响的回归分析

经过独立样本T检验和单因素方差检验，人口学变量中的性别、学历、年收入、身份来源、从业年限都对乡村社区情感认同有显著影响，因此把性别、学历、年收入、身份来源、从业年限作为控制变量一起纳入模型进行分析。（见表6-5）

6-5 新媒体空间参与对新农民群体乡村社区情感认同影响作用的回归分析($n=512$)

<table>
<tr><th colspan="2">模型</th><th colspan="2">非标准化系数</th><th>标准化系数</th><th rowspan="2">t</th><th rowspan="2">p</th></tr>
<tr><th>B</th><th>标准误</th><th>Beta</th></tr>
<tr><td rowspan="12">控制变量</td><td>常数</td><td>2.725</td><td>0.210</td><td>—</td><td>12.988</td><td>0.000**</td></tr>
<tr><td>性别[a] 男</td><td>−0.062</td><td>0.035</td><td>−0.059</td><td>−1.763</td><td>0.079</td></tr>
<tr><td>女</td><td>0</td><td></td><td></td><td></td><td></td></tr>
<tr><td>身份来源[b] 农村(本村人)</td><td>0.304</td><td>0.068</td><td>0.356</td><td>4.451</td><td>0.000**</td></tr>
<tr><td>农村(非本村人)</td><td>0.356</td><td>0.059</td><td>0.437</td><td>6.026</td><td>0.000**</td></tr>
<tr><td>城市</td><td>0</td><td></td><td></td><td></td><td></td></tr>
<tr><td>文化水平[c] 小学</td><td>−0.091</td><td>0.132</td><td>−0.067</td><td>−0.692</td><td>0.489</td></tr>
<tr><td>初中</td><td>−0.144</td><td>0.121</td><td>−0.175</td><td>−1.189</td><td>0.235</td></tr>
<tr><td>高中</td><td>−0.126</td><td>0.121</td><td>−0.151</td><td>−1.038</td><td>0.300</td></tr>
<tr><td>大专</td><td>−0.090</td><td>0.130</td><td>−0.053</td><td>−0.691</td><td>0.490</td></tr>
<tr><td>本科及以上</td><td>0</td><td></td><td></td><td></td><td></td></tr>
<tr><td>农业经营年收入</td><td>0.005</td><td>0.015</td><td>0.013</td><td>0.341</td><td>0.733</td></tr>
<tr><td colspan="2">农业经营从业时间</td><td>0.162</td><td>0.014</td><td>0.442</td><td>11.675</td><td>0.000**</td></tr>
<tr><td rowspan="15">自变量</td><td>参与频率</td><td>0.246</td><td>0.043</td><td>0.365</td><td>5.755</td><td>0.000**</td></tr>
<tr><td>参与时长</td><td>0.286</td><td>0.059</td><td>0.244</td><td>4.818</td><td>0.000**</td></tr>
<tr><td>空间信任度</td><td>0.079</td><td>0.035</td><td>0.124</td><td>2.278</td><td>0.023*</td></tr>
<tr><td>空间满意度</td><td>0.035</td><td>0.031</td><td>0.053</td><td>1.118</td><td>0.264</td></tr>
<tr><td>内容偏好 村风土人情</td><td>0.041</td><td>0.015</td><td>0.093</td><td>2.806</td><td>0.005**</td></tr>
<tr><td>村文化娱乐</td><td>−0.037</td><td>0.022</td><td>−0.060</td><td>−1.652</td><td>0.099</td></tr>
<tr><td>村邻里杂事</td><td>−0.022</td><td>0.056</td><td>−0.044</td><td>−0.392</td><td>0.695</td></tr>
<tr><td>村商务信息</td><td>0.061</td><td>0.051</td><td>0.109</td><td>1.200</td><td>0.231</td></tr>
<tr><td>村政务信息</td><td>0.011</td><td>0.066</td><td>0.021</td><td>0.173</td><td>0.863</td></tr>
<tr><td>村经济信息</td><td>0.274</td><td>0.044</td><td>0.408</td><td>6.284</td><td>0.000**</td></tr>
<tr><td>参与动机 了解村里大事小情</td><td>0.146</td><td>0.029</td><td>0.260</td><td>5.021</td><td>0.000**</td></tr>
<tr><td>了解工作生活信息</td><td>−0.079</td><td>0.056</td><td>−0.047</td><td>−1.415</td><td>0.158</td></tr>
<tr><td>表达个人意见和看法</td><td>0.164</td><td>0.040</td><td>0.137</td><td>4.059</td><td>0.000**</td></tr>
<tr><td>增进人际关系</td><td>0.033</td><td>0.016</td><td>0.075</td><td>2.061</td><td>0.040*</td></tr>
<tr><td>R^2</td><td colspan="5">0.573</td></tr>
<tr><td colspan="2">调整 R^2</td><td colspan="5">0.549</td></tr>
<tr><td colspan="2">F</td><td colspan="5">$F(27,484)=24.042, p=0.000$</td></tr>
</table>

注:(1) * $p<0.05$, ** $p<0.01$;
(2) a 参考类别是女性,b 参考类别是城市,c 参考类别是本科及以上。

从表 6-5 可知,将性别、文化水平、从业时间等与新农民新媒体空间参与时长、参与频率、内容偏好、参与动机等作为自变量,将归属感作为因变量进行线性回归分析,结果显示,模型 R 方值为 0.573,意味着自变量可以解释归属感的 57.3% 变化原因。对模型进行 F 检验时发现模型通过 F 检验(F=24.042,p=0.000<0.05),也说明自变量中至少有一项会对归属感产生影响关系,另外,针对模型的多重共线性的检验发现,模型中 VIF 值均小于 10,意味着模型不存在共线性问题。

在控制变量组,能够对乡村社区归属感产生影响的有身份来源和农业经营从业时间。"农村(本村人)"的回归系数值为 0.304(t=4.451,p=0.000<0.01),意味着身份来源是农村且是本村会对乡村社区归属感产生显著的正向影响关系。"农村(非本村人)"的回归系数值为 0.356(t=6.026,p=0.000<0.01),同样意味着农村(非本村人)会对乡村社区归属感产生显著的正向影响关系。"农业经营从业时间"的回归系数值为 0.162(t=11.675,p=0.000<0.01),意味着从业时间会对乡村社区归属感产生显著的正向影响关系。此外,性别、文化水平和农业经营年收入等均不会对新农民的乡村社区归属感产生影响关系。

在排除了性别、身份来源、文化水平、农业经营年收入、农业经营从业时间等混杂干扰之后,可以看到,在新媒体空间参与变量组,"参与频率""参与时长""空间信任度"都会对新农民的乡村社区归属感产生影响作用。其中"参与频率"的回归系数值为 0.246(t=5.755,p=0.000<0.01),这意味着参与频率会正向影响新农民的乡村社区归属感,也就是说新农民参与新媒体空间的频率越高,乡村社区认同感就越强。这证明了假设 1。"参与时长"的回归系数值为 0.286(t=4.818,p=0.000<0.01),这意味着参与时长会对新农民的乡村社区归属感产生显著的正向影响关系。这证明了假设 2。"空间信任度"的回归系数值为 0.079(t=2.278,p=0.023<0.05),这说明新农民对新媒体空间参与的信任度会对其乡村社区归属感产生显著的正向影响关系,这证明了假设 5。"空间满意度"的回归系数值为 0.035(t=1.118,p=0.264>0.05)这说明新农民参与新媒体空间的满意度的变化并不会对新农民的乡村社区归属感产生影响关系,因而假设 6 没有通过验证。

在内容偏好变量组,只有对"村风土人情"和"村经济信息"的偏好会对新农民的乡村社区归属感产生影响关系。其中"村风土人情"的回归系数值为 0.041(t=2.806,p=0.005<0.01),这说明对"村风土人情"的偏好关注会对

新农民的乡村社区归属感产生显著的正向影响关系。这证明了假设3-1。"村经济信息"的回归系数值为0.274($t=6.284, p=0.000<0.01$),这说明对"村经济信息"的关注和偏好会对新农民的乡村社区归属感产生显著的正向影响关系。这证明了假设3-3。此外,相关数据还显示,对"村政务信息""村商务信息""村邻里杂事""村文化娱乐"等四项内容的关注与偏好并不会对新农民的乡村社区归属感产生影响关系,因而假设3-2、假设3-4、假设3-5、假设3-6没有通过验证。

在新媒体空间参与动机变量组,可以发现,"了解村里大事小情""表达个人意见和看法""增进人际关系"的参与动机会对新农民的乡村社区归属感产生影响关系。其中"了解村里大事小情"动机的回归系数值为0.146($t=5.021, p=0.000<0.01$),意味着"了解村里大事小情"动机会对乡村社区归属感产生显著的正向影响关系。这证明了假设4-1。"表达个人意见和看法"的回归系数值为0.164($t=4.059, p=0.000<0.05$),意味着"表达个人意见和看法"的动机会对新农民群体的乡村社区归属感产生显著的正向影响关系。这证明了假设4-3。"增进人际关系"的回归系数值为0.033($t=2.061, p=0.040<0.05$),意味着"增进人际关系"的动机会对新农民群体的乡村社区归属感产生显著的正向影响关系。这证明了假设4-4。此外,"了解工作生活信息"的参与动机并不会对新农民的乡村社区归属感产生影响关系,原假设4-2不成立。

第五节 本章结论与讨论

本章分析了新农民群体的新媒体空间参与与其乡村社区归属感之间的关系,探索了新媒体空间参与方式、动机等对乡村社区归属感的正向、负向、无关的影响。研究发现:

第一,新农民群体对乡村社区的归属感并不高,尤其是来自城市的新农民,他们对乡村社区的归属感均值只有3.15(5分制),他们离开或流动的可能性非常大。在深度访谈中,可以发现,新农民群体目前的乡村社区归属感程度与乡村的未来发展预期息息相关。当前国家全面推行乡村振兴战略,对农村以及农业的发展非常利好,因此新农民在一定程度上看好农村未来的发展。政策战略虽然利好,但是由谁来执行落地,却是受访者比较关心的问题。

第六章 新农民群体的新媒体空间参与与乡村社区归属感

F12是一位烟叶种植大户,种植面积超过300亩。在谈到农村的发展前景时,他流露出一些隐忧。

"我早就在城里买房子了,有七八年了,当时小孩要上学,想着城里教学质量好点,生活也方便点,其实最主要是手里有点闲钱了。据我所知,我们这些承包土地的人好像都在城里买房子了,谁有钱谁不买啊,房价涨得那么快。"

"我种烟当然离不开土地,但并不是离不开农村。现在我们一家早就习惯了城里的生活。我种烟,每年也就是有七个月的时间在村里忙,其他时间一般不回村里,除非村里有事情。村里我也有房子,基本上就是放着些杂物,很少去住了。"

"国家实施乡村振兴战略,我相信村子肯定会朝着好的方向发展,但是我并不是太乐观。为什么不乐观?没人,这是关键。你到村子里看看还有几个年轻人,都走了。我烤烟叶忙时想雇几个年轻力壮的帮忙扛烟包(在烟田摘下烟叶打包扛到运输车),都是找不到,要到周边的几个村都找找,才能找到几个。你看,这就是现实,年轻人都出去打工了,都不在家,有的一家人都走了,所以村里只有老弱病残,依靠这些人怎么发展?他们连基本的承包地都种不好了,在流转给我之前,大片大片的荒着,已经没人种了。"

B02是一位生态农庄的经营者,种植西兰花、茄子、西红柿和葡萄。对于农村的发展未来前景,他也表示担忧。

"虽然我刚刚给你填写的是同意,是因为国家现在正在大力推行乡村振兴战略,农村发展的前景肯定是好的。但我其实是很担心农村的未来发展,关键是没有年轻人,年轻人是新鲜血液,没有新鲜血液,肯定无法发展。你看这几年我们村子里的人口一年比一年减少,走的都是年轻人。不仅我们村子是这样,周边的几个村子都是这样的。年轻人基本上没有在村里种地的,都出去打工了。考上大学的肯定不会回来种地,没有考上大学的,出去打工也比种地挣得多,也不想种地。你看我流转承包的这片地,接近一千亩,是我们村里位置最好、最平整、交通和灌溉最便利、最肥沃的地,就这样条件的地,大家也不想种。我流转时很顺利,我本来不想承包这么多的,后来有十几户,找到我,说他们都不想种了,想承包出去,希望我一起承包了。所以就这样,一下了承包了这么多。从这点看,你说农村还怎么发展。恐怕再过十几二十年,像我们这样的村子都会没人。"

B05是一位中草药种植者。对于农村的未来发展,也强调人尤其是年轻人的重要性。

"我虽然不是这个村子的,但我承包他们村子里的地已经七八年了。平时不忙的时候,也到村里找几个熟人喝茶聊天,谈到农村的发展,大家一致的看法是留住年轻人才能有发展机会。现在年轻人都跑光了,根本无法发展。现在村子里平时40岁以下的基本见不到,连50岁的也少见,都在外面打工找事做。有些为孩子上学到县城买了房子,平时根本不会回来。只有到过年过节,节假日,才能见到年轻人,觉得村里人气旺了一些。"

诚然,影响新农民群体乡村社区归属感的因素很多,不仅有来自日常生活中的现实满意度,而且还有对乡村社区未来预期满意度。无疑乡村的发展前景和未来预期满意度是最根本因素。这是新农民群体理性思维的结果。农村要发展,人才尤其是年轻人是最关键的因素。只有保证留住年轻人,农村才有发展的未来,新农民群体的乡村社区归属感才能够进一步提高。

第二,新农民的新媒体空间参与时长与新媒体空间信任度与其乡村社区归属感之间有着显著的正向相关关系。新农民的乡村社区归属感还往往体现在人们因长期生活在同一地域而形成的相互联系、密不可分的关系上,这个关系的形成过程中,网络新媒体交流空间起到了关键作用。正如F08号受访者所言:

"2015年他们村土地流转时,我得到了这个消息,我就来承包了。他们书记当时就把我拉到他们村群里了,你看这个群里接近三百人了。其实我当时并不想进他们村的群,因为我觉得我只是一个外来包地的,我只投资赚钱就好了。再一个,他们村里的事,你作为一个外人也不好多说什么,所以我也很少发言,只是看看听听。但是当时承包合同写了,我的园区要用人必须优先找他们村的人,我觉得也算合理,毕竟他们把地流转了,自己没有地种,来我这里干点活赚点钱补贴家用也不错。书记说,你加到群里,用人时在群里说一下,有愿意来的就招呼一声,我觉得这样很方便就同意加入了。一转眼来这里五六年了,我这几百亩古桩月季园和农家乐也都发展起来了。在这个群里也五六年了,这个群里的人,我几乎都认识了,能把名字和人对上号。他们村的这个群是很活跃的,每天都有人发言,这事那事,鸡毛蒜皮都有。现在每天浏览他们村微信群的信息成为我的一个乐趣,只要闲下来,打开手机,就会去浏览,感觉他们村这些人挺有趣的。我现在几乎觉得自己和他们都是一个村的了。"

F08号受访者已经养成了"每天浏览他们村微信群"的习惯了。一个人习惯养成往往需要很长的时间,一旦形成也很难改变。F08号受访者在这个村的土地上生产生活了五六年，对这个村子的一切都很熟悉，已经和该村的大环境融为一体，以至于认为"自己和他们都是一个村的了"，产生了强烈的归属感，此谓日久生情。

第三，对"村风土人情"等内容的偏好会对新农民的乡村社区归属感产生正向影响关系。约书亚·梅洛维茨在其著作《消逝的地域：电子媒介对社会行为的影响》一书中，强调媒介不仅是作为信息的渠道，媒介还营造出一种环境，形塑着个人的认知偏好，媒介特性对个人认知的影响起到决定性作用。[①]农村风土人情与乡村社区归属感之间存在着密切的关系。农村风土人情往往代表着乡村地区特有的文化、传统、生活方式以及社会习惯。风土人情是人们在共同的文化背景下建立的，它是形成社区共同体的基础。通过与邻居、亲朋好友的交往和微信等新媒体平台，深入地了解本地风土人情，新农民能够更好地融入乡村社区，从而形成一定的乡村社区归属感。B01号受访者在来村子投资之前曾有担忧民风民情问题。

"来这里投资前，我和家里人很担心这边村子里的民风民情，主要就是担心碰到比较彪悍的村子。因为我们是投资生态农庄，集采摘、吃喝、玩乐于一体的，投资很大，如果与村民关系搞不好，很难经营。所以投资，我们也要考虑一下人文环境。后来投资之后，书记给我说你们放心，我们村民风非常好。加入他们村的群后，发现他们村民风真的不错，从他们的聊天中就可以发现，村民中戾气很少，大家不会故意找茬。前年的时候，他们村有一家失火了，家被烧光了，书记号召群里的人给他们家捐款，大家都很积极，我也捐了，捐多捐少不说，多少是代表大家的心意，就是说一方有难，八方支援。前年我们这边刮龙卷风，我们农庄破坏比较严重，大风过去后，村里来了不少人帮忙清理，真的很感动。现在每年的重大节日如中秋、春节啦，他们村都会有慰问孤寡老人的活动，我都会报名参加，给他们送去米、面、肉等，让他们快乐地过节。我们农庄草莓采摘的时候，我也会给村里每一位六十岁以上的老人送一箱草莓。书记拍照把这些事发到群里，不管是在村里的还是不在村里的，大家都能看得到，都会点赞评论。所以这个村子风气很正，我真的很喜欢这个村子里的人。现在来看，以前的担忧是多余的。"

L03号受访者是一位规模化葡萄种植者，他来村子十多年了，也有自己的

[①] 周勇，何天平：《"自主"的情境：直播与社会互动关系建构的当代再现——对梅罗维茨情境论的再审视》，《国际新闻界》2018年第12期。

直观感受。

"我来这个村种葡萄已经有十多年了。他们村建微信群的时候书记就把我拉进去了。我虽然在里面很少发言,但我一直关注,每天只要空闲的时候,打开微信,先看村微信群里有没有讨论什么事。村群是很活跃的,村民有话都在里面讲。有时候有人需要帮忙了,也在里面说一下,也会有人帮忙。谁家东西丢了,也会在里面讲,看有没有人捡到;夏天涨水的时候,村干部会一再发信息强调家长看好自己的孩子,不要到水里去;春天流感高发季节,村里的医生会发一些预防措施。现在网络诈骗比较多,群里又有人发一些关于防诈骗的知识。虽然有些鸡毛蒜皮,但这就是生活,实实在在的生活。所以我现在比较适应在村里的生活方式,也比较喜欢村里的这种氛围。"

乡村风土人情反映了乡村地区的生活方式和价值观,是属于生活背后深层次的东西。这种生活方式可能与城市有很大的不同,如慢节奏、邻里互助等。B01号受访者是来自城市的投资者,她通过与这种特殊的生活方式相处,通过与村民相互帮助,逐渐形成对其经营所在乡村的认同,由原来的担忧转变为喜欢,在这个过程中,她形成了对所在村庄的归属感。事实上,人们的内心对地域社区一直期望能够获得一种归属感,只是在社会现代化急剧转型期,这种情感在人们内心中所占的比重远不如以往传统社会中那样彰显和突出。

第四,"表达个人意见和看法""增进人际关系"的动机能够对新农民的乡村社区归属感产生正向影响关系。乡村社区作为农民生存发展的现实载体,本质上还是一种社会关系,它依靠居民的交往沟通互动维系。网络媒体的出现,给人们的沟通提供了一种超越时空界限的方式,为不在场的人们沟通带来了极大的便利。人们参与网络虚拟空间交流互动的动机,与在现实社区中一样,都是为了寻求归属感。微信群等新媒体空间存在的价值就为群内成员提供一个交流、互动的平台。群内成员交往互动的次数越多,他们相互之间的情感就会越强烈,他们的亲密关系也就越强固。

"我们村有六个自然村组成,大家住的还是有点远,虽然是一个村,但是有些人确实不熟悉。现在大家都在微信群里,大家都在上面发言,你一言我一语,你给我点赞,我给你转发,人和人之间的关系比以前好多了,以前碰个对面都不会招呼一声。现在不熟悉的人都熟悉了,见了都会招呼一声,这才是一个村的感觉。"

这是F18号受访者基于自己的体会讲的一段话。他正是在参与微信群内的互动过程当中,逐渐产生了"这才是一个村的感觉",这种感觉其实就是对乡村社区的认同感以及归属感。

L03号受访者是一位水蜜桃种植园的新农民,在谈到关心村里事务时曾说:

"我以前跑过运输,也承包过工程,几乎常年不在村里。我对我们村里的事情基本不关心,那时也没有智能手机,想关心也没办法。有时给家里人打电话,家里人说说村里的这事那事,算是知道了解一点。现在好了,我们村有两个微信群,一个全体村民群,一个乡贤群,我都在里面,还有一个微信公众号。想了解村里的事情,太方便了。很多事情都发到公众号上,可以直接打开看看;也有很多事情在微信群里讨论,也可以参与讨论一下。我现在有事也经常和其他村民、村干部等聊聊,他们也都很热情。另外村里有重大事情要做决定的时候,也会发到乡贤群里,征求我们这些人的意见。村干部说我们这些人见多识广,一定要让我们多提提意见。大家都很熟悉,为了村子更好地发展,不管说得对不对,我们一般都是有什么意见就在群里直接说。"

两位受访者的谈话,也印证了一些国内外学者的研究结论,如丘海雄通过对广州、香港两地居民的研究也发现,居民在社区内的人际关系与其社区归属感有着显著的正向相关关系。[1] 单菁菁也认为居民的人际关系与社区归属感的形成存在正相关的关系。[2] 对此,卡萨达和贾诺威茨也有经典论述,他们认为居民在社区内建立起来的社会关系:亲情、友情以及更广泛的人际关系有助于社区归属感的增加,"这些关系一旦建立就会增强人们的社区归属感。"[3]格尔森对此也持同样观点,他认为,人们在社区内的社会关系,如是否与亲戚、朋友居住在同一个社区内、是否与邻居亲密往来等,会影响到这个人是否愿意居住或离开这个社区。[4]

综上所述,借助村庄微信群等新媒体进行网络公共交往已经成为新农民日常生活中的一部分。吴理财认为,"农村社区认同建立在社区居民的互动

---

[1] 丘海雄:《社区归属感——香港与广州的个案比较研究》,《中山大学学报(哲学社会科学版)》1989年第2期。

[2] 单菁菁:《社区归属感与社区满意度》《城市问题》2008年第3期。

[3] Kasarda, John and Janowitz, Morris, "Community Attachment in MassSociety." American Sociological Review, 39, 1974.

[4] Gerson, Kathleen, "Attachment to Place.", in Fischer Claude S., Networks and Places. The Free Press, 1977.

基础之上,没有一定的互动不可能形成社区认同"。① 在各个村庄微信群中,新农民与村民们进行日常闲聊、共享信息、分享趣事、守望相助以及参与村庄公共事务的讨论,背后体现着丰富的熟人文化和人情伦理,正是通过这些互动行为建构和维系自己的社会网络。通过网络公共交往,疏离的人际关系得以改善,淡化的乡村认同得以重建,包括新农民在内的全体村民的乡村社区归属感得以增强。

---

① 吴理财:《农村社区认同与农民行动逻辑——对新农村建设的一些思考》,《经济社会体制比较》2011年第3期。

第七章　基于新媒体空间的新农民群体乡村社区认同感提升策略

随着网络新媒体在乡村的普及,新媒体表现出了强大的社会建构作用。童兵教授认为,"大众媒介特别是新兴媒介正在超越信息交流的初始功能,开始成为一种强大的社会力量,影响着人们的政治生活和社会价值观,重构人们的日常生活、情感世界和社会意识形态。媒介化,已经成为当代中国重要的推动力量"。[①] 在农村"互联网日益成为驱动乡村振兴发展的先导力量,正解构着传统的乡村传播结构,一个由互联网建构的媒介框架逐渐形成"。[②] 在农村当下,网络新媒体不仅仅是传播工具,更是一种组织手段和话语权力。新媒体冲击下的乡村传播破除了传统乡村社会传播中的差序格局,乡村社会新媒体传播的"去中心化"使得乡村传播体系趋向扁平化。乡村公共空间是形成公共舆论、增进公共参与、培养公共精神的重要载体,与乡村社区认同建构关系密切。借助网络新媒体再造乡村虚拟公共空间,将逐渐"离散化""原子化"的村民重新聚合起来具有可行性。因此,以乡村虚拟公共空间为平台,发挥其形塑乡村社区认同的作用机制,是增强新农民群体乡村社区认同感的重要路径。

一、依托新媒体空间打造乡村虚拟共同体

"共同体"一词最早是由德国社会学家滕尼斯在其《共同体与社会》提出。滕尼斯用"共同体"和"社会"这两个词来描述两种不同的社会关系和社会形态。滕尼斯认为共同体是"一种原始的、天然状态的,并有机地浑然生长在一起的、人的意志的完善的统一体"。[③] 它具有不同于"社会"的特征:意志类型是本质意志-情感动机型,意志取向是整体意志,行动方式是传统的行动,互动

[①] 童兵:《马克思主义新闻观与媒介化社会》,《当代传播》2016年第6期。
[②] 陈洪友:《从差序格局到新媒介框架:我国乡村传播结构转型的考察》,《编辑之友》2020年第9期。
[③] [德]斐迪南·滕尼斯:《共同体与社会纯粹社会学的基本概念》,林荣远译,北京:北京大学出版社,2010年,第48页。

表现是本地网络且呈现密集型,生活范围是家庭、乡村或城镇,维护手段是和睦感情、伦理和宗教,结合性质是有机的方式。① 这些特征描述了共同体温馨而舒适的一面。在英国学者鲍曼看来,"'共同体'之所以会给人以不错的感觉,那是因为这个词所表达出来的含义——它所传递出的含义都预示着快乐,而且这种快乐通常是我们想要去经历和体验,但看起来又可能是因为没有而感到遗憾的快乐"。② 简而言之,"共同体"以传统、习惯和情感为纽带而联结,与"社会"以契约、理性和个人利益为纽带的联结是根本不同的。在中国传统的农村社区确实曾经是"共同体"的典型代表,人们之间的交往是基于长久的友情、家族和邻里之间的关系。这种关系是以地缘、血缘、业缘为纽带,具有很强的稳定性。在这种社会里,人们相互认识,相互信任,深厚的情感是彼此之间联系的纽带。但随着现代化、城市化和农村劳动力的流动,这种传统的熟人关系受到了挑战。温情脉脉的人际关系消失了,村民"个体化""私利化"现象的凸显。村民之间内在关联度逐渐降低,"熟人社会"向"半熟人社会"转变。因此要构建新乡村共同体,必须使农民走出"个体化"状态,进入互联互通的公共空间。

随着智能手机在乡村社会的普及,村民之间沟通与交流的渠道朝着虚拟化方向发展。微信等社交媒体嵌入乡村社会成为了推动村民摆脱"个体化",开始相互关联的重要力量。新媒体为农民之间重回互联提供了一个平台,使得在村的农民和那些因为工作、学习或其他原因而离开家乡的人们能够保持高频度的联系。日常的信息接发是村民维护相互之间关系的最直接方式。关系是实践过程中意义呈现的过程,只有把关系放在动态实践过程中才能达成意义的生成。③ 那些看似琐碎的无意义的交流沟通实际上是村民之间保持联系的最好纽带。微信朋友圈分享也是村民之间保持联系的重要方式,在村的村民分享日常生活的点点滴滴、家乡趣事和变化等大事小情,容易引起在外村民的关注。在外务工村民分享的精彩瞬间和新奇趣事,也容易引起在村村民的好奇、交流和互动。由此,一个虚拟化交流互动场景被营造出来,不同的观点和看法在网络空间中碰撞融合。社区认同建立在社区居民的互动基

---

① 贾春增:《外国社会学史》(修订本),北京:中国人民大学出版社,2000年,第69页。
② [美]齐格蒙特·鲍曼:《共同体》,欧阳景根译,南京:江苏人民出版社,2003年,第2页。
③ 郭明:《虚拟型公共空间与乡村共同体再造》,《华南农业大学学报(社会科学版)》2019年第6期。

础之上,没有一定的互动不可能形成社区认同。① 不可否认,这种线上互动过程和形式能够为现代农村社区的共同体意识注入了新的生命力。

总之,网络通信技术的发展和社交新媒体的普及,为村民们重构了不同于传统实体公共交往的虚拟空间。它在很大程度上,便利了村民的公共交流,密切了社会交往,增强了社会关联,使得以往的乡村社会的亲密关系得以重建,乡村共同体得以维系,这将极大地提升村民的乡村社区认同感。

二、通过新媒体畅通有序参与提升乡村社区归属感

村民社区参与是指"农民群众通过参与社区公共生活,影响社区公共权力运作,分享社区建设成果的行为和过程"。② 社区参与与社区认同是相互强化和相互影响的。在吴理财看来,"社区认同减弱导致社区参与不足同时社区参与不足也将进一步削弱人们的社区认同。"③"社区认同和归属感的培养有赖于广泛积极的社区参与。很难想象一个对社区事务漠不关心的群体会对社区产生认同感。因为村民积极参与社区活动,就可能十分珍视自己参与所取得的成果,从而更加关心社区事务,增强对乡村社区的认同感。"④调动包括新农民在内的全体村民参与社区事务,是培育村民对社区形成认同的直接抓手。特别是新农民群体,只有最大限度地调动新农民群体参与乡村社区管理工作,使他们感受他们就是社区的一分子,他们对乡村社区的认同感才会不断地提升,社区才可以达到真正的融合与发展,乡村振兴战略才能真正落地。

乡村网络新媒体的发展为村民提供了全新的参与通道。通过新媒体平台村民可以独立地表达对社区公共事务的态度,可以提出与回应议题。网络虚拟社区参与成为村民重要的参与手段和参与场域。有学者通过对西部一个农村的互联网治理实践观察得出了结论,认为移动互联网公共平台构建了

---

① 吴理财:《农村社区认同与农民行为逻辑——对新农村建设的一些思考》,《经济社会体制比较》,2011年第3期。
② 项继权:《中国村民的公共参与——南街、向高、方家泉三村的考察分析》,《中国农村观察》1998年第2期。
③ 吴理财:《农村社区认同与农民行为逻辑——对新农村建设的一些思考》,《经济社会体制比较》,2011年第3期。
④ 吴欢双:《乡村社区公共空间的重建与社区认同——以广西百色右江区濑浩屯为例》,广西民族大学硕士论文,2010年。

村民互动交往的网络公共空间,借助网络空间村民公共生活得以复兴、村民共同参与书写乡村集体记忆、共同参与乡村公共文化建设,均对建构新型乡村社区认同起到了重要作用。[①] 网络参与具有规模化、便捷化和高效化的优势,乡村社区基层组织应该积极主动地把网络参与与现实参与对接起来,充分利用网络参与和现实参与的优势以满足村民多元化的参与需求。为此,社区基层组织管理人员首先应该积极搭建网络参与平台如微信群、QQ群、各类论坛等,以平台为载体吸纳包括新农民、乡村精英、在村村民、在外务工人员、各类乡贤等多元主体,使大家能够为社区公共事务建言献策。其次,要合理规划社区事务板块,将与社区居民切身利益相关的衣食住行、土地流转、社会救助、垃圾处理、公共基础设施维护、道路交通、教育、医疗、文体娱乐等内容归类,依据不同内容设立相应版块,方便大家与交流。同时,要充分利用网络空间,通过信息发布、服务提供、舆论监督、议题设置、沟通连接等方式激发村民参与公共事务的意识。所有关系到乡村社区公共利益的事务都要在群里发布,村民集体先在线上讨论,有了初步结论后村干部再议,形成初步意见或方案后,再发回群里向大家公示。最后新农民等社区精英在社区参与中具有一定的能量,是社区活动参与的主体,社区管理人员要积极引导其发挥正能量的作用,要积极主动向各类社区精英咨询意见。

三、依托新媒体空间文化传播提升新农民群体的乡村社区文化认同感

文化与认同具有非常密切的联系,认同是个体对其自身进行社会定位的重要产物,而文化则是认同的重要媒介。任何认同过程的开展,都离不开文化内容的支撑,任何认同结果的形成,也离不开文化形式的呈现。"一方水土养育一方人",独具特色的乡村文化是培养农民的乡土认同和乡土情感的重要载体。然而,在工业文明和城市文化的冲击下,乡村传统文化衰落了。乡村传统文化的衰落让农民陷入身份认同缺失的普遍焦虑之中,更导致了农民的乡村社区认同危机。

在我国,乡村与城市形成了二元对立的空间。与城市不同,乡村从来都

---

① 牛耀红:《移动传播时代:村民网络公共参与对乡村社区认同的建构——基于甘肃陇南F村的田野调查》,《社会学评论》2017年第1期。

有自己鲜明的文化特色和独特的传播结构。几千年来,包含着崇勤尚俭、孝道传家、诚实守信、民族团结、行善积德、助人为乐、邻里和睦、守望相助等优良美德的乡村文化,世代口耳相传,影响了一代又一代的乡村居民,彰显了我国优秀传统文化的魅力和持久的生命力。乡村文化具有较强的人际黏性和伸缩性能,正是在传统文化的黏合之下乡村社区才得以延续千年之久。在乡村社区遭遇认同危机的当下,只有发挥乡村文化的人际凝聚功能,才能构建以文化为核心的乡村社区认同整合机制。

首先,通过新媒体平台实现对乡村文化的仪式性展演,建构乡村文化的传播仪式。按照詹姆斯·凯瑞的"传播仪式观"的观点,传播是共享文化的过程,社会成员通过分享共同的价值或观念聚集在一起,通过传播建构、维护一个有序的、有意义的文化共同体。[①] 乡村的特有文化习俗不仅是其公共精神和文化空间的符号,更是连接乡村社会情感的纽带。微信等自媒体针对日常生活中某些特定的乡村文化仪式进行的传播,有效连接了过去与现在,打破了时空阻隔,将离散化的农民纳入共同的乡村文化活动中。同时,文化仪式传播过程也是帮助村民找回自我的一个过程,通过仪式性的展演,村民增进了对乡村的情感认同和群体归属,实现乡村文化共同体的重构。[②]

其次,通过新媒体传播建构新农民群体的乡村社区记忆是提升其乡村社区文化认同感的另一条重要路径。乡村社区记忆是指村庄过去的传统对当前乡村社会生活的影响与渗透状态。[③] 乡村集体记忆是权力合法性与乡村民间权威互动的产物,是乡村代际传承、乡村秩序建构、激发村民对乡村的情感的重要纽带,是塑造乡村认同的重要力量。[④] 作为一种典型的社会记忆,乡村社区记忆具有哈布瓦赫所讲的"集体记忆"的特征:"尽管集体记忆是在一个由人们构成的聚合体中存续着,并且从其基础中摄取力量,但也只是作为群体成员的个体才能进行记忆。"[⑤]在前网络社会,乡村社区记忆通常是由乡村精英建构而来,并且通过某些特定的空间或者情境去再现。微信等自媒体平台介入乡村社会,为村民提供了一个全新的建构集体记忆的空间。新空间的

---

① [英]詹姆斯·W·凯瑞:《作为文化的传播》,丁未译,北京:华夏出版社,2005年,第59页。
② 高晓瑜、李开渝:《媒介化时空:县级融媒体重构乡村共同体研究》,《编辑之友》2022年第12期。
③ 曹海林:《村落公共空间演变及其对村庄秩序重构的意义——兼论社会变迁中村庄秩序的生成逻辑》,《天津社会科学》2005年第6期。
④ 郭明:《虚拟型公共空间与乡村共同体再造》,《华南农业大学学报(社会科学版)》2019年第6期。
⑤ [法]莫里斯·哈布瓦赫:《论集体记忆》,毕然、郭金华译,上海:上海人民出版社,2002年,第107页。

出现促使乡村记忆建构的主体由"乡土精英"转为"普通村民",传播形式也从"口耳相传"转变为"线上分享"。用智能手机拍摄或录制的具有文化传承价值的图片和视频发在微信群、微信朋友圈或通过抖音快手等短视频平台进行直播,成为乡村文化呈现传播的主要形式。新媒体空间成了承载社区集体记忆的媒介和平台,乡村社区独特的历史文化、农耕文化、山水文化、创新文化、生活传统等都因村民的积极发掘收集得以在网络平台呈现。乡村社区集体记忆由新媒体传播而生产建构,乡村社区文化由此被共享和认可,村民由此获得了自我肯定与满足的效能感。因此,村民集体记忆的构建,不仅强化了其对乡村文化的认同,也更有利于提升其的乡村社区认同感。

四、依托网络空间培养新农民的乡村社区公共精神

乡村社区居民公共精神主要包括社区共同体观念、集体团队意识、权利义务意识、合作协商意识以及理性妥协的公共态度。这种精神以志愿精神或公益精神为核心,是乡村社区居民自治的重要原则,是乡村社会稳定发展的内生动力。在公共精神的指引下,社区居民对乡村社区公共利益有着较高的关注度,通常能够自觉主动地参与公共事务和活动。然而,当大多数乡村社区农民个人主义不断加强公共精神总体缺失时,村民对公共事务的态度普遍都是持一种"各人自扫门前雪,莫管他人瓦上霜"的冷漠态度,缺乏对乡村公益的关怀和志愿精神,认为乡村社区管理是政府的责任,与自己关系不大,因此乡村居民参与社区事务的积极性就会降低。当人们不再热心参与社区公益事业不再关注公共利益时,人与人之间的陌生化程度不断加剧,居民对乡村社区的情感认同、精神认同也会持续弱化。最终导致"大家都生活在一种来路不明的社会里,在这种社会里,每个个体几乎不从属于某个特定的地方或邻里共同体"。[①]

强化乡村社区的关联,促进村庄社区居民的公共参与是培育乡村社区居民公共精神的主要途径。乡村社区公共精神失落,村民对村庄的公共事务缺乏参与热情,出现这种现象的根本原因之一就是传统公共空间衰败,失去了聚合村民"共同在场"的吸引力。微信等社交媒体的发展为乡村社区公共精神的培育提供了新的空间。首先,依托网络新媒体空间,培育以互助、慈善、

---

① [英]保罗·霍普:《个人主义时代之共同体重建》,沈毅译,杭州:浙江大学出版社,2010年,第5页。

合作、共享为精神内核的良好社区氛围。提升村民对乡村社区的情感是培育社区公共精神的关键环节。为此,社区要广泛开展诸如"社区一家亲,邻里一家人"这样的宣传活动,形成一种互帮互助、邻里和谐、团结友爱的氛围,从而打破社区中人与人之间的隔阂,实现居民情感的社区化。其次,依托网络新媒体空间,社区要邀请处于不同时空背景的乡村各类参与主体通过微信群等各类社交媒体实现对乡村社区公共事务的探讨、协商和辩论,并对村"两委"关于公共事务的决策进行监督。这不仅可以增强乡村社区自治的效能,更激发了社区村民参与社区公共事务的热情,从而为培养乡村社区公共精神奠定基础。再次,依托网络新媒体空间,营造乡村社区公共舆论氛围,培养公共精神。乡村公共舆论是孕育村规民约和道德规范等公共精神的重要载体。在哈贝马斯看来:"本来意义上的公共性是一种民主原则,这倒不是因为有了公共性,每个人一般都能有平等的机会表达其个人倾向、愿望和信念,即意见;而是只有当这些个人意见通过公众批判而变成公众舆论时,公共性才能实现。"[①]新媒体空间参与者的闲言碎语看似琐碎无聊,实则无所不包,既有国家大事,也有东家长西家短,既有对信息的传播也有对村庄人和事的评头论足。这些说长道短聚集沉淀后就成了所谓的"地方性知识",日复一日就形成了公共舆论滋生了公共精神。最后,依托网络新媒体空间,建立一个信息共享与互助平台,鼓励新农民等社区精英在线上平台上分享资源、经验、技能,建立合作关系。同时,在线上平台可以组织各种社会活动和志愿服务,如村容整治、道路维护、义务植树、农产品义卖等,通过参与这些活动,加强农民之间的关联互动,培养他们的社区意识和公共精神。

  网络新媒体在乡村社区治理中的应用,为乡村共同体的重塑提供了理想的实践场域,它不仅能够畅通完善村民社区参与的渠道,更能提升乡村社区治理的效果。借由新媒体空间,在村和出村的所有村民都能"回到乡村",这不仅可以拉近乡村各类参与主体之间的空间距离,还可以使村民产生同时在场的参与感,由此增强乡村社区的凝聚力,提升村民守望相依的社区认同感和归属感。

---

① [德]哈贝马斯:《公共领域的结构转型》,曹卫东译,上海:学林出版社,1999年,第252页。

附录一　调查问卷

新媒体空间参与与乡村社区认同感研究调查问卷

问卷编号＿＿＿＿＿＿＿

您好：

  我们是河海大学的老师和学生，我们正在做一项关于新媒体使用与乡村社区认同感之间关系的课题研究。本次调查是纯学术研究性调查，信息不会用于任何商业用途，问卷采用匿名化方式处理，问题的回答没有对错之分，请您根据自己的感受和态度如实填写。我们对您的信息会严格保密，感谢您的配合和支持！祝您生活愉快！

一、背景资料

1. 您的性别是　　　　　　　　　　　　　　　　　　　　（　　）
    A. 男　　　　　　B. 女
2. 请问您的年龄是　　　　　　　　　　　　　　　　　　（　　）
    A. 30 岁以下　　　B. 31～40 岁　　　C. 41～50 岁
    D. 51～60 岁　　　E. 60 岁以上
3. 请问您的文化程度是　　　　　　　　　　　　　　　　（　　）
    A. 未上过学　　　B. 小学　　　　　C. 初中
    D. 高中/中专　　　E. 大专　　　　　F. 本科及以上
4. 请问您从事规模化农业经营的时长是　　　　　　　　　（　　）
    A. 不满 2 年　　　B. 2～4 年　　　　C. 4～6 年(不含 6 年)
    D. 6～8 年(不含 8 年)　E. 8～10 年(不含 10 年)　F. 10 年及以上
5. 请问您的农业经营年收入是　　　　　　　　　　　　　（　　）
    A. 10 万～30 万元　B. 31～50 万元　　C. 51～70 万元
    D. 71～90 万元　　E. 91 万元以上
6. 请问您来自哪里？　　　　　　　　　　　　　　　　　（　　）
    A. 农村(本村)　　B. 农村(非本村)　　C. 城市

二、新媒体空间参与部分

7. [多选题]请问您平时获取村里相关信息的主要来源是下列哪些渠道？
    A. 村微信群　　　B. 微信朋友圈　　　C. 抖音快手

D. 村公众号　　　　　E. 村QQ群　　　　　F. 村百度贴吧

G. 其他

8. 在过去的一周内,您有几天参与过下列媒体空间中的话题议论?"5"表示每天接触,"1"表示几乎未接触,请您在1~5的数字上打一个"O"来代表您的参与程度。

媒介类型	几乎未接触	接触1~2天	接触3~4天	接触5~6天	每天接触
(1)村微信群	1	2	3	4	5
(2)微信朋友圈	1	2	3	4	5
(3)抖音快手视频	1	2	3	4	5
(4)村公众号	1	2	3	4	5
(5)村QQ群	1	2	3	4	5
(6)村百度贴吧	1	2	3	4	5

9. 请问您平均每天浏览或参与以下媒介空间的时间是多少?"0"表示基本不使用,1~5表示使用时间,请您在0~5的数字上打个"O"来代表您的媒介空间使用时间。

媒介类型	从不使用	0.5小时以内	0.5~1小时	1~2小时	2~3小时	3小时以上
村微信群	0	1	2	3	4	5
微信朋友圈	0	1	2	3	4	5
抖音快手视频	0	1	2	3	4	5
村公众号	0	1	2	3	4	5
村QQ群	0	1	2	3	4	5
村百度贴吧	0	1	2	3	4	5

10. 请问您对下列新媒体空间信息的关注程度如何?1~5表示关注程度,请您在1~5的数字上打个"O"来代表您的关注程度。

信息类型	从不关注	不太关注	一般	比较关注	非常关注
村风土人情	1	2	3	4	5
村政务信息	1	2	3	4	5
村经济信息	1	2	3	4	5
村商务信息	1	2	3	4	5
村邻里杂事	1	2	3	4	5
村文化娱乐	1	2	3	4	5

11. 请问您经常参与媒介空间的动机是什么？[多选题]
   A. 了解村里大事小情　　　　　　B. 了解工作生活信息
   C. 表达个人意见和看法　　　　　D. 增进人际关系
   E. 共享信息　　　　　　　　　　F. 学知识/增长见识
   G. 娱乐消遣　　　　　　　　　　H. 其他

12. 请问您对来源于新媒体空间的新闻或信息的信任度如何？1~5 表示信任程度，请您在 1~5 的数字上打个"O"来代表您的信任程度。

信息来源	很不相信	不太相信	一般	比较相信	非常相信
新媒体空间	1	2	3	4	5

13. 请问您对新媒体空间所传播的内容的满意度程度如何？1~5 表示满意程度，请您在 1~5 的数字上打个"O"来代表您的满意程度。

信息来源	很不满意	不太满意	一般	比较满意	非常满意
新媒体空间	1	2	3	4	5

三、乡村社区认同部分

14. 下表是您对目前您农业经营所在村子的观点的陈述，1~5 表示同意程度，请您在 1~5 的数字上打个"O"来代表您的同意程度。请选择。

项目	很不同意	不同意	一般	同意	十分同意
这个村子的发展对我很重要	1	2	3	4	5
我喜欢这个村及其居民	1	2	3	4	5
我相信这个村会发展得越来越好	1	2	3	4	5
哪怕有机会到更好的地方我也不会搬离这个村	1	2	3	4	5
我愿意为这个村子发展贡献力量	1	2	3	4	5
我可以为村里的荣誉牺牲个人利益	1	2	3	4	5
我对这个村子的事务比较关心	1	2	3	4	5
为了村容村貌我不会乱丢垃圾	1	2	3	4	5
我愿意遵从这个村子的村规民约	1	2	3	4	5
我会无偿为村级事务献计献策	1	2	3	4	5
我会免费为村级事务出工出力	1	2	3	4	5
我愿意参加村里各类人情往来	1	2	3	4	5
我愿意参加村内各种协会的活动	1	2	3	4	5
我经常与乡邻之间交流信息	1	2	3	4	5

15. 下列是关于身份认同的表述,1~5 表示同意程度,请您在 1~5 的数字上打个"O"来代表您的同意程度。请结合自身状况加以选择。

项目	很不同意	不同意	一般	同意	十分同意
我认为我是一个新农民	1	2	3	4	5
别人叫我新农民,我觉得很自豪	1	2	3	4	5
我对新农民群体有很强烈的归属感	1	2	3	4	5
我很喜欢和其他新农民互动交流	1	2	3	4	5
我很乐意参加政府组织的新农民培训	1	2	3	4	5
我很关注国家关于"三农"的政策	1	2	3	4	5
我愿意花费时间去了解有关"三农"的信息	1	2	3	4	5

16. 下列是关于乡村文化认同的表述,1~5 表示同意程度,请您在 1~5 的数字上打个"O"来代表您的同意程度。请结合自身状况加以选择。

项目	很不同意	不同意	一般	同意	十分同意
我非常了解村里的饮食和风俗习惯	1	2	3	4	5
我非常喜欢听村里的历史故事和传说	1	2	3	4	5
我很喜欢看村里的传统文艺表演	1	2	3	4	5
我很喜欢参加村里的民俗活动和传统节日活动	1	2	3	4	5
我为村里的乡土文化感到自豪与骄傲	1	2	3	4	5
我愿意向别人介绍或宣传村里的乡土文化	1	2	3	4	5
我认为村里的乡土文化应该传承并发展下去	1	2	3	4	5
我愿意为村里乡土文化的传承贡献一份力量	1	2	3	4	5

附录二　访谈提纲

编号_____

您好：

　　我们是河海大学的老师和学生，我们正在做一项关于新媒体使用与乡村社区认同感之间关系的课题研究。本次调查是纯学术研究性调查，信息不会用于任何商业用途，问题的回答没有对错之分，请您根据自己的感受和态度如实回答。我们对您的信息会严格保密，感谢您的配合和支持！祝您生活愉快！

一、被访问人员个人信息部分

姓名		性别	
年龄		文化程度	
身份来源		从业年限	
年收入（万元）			

二、半开放式回答部分

　　1. 您用智能手机几年了？您上网方便吗？

　　2. 您一般什么时候会打开手机或电脑上网？上网主要做什么？

　　4. 您什么时候会打开微信、抖音、QQ等社交媒体？一天大约要登录多少时间？

　　5. 村里有微信群或QQ群吗，您在群里吗？您一般怎么和群里其他人聊天？聊什么？

　　5. 您会很关心群里讨论的哪些事情？

　　6. 您觉得微信群等对您了解村子重要吗？

　　7. 您喜欢目前所在的村子吗？过去的一年您参加过多少次村里的集体活动？

　　8. 您觉得农村的发展前景如何？如果需要您免费为村子做些事情，您愿意吗？

　　9. 您喜欢"新农民"这个称呼吗？您愿不愿意让别人知道您的新农民身份？

　　10. 您喜欢这里的乡土文化吗？您愿意向别人介绍这个村的乡土文化吗？

　　11. 您的后续发展规划是什么？工作（扩大投资？改行？），生活（进城买房，继续住村里）

附录三 被访人员基本信息

编号	姓名(化名)	性别	年龄	从事农业类别
B01	THY	女	38	家庭农场(生产、体验、采摘、休闲、观光、餐饮)
B02	LB	男	39	生态农场(西兰花规模化种植,葡萄采摘)
B03	SYT	男	54	生态农业(稻虾混养、草莓采摘)
B04	HDL	男	40	花卉种植(蝴蝶兰)
B05	XJL	男	44	中药种植
B06	XSG	男	46	生态农业(生产、采摘)
B07	WTF	男	44	家庭农场(生产、采摘)
D01	XRS	男	53	现代农业创意园农技人员
S01	BFY	男	46	现代高效农业
L01	ZJW	男	39	草莓主题园(生产、体验、采摘、休闲、观光、餐饮)
L02	ZB	男	46	葡萄庄园
L03	TJS	男	34	水蜜桃创意园
X01	ZSF	男	45	绿色农业
X02	ZCJ	男	48	绿色农业
F01	WDH	男	40	甘薯种植(生产、体验、休闲)
F02	XJC	男	54	脆枣种植
F03	WMJ	男	56	家庭农场(脆枣、水蜜桃、丰水梨、山楂等采摘)
F04	YPZ	男	58	脆枣种植
F05	XPT	男	50	葡萄种植
F06	ZQM	男	60	葡萄种植
F07	LYQ	男	51	葡萄种植(采摘)
F08	GYJ	男	46	古桩月季种植(生产、休闲、观光、餐饮)
F09	MHT	男	40	猕猴桃种植
F10	CL	男	58	脆藕种植
F11	ZRD	男	36	烟叶种植
F12	ZTX	男	54	烟叶种植
F13	ZL	男	37	烟叶种植
F14	ZQC	男	62	青椒种植
F15	ZQC	男	54	烟叶种植

续表

编号	姓名(化名)	性别	年龄	从事农业类别
F16	LRF	男	43	家庭农场(采摘、观光、休闲、餐饮)
F17	LYZ	男	42	草莓种植(采摘)
F18	CGH	男	40	甜樱桃(采摘)
F19	RQM	女	47	家庭农场(生产、体验、采摘、休闲、观光、餐饮)
F20	QGH	男	40	家庭农场(生产、采摘)
F21	ZQ	男	29	植保服务(无人机农药喷洒)

附录四　农业规模化标准

摘录自《第三次全国农业普查主要数据公报(第一号)》

规模农业经营户:规模农业经营户指具有较大农业经营规模,以商品化经营为主的农业经营户。规模化标准为:

1. 种植业:一年一熟制地区露地种植农作物的土地达到100亩及以上、一年二熟及以上地区露地种植农作物的土地达到50亩及以上、设施农业的设施占地面积25亩及以上。

2. 畜牧业:生猪年出栏200头及以上;肉牛年出栏20头及以上;奶牛存栏20头及以上;羊年出栏100只及以上;肉鸡、肉鸭年出栏10 000只及以上;蛋鸡、蛋鸭存栏2 000只及以上;鹅年出栏1 000只及以上。

3. 林业:经营林地面积达到500亩及以上。

4. 渔业:淡水或海水养殖面积达到50亩及以上;长度24米的捕捞机动船1艘及以上;长度12米的捕捞机动船2艘及以上;其他方式的渔业经营收入30万元及以上。

5. 农林牧渔服务业:对本户以外提供农林牧渔服务的经营性收入达到10万元及以上。

6. 其他:上述任一条件达不到,但全年农林牧渔业各类农产品销售总额达到10万元及以上的农业经营户,如各类特色种植业、养殖业大户等。

参考文献

一、中文著作

1. 邓建国.强大的弱连接:中国 Web 2.0 网络使用行为与网民社会资本关系研究[M].上海:复旦大学出版社,2011.
2. 丁未.流动的家园:"攸县的哥村"社区传播与身份共同体研究[M].北京:社会科学文献出版社,2014.
3. 费孝通.乡土中国[M].北京:生活·读书·新知三联书店,2013.
4. 管健.身份污名与认同融合——城市代际移民的社会表征研究[M].北京:社会科学文献出版社,2012.
5. 郭星华,等.漂泊与寻根:流动人口的社会认同研究[M].北京:中国人民大学出版社,2011.
6. 贺雪峰.乡村治理与秩序[M].武汉:华中师范大学出版社,2003.
7. 贺雪峰.新乡土中国:转型期乡村社会调查笔记[M].桂林:广西师范大学出版社,2003.
8. 胡群英.社会共同体的公共性建构[M].北京:知识产权出版社,2013.
9. 贾春增.外国社会学史(修订本)[M].北京:中国人民大学出版社,2000.
10. 蒋宏,徐剑.新媒体导论[M].上海:上海交通大学出版社,2006.
11. 雷开春.城市新移民的社会认同——感性依恋与理性策略[M].上海:上海社会科学院出版社 2011.
12. 李翠玲.社区归来——一个珠三角村庄的公共生活与社区再造[M].北京:中国社会科学出版社,2015.
13. 李友梅,肖瑛,黄晓春.社会认同:一种结构视野的分析[M].上海:上海人民出版社,格致出版社,2007.
14. 李智超.乡村社区认同与公共事务治理——基于社会网络的视角[M].北京:中国社会科学出版社,2019.
15. 梁丽萍.中国人的宗教心理——宗教认同的理论分析与实证研究[M].北京:社会科学文献出版社,2004.
16. 农业农村部科技教育司,中央农业广播电视学校.2016 年全国新型职业农民发展报告[M].北京:中国农业出版社,2017.
17. 农业农村部科技教育司,中央农业广播电视学校.2022 年全国高素质农民发展报告

[M].北京:中国农业出版社,2022.

18. 农业农村部科技教育司,中央农业广播电视学校.2019年高素质农民发展报告[M].北京:中国农业出版社,2019.

19. 农业农村部科技教育司,中央农业广播电视学校.2018年全国新型职业农民发展报告[M].北京:中国农业出版社,2018.

20. 童星.交往、适应与融合:一项关于流动农民和失地农民的比较研究[M].北京:社会科学文献出版社,2010.

21. 王斌.社区传播论:新媒体赋权下的居民社区沟通机制[M].北京:中国人民大学出版社,2017.

22. 吴理财,等.公共性的消解与重建[M].北京:知识产权出版社,2014.

23. 吴亦明.现代社区工作——一个专业社会工作的领域[M].上海:上海人民出版社,2003.

24. 吴莹.社区何以可能:芳雅家园的邻里生活[M].北京:中国社会科学出版社,2015.

25. 项继权.集体经济背景下的乡村治理[M].武汉:华中师范大学出版,2002.

26. 谢静.传播的社区:社区构成与组织的传播研究[M].上海:复旦大学出版社,2013.

27. 徐勇.国家化、农民性与乡村整合[M].南京:江苏人民出版社,2019.

28. 徐勇.现代国家乡土社会与制度建构[M].北京:中国物资出版社,2009.

29. 阎云翔.私人生活的变革:一个中国村庄里的爱情、家庭与亲密关系:1949—1999[M].龚小夏,译.上海:上海书店出版社,2006.

30. 袁潇.数字边际人:新生代农民工的手机使用和社会认同[M].北京:社会科学文献出版社,2019.

31. 于燕燕.社区自治与政府职能转变[M].北京:中国社会出版社,2005.

32. 张静.现代公共规则与乡村社会[M].上海:上海书店出版社,2006.

33. 张良.乡村社会的个体化与公共性建构[M].北京:中国社会科学出版社,2017.

34. 张荣.互联网时代的社会认同整合机制研究[M].北京:人民出版社,2018.

35. 郑杭生,李路路.当代中国城市社会结构[M].北京:中国人民大学出版社,2004.

36. 郑晓云.文化认同与文化变迁[M].北京:中国社会科学出版社,1992.

37. 周晓虹.传统与变迁——江浙农民的社会心理及其现代以来的嬗变[M].北京:生活·读书·新知三联书店,1998.

38. 刘燕.媒介认同论:传播科技与社会影响互动研究[M].北京:中国传媒大学出版社,2010.

39. [德]斐迪南·滕尼斯.共同体与社会:纯粹社会学的基本概念[M].林荣远译.北京:商务印书馆,1999.

40. [德]哈贝马斯.公共领域的结构转型[M].曹卫东,等译.上海:学林出版社,2004.

41. [法]莫里斯·哈布瓦赫.论集体记忆[M].毕然,郭金华,译.上海:上海人民出版社,2002.

42. [荷]简·梵·迪克.网络社会:新媒体的社会层面[M].蔡静,译.北京:清华大学出版社,2014.

43. [加]查尔斯·泰勒.承认的政治:身份认同与公共文化[M].陈清侨,译.香港:牛津大学出版社,1997.

44. [加]查尔斯·泰勒.现代性的隐忧[M].程炼,译.北京:中央编译出版社,2001.

45. [加]戴维·克劳利.传播的历史:技术、文化和社会[M].董路,等译.北京:北京大学出版社,2011.

46. [加]赫伯特·马歇尔·麦克卢汉.理解媒介:论人的延伸[M].何道宽,译.北京:商务印书馆,2000.

47. [美]本尼迪克特·安德森.想象的共同体:民族主义的起源与散布[M].吴叡人译.上海:上海人民出版社,2011.

48. [美]查尔斯·蒂利.身份、边界与社会联系[M].谢岳,译.上海:上海人民出版社,2008.

49. [美]查尔斯·泰勒.自我的根源:现代认同的形成[M].韩震,等译.南京:译林出版社,2001.

50. [美]道格拉斯·凯尔纳.媒体文化——介于现代与后现代之间的文化研究、认同性与政治[M].丁宁,译.北京:商务印书馆,2012.

51. [美]罗伯特·帕特南.独自打保龄:美国社区的衰落与复兴[M].刘波,译.北京:北京大学出版社,2011.

52. [美]曼纽尔·卡斯特.认同的力量[M].夏铸九,黄丽玲,等译.北京:社会科学文献出版社,2003.

53. [美]曼纽尔·卡斯特.网络社会:跨文化的视角[M].周凯,译.北京:社会科学文献出版社,2009.

54. [美]曼纽尔·卡斯特.网络星河:对互联网、商业和社会的反思[M].郑波,武炜,译.北京:社会科学文献出版社,2007.

55. [美]曼纽尔·卡斯特.网络社会的崛起[M].夏铸九,王志宏,等译.北京:社会科学文献出版社,2001.

56. [英]安东尼·吉登斯.现代性与自我认同:现代晚期的自我与社会[M].赵旭东,方文译.北京:生活,读书,新知三联书店,1998.

57. [英]戴维·莫利,凯文·罗宾斯.认同的空间——全球媒介、电子世界景观和文化边界[M].司艳,译.南京:南京大学出版社,2001.

58. [英]齐格蒙特·鲍曼.共同体[M].欧阳景根,译.南京:江苏人民出版社,2007.

59. [英]詹姆斯·W·凯瑞.作为文化的传播[M].丁未,译.北京:华夏出版社,2005.

二、中文论文

1. 曹海林.村落公共空间:透视乡村社会秩序生成和重构的一个分析视角[J].天府新论,2005(4).
2. 曹海林.村落公共空间演变及其对村庄秩序重构的意义——兼论社会变迁中村庄秩序的生成逻辑[J].天津社会科学,2005(6).
3. 曹海林.乡村社会变迁中的村落公共空间——以苏北窑村为例考察村庄秩序重构的一项经验研究[J].中国农村观察,2005(6).
4. 常晋芳.从"私民"到"公民":网络空间主体的公共性转向[J].山东社会科学,2013(7).
5. 陈洪友.从差序格局到新媒介框架——我国乡村传播结构转型的考察[J].编辑之友,2020(9).
6. 陈建胜.转型农民的大众媒介使用——基于浙江外前坞村村民的研究[D].南京:南京大学博士学位论文,2012.
7. 陈龙.转帖、书写互动与社交媒体的"议事共同体"重构[J].国际新闻界,2015(10).
8. 陈思和.我往何处去——新文化传统与当代知识分子的文化认同[J].文艺理论研究,1996(3).
9. 陈薇.文化认同到文化自觉——新农村社区文化建设的出路—以C村为例[J].武汉:华中师范大学硕士论文,2010年
10. 陈锡文.把握农村经济结构、农业经营形式和农村社会形态变迁的脉搏[J].开放时代,2012(3).
11. 陈锡文.从农村改革四十年看乡村振兴战略的提出[J].行政管理改革,2018(4).
12. 陈曦影.媒介"镜中我":新生代农民工身份认同研究[D].南京:南京大学硕士毕业论文,2015.
13. 陈映芳."农民工":制度安排与身份认同[J].社会学研究,2005(3).
14. 单菁菁.从社区归属感看中国城市社区建设[J].中国社会科学院研究生院学报,2006(6).
15. 邓志强.网络时代青年的社会认同困境及应对策略[J].中国青年研究,2014(2).
16. 董海军.镜像中的新生代农民工[J].中国青年研究,2006(4).
17. 董磊明.村庄公共空间的萎缩与拓展[J].江苏行政学院学报,2010(5).
18. 杜志雄."新农人"引领中国农业转型的功能值得重视[J].世界农业,2015(9).
19. 方晓红,牛耀红.网络公共空间与乡土公共性再生产[J].编辑之友,2017(3).
20. 高红波.新媒体需求与使用对农民现代化观念影响的实证研究——以河南巩义IPTV农村用户为例[J].新闻与传播研究,2013(7).
21. 高晓瑜,李开渝.媒介化时空:县级融媒体重构乡村共同体研究[J].编辑之友,2022(12).
22. 高岩.公共空间2.0?——Web2.0视角下网络公共空间的转型[J].广西大学学报(哲学社会科学版),2011(5).

23. 郭景萍.社会记忆:一种社会再生产的情感力量[J].学习与实践,2006(1).
24. 郭明.虚拟型公共空间与乡村共同体再造[J].华南农业大学学报(社会科学版),2019(6).
25. 郭星华,李飞.《漂泊与寻根:农民工社会认同的二重性》[J].人口研究,2009(6).
26. 郭星华,邢朝国.社会认同的内在二维图式——以北京市农民工的社会认同研究为例[J].江苏社会科学.2009(4).
27. 韩佳丽,王汉杰."真实农民"的定义提出与政策含义[J].江南大学学报(人文社会科学版),2020(4).
28. 韩耀锋.上海知识型新移民的身份认同研究[D].上海:中共上海市委党校硕士学位论文,2019.
29. 贺雪峰,董磊明,陈柏峰.乡村治理研究的现状与前瞻[J].学习与实践,2007(8).
30. 贺雪峰.乡村治理研究的三大主题[J].社会科学战线,2005(1).
31. 季伟..城市社区认同感的培育—对南通市崇川区学田街道的调查分析[J].社会工作,2008(9).
32. 蒋晓丽,董子铭,曹漪那.新媒体培养大学生核心价值观的交互机制研究[J].湘潭大学学报(哲学社会科学版),2010(5).
33. 金筱萍,陈珉希.乡村振兴视域下乡村文明的价值发现与重构[J].农村经济,2018(7).
34. 康红芹.新型职业农民:概念辨析与内涵新解[J].当代职业教育,2018(5).
35. 孔祥智.改革开放以来国家与农民关系的变化:基于权益视角[J].中国人民大学学报,2018(3).
36. 匡文波."新媒体"概念辨析[J].国际新闻界,2008(6).
37. 雷开春.城市新移民的社会认同研究[D].上海:上海大学博士论文,2008.
38. 李红艳.他者身份与他者想象——乡村传播视角下的农民工与市民传播关系思考[J].新闻界,2010(3).
39. 李辉.网络虚拟交往中的自我认同危机[J].社会科学,2004(6).
40. 李培林.村落终结的社会逻辑——羊城村的故事[J].江苏社会科学,2004(1).
41. 李强.职业共同体:今日中国社会整合之基础——论"杜尔克姆主义"的相关理论[J].学术界,2006(3).
42. 李山.农村公共人:乡村治理的社会基础[J].求实,2015(6).
43. 李天龙,李明德,张志坚.媒介接触对农村青年线下公共事务参与行为影响的实证研究——基于西北四省县(区)农村的调查[J].新闻与传播研究,2015(9).
44. 李炜.论社区归属感的培育[J].东岳论丛.2002(2).
45. 李卫华.新媒体发展与农村社会的新陈代谢[J].河南大学学报(社会科学版),2011(5).
46. 李阳.分化与重建:互联网中等收入群体的社会认同[J].江海学刊,2021(5).
47. 李永萍,杜鹏.乡村庙会的社会整合功能及其实践特征[J].湖南农业大学学报(社会科学版),2016(4).

48. 李友梅.当代中国社会治理转型的经验逻辑[J].中国社会科学,2018(11).

49. 李友梅.重塑身份认同与探索社会自我调适系统[J].探索与争鸣,2007,(2).

50. 李友梅.重塑转型期的社会认同[J].社会学研究,2007(2).

51. 李增元,袁方成.农村社区认同:在管理体制变迁中实现重塑[J].中州学刊,2012(1).

52. 李周.农民流动:70年历史变迁与未来30年展望[J].中国农村观察,2019(5).

53. 栗志强.都市村庄流动人口社区认同状况及成因分析——以郑州市为例[J].郑州轻工业学院学报(社会科学版),2006(2).

54. 刘少杰.网络化时代社会认同的深刻变迁[J].中国人民大学学报,2014(5).

55. 刘守英.乡村振兴战略是对乡村定位的再认定[J].中国乡村发现,2017(6).

56. 刘彦随.中国新时代城乡融合与乡村振兴[J].地理学报,2018(4).

57. 卢璐,许远旺.建构认同:新型农村社区建设与社区意识的生长[J].学习与实践,2012(4).

58. 吕方.再造乡土团结:农村社会组织发展与"新公共性"[J].南开学报.2013(3)

59. 倪国良,张世定.乡村振兴中乡村文化自信的重建[J].新疆社会科学,2018(3).

60. 牛耀红.建构乡村内生秩序的数字"社区公共领域"——一个西部乡村的移动互联网实践[J].新闻与传播研究,2018(4).

61. 牛耀红.媒介再造乡土团结:村民网络公共参与和乡村社会整合——基于一个西部农村的田野调查[J].新媒体与社会,2019(1).

62. 牛耀红.移动传播时代:村民网络公共参与对乡村社区认同的建构——基于甘肃陇南F村的田野调查[J].社会学评论,2017(1).

63. 牛耀红.在场与互训:微信群与乡村秩序维系——基于一个西部农村的考察[J].新闻界,2017(8).

64. 丘海雄.社区归属感——香港与广州的个案比较研究[J].中山大学学报(哲学社会科学版).1989(2).

65. 佘世红.媒介使用与失地农民城市化转型研究——基于广州市谷围新村的调查[D].武汉:武汉大学博士学位论文,2013.

66. 唐斌."双重边缘人":城市农民工自我认同的形成及社会影响[J].中南民族大学学报,2002(22).

67. 唐文玉.社会组织公共性:价值、内涵与生长[J].复旦学报(社会科学版).2015(3).

68. 唐文玉.社会组织公共性的生长困境及其超越[J].上海行政学院学报.2016(1).

69. 田毅鹏.村落过疏化与乡土公共性的重建[J].社会科学战线.2014(6).

70. 童兵.马克思主义新闻观与媒介化社会[J].当代传播,2016(6).

71. 汪波.中国网络公共空间:镜像、异化与理性建构[J].南京农业大学学报(社会科学版),2011(4).

72. 汪向东."新农人"与新农人现象[J].新农业,2014(2).

73. 王斌,刘伟.媒介与社区赋权:语境、路径和挑战[J].国际新闻界,2015(10).

74. 王成兵,吴玉军.虚拟社会与当代认同危机[J].北京师范大学学报(社会科学版),2003(5).

75. 王春光.农村流动人口的"半城市化"问题研究[J].社会学研究,2006(5).

76. 王春光.新生代农村流动人口的社会认同与城乡融合的关系[J].社会学研究,2001(3).

77. 王建民.民族认同浅议[J].中央民族学院学报,1991(2).

78. 王菁.媒介使用如何影响我国大学生微博政治参与——一个以政治心理为中介变量的实证测度[J].新闻与传播研究,2017(07).

79. 王燕.新媒体如何有效"嵌入"农村社会治理[J].人民论坛,2017(31).

80. 王毅杰,倪云鸽.流动农民社会认同现状探析[J].苏州大学学报(哲学社会科学版).2005(2).

81. 王莹.身份认同与身份建构研究评析[J].河南师范大学学报(哲学社会科学版),2008(1).

82. 王玉波.传统的家族认同心理探析[J].历史研究,1988(4).

83. 吴欢欢.乡村社区公共空间的重建与社区认同——以广西百色右江区濑浩屯为例[D].南宁:广西民族大学硕士论文,2010.

84. 吴理财,解胜利.文化治理视角下的乡村文化振兴:价值耦合与体系建构[J].华中农业大学学报(社会科学版),2019(1).

85. 吴理财.论个体化乡村社会的公共性建设[J].探索与争鸣.2014(1).

86. 吴理财.农村社区认同及重构[J].中共天津市委党校学报,2011(3).

87. 吴理财.农村社区认同与农民行为逻辑——对新农村建设的一些思考[J].经济社会体制比较,2011(3).

88. 吴理财.乡村文化"公共性消解"加剧[J].人民论坛,2012(4).

89. 吴理财.乡村文化的"丛林原则"[J].文史博览·理论,2011(8).

90. 吴世文,石义彬.我国受众的媒介接触与其中国文化认同——以武汉市为例的经验研究[J].新闻与传播研究,2014(1).

91. 吴晓林,覃雯.走出"滕尼斯迷思":百年来西方社区概念的建构与理论证成.复旦学报(社会科学版),2022(1).

92. 吴晓燕.从文化建设到社区认同:村改居社区的治理[J].华中师范大学学报(人文社会科学版),2011(5).

93. 吴雪瑞.城乡流动中的媒介表达与身份认同研究——以安徽省安溜村新生代农民工为基本对象[D].昆明:云南师范大学硕士学位论文,2022.

94. 吴毅.公共空间[J].浙江学刊,2022(2).

95. 武中哲,韩清怀.农村社会的公共性变迁与治理模式建构[J].华中农业大学学报(社会科学版),2016(1).

96. 项继权.农村社区建设:社会融合与治理转型[J].社会主义研究,2008(2).

97. 项继权.中国农村社区及共同体的转型与重建[J].华中师范大学学报(人文社会科学版),2009(3).

98. 肖霞.网络青年的自我认同危机及其调适[J].中国青年研究,2014(8).

99. 谢治菊.比较与反思:村民社区参与对社区认同影响之实证研究[J].南京农业大学学报(社会科学版),2012(4).

100. 熊澄宇,廖毅文.新媒体——伊拉克战争中的达摩克利斯之剑[J].中国记者,2003(5).

101. 徐旭初,吴彬.合作社是小农户与现代农业发展有机衔接的理想载体吗?[J].中国农村经济,2018(11).

102. 徐勇.乡村文化振兴与文化供给侧改革[J].东南学术,2018(5).

103. 许浩.培育新型职业农民:路径与举措[J].中国远程教育,2012(11).

104. 杨欣,胡曼曼,于学文.社交网络对沈阳市农民工社区归属感的影响研究[J].农业经济,2022(4).

105. 杨一介.我们需要什么样的农村集体经济组织[J].中国农村观察,2015(5).

106. 姚德薇.论社会认同研究的多学科流变及其启示[J].学术界,2010(8).

107. 应小丽,钱凌燕.非农化背景下乡土公共性的再生产与乡村治理变革[J].浙江师范大学学报(社会科学版),2015(6).

108. 于莎,张天添.技能型社会下高素质农民核心素养:生成机制与培育路径[J].中国职业技术教育.2022(6).

109. 袁振龙.社区认同与社会治安[J].中国人民公安大学学报(社会科学版),2010(4).

110. 张法.主体性、公民社会、公共性——中国改革开放以来思想史上的三个重要观念[J].社会科学.2010(6).

111. 张良.乡村公共空间的衰落与重建——兼论乡村社会整合[J].学习与实践,2013(10).

112. 张荣,刘秀清.互联网时代社会认同的分化与冲突[J].学术探索,2019(12).

113. 张淑华,何秋瑶.媒介化社会与乡村振兴中的新媒体赋权[J].新闻爱好者,2020(12).

114. 张莹瑞,佐斌.社会认同理论及其发展[J].心理科学进展,2006(14).

115. 张咏华.传播基础结构、社区归属感和和谐社会构建——论美国南加州大学大型研究项目"传媒转型"及其对我们的启示[J].新闻与传播研究,2005(2).

116. 张媛.媒介、地理与认同:中国西南地区少数民族国家认同的形成与变迁[D].杭州:浙江大学博士学位论文,2014.

117. 赵宬斐,何花.网络公共空间视域中的公众政治生态及政治品质塑造[J].南京政治学院学报,2016(5).

118. 赵丽芳.西藏、新疆少数民族受众对母语媒介的接触与使用研究[J].中国广播电视学刊,2015(8).

119. 赵霞,杨筱柏.当代中国乡村文化认同的理论外延与路径依赖[J].河北师范大学学报(哲学社会科学版).2013(5).

120. 赵志裕,温静,谭俭邦.身份认同的基本心理历程[J].社会学研究,2005(5).

121. 郑欣.媒介使用动机与文化消费——以江苏省三地城乡居民为对象的考察[J].南京大学学报(哲学·社会科学版),2006(5)

122. 郑永君.农村传统组织的公共性生长与村庄治理[J].南京农业大学学报(社会科学版),2017(2).

123. 周海燕.媒介与集体记忆研究:探讨与反思[J].新闻与传播研究,2014(9).

124. 周明宝.城市滞留型青年农民工的文化适应与身份认同[J].社会,2004(5).

125. 周宪.当前的文化困境与艺术家的角色认同危机[J].文艺理论研究,1994(6).

126. 周晓虹.认同理论:社会学与心理学的分析路径[J].社会科学,2008(4).

127. 周葆华,吕舒宁.上海市新生代农民工新媒体使用与评价的实证研究[J].新闻大学,2011(2).

128. 庄倩.漂泊与栖居:新生代农民工的媒介使用与身份认同研究——以南京熊猫电子厂农民工的民族志调查为例[D].兰州:兰州大学硕士毕业论文,2019.

129. 庄西真.从农民到新型职业农民[J].职教论坛,2015(10).

三、外文文献

1. Barry Wellman, Caroline Haythornthwaite. *The Internet in Everyday Life*. Malden: Blackwell Publishers Ltd, 2002.

2. Brewer M B. The Many Faces of Social Identity: Implication for Political Psychology [J]. Poitical Psychology, 2010(22).

3. Brown R. Social Identity Theory: Past Achievement, Current Problems and Future Challenges[J]. European Journal of Social Psychology, 2000(6).

4. Cara Wallis. Technomobility in China: Young Migrant Women and Mobile Phones[J]. NYU Press, 2020.

5. Cartier C, Castells M, Qiu J L. The Information Have-less: Inequality. Mobility, and Translocal Networks in Chinese Cities[J]. Studies in Comparative International Development, 2005, 40 (2):9-34.

6. Chanler D. Personal Homepape and the Construction of Idenity on the Web[J]. Journal of Sociolinguistics, 1998,10(4):419-438.

7. Cote J E, Charles L. Identity Formation, Agency, and Culture, New Jesey: Lawrence Erlbaum Associates, 2002.

8. Danilova Y, Yadov V. Unstable Social Identity as a Norm in Contemporary Societies [J]. Russian in the Journal SOTSIS, 2004(10).

9. Davis R A. A Cognitive-behavioral model of pathological internet use, Computer in Human Behavior, 2001,17(2).

10. Driskell, Robyn B, Larry Lyon. Are Virtual Communities True Communities Examining the Environments and Elements of Community[J]. City and Community, 2010.
11. Goggin Gerard. Cell phone Culture: Mobile Technology in Eeryday Life [M]. New York: Routledge, 2006.
12. Green N. On the Move: Technology, Mobility, and the Mediation of Social Time and Space [J]. The Information Society, 2002, 18(4):287.
13. Hornsey M J. Social Identity Theory and self-categorization Theory: A History Review [J]. Social and Personality Psychology Compas, 2008(1).
14. Jenkins R, Social Identity. London: Routledge, 1996:3-4.
15. Dijck J V. Digital Photography: Communication, ldentity, Memory[J]. Visual Communication, 2008, 57(7): 63-68.
16. Ling R. The Mobile Connection: The Cell Phone's Impact on Society[J]. San Francisco, CA: Morgan Kaufman Publishers, 2004.
17. Matsuba, Kyle M. Searching for Self and Relationships Online[J]. CyberPsychology & Behavior, 2006, 9(3): 275-284.
18. Mehra B, Merkel C, Bishop A P. The Internet for Empowerment of Minority and Marginalized Users[J]. New Media & Society, 2004, 6(6): 781-802.
19. Mesch, Gustavo S. Social Relationships and Internet Use among Adolescents in Israel [J]. Social Science Quarterly, 2001, 82(2) :2.
20. Motoharu Takao, et al. Addictive Personality and Problematic Mobile Phone Use[J]. Cyber Psychology & Behavior, 2009, 12(5)
21. Reicher S. The Context of Social Identity :Domination, Resistance, and Change[J]. Political Psychology, 2010, 25(6)
22. Tajfel H. Experiments in Intergroup Discrimination[J]. Scientific American, 1970.
23. Tajfel H. Human Groups and Social Categories: Studies in Social Psychology[M]. Cambridge University Press, 1981.
24. Tajfel H, Tumer J C. The Social ldentity Theory of Intergroup Behavior[M]. Psychology of Intergroup Relations(2nd ed.), Nelson-Hall, 1986.

后　记

本书是教育部人文社会科学研究青年基金项目：乡村振兴战略背景下"新农民"群体的新媒体空间参与与乡村社区认同感研究（编号：19YJCZH280）的最终成果。书稿完成之际，思绪万千，研究期间所经的种种波折再次浮现脑海。课题组于课题立项之初就制作了问卷进行了试调研，虽然调研结果有些出乎意料，但进入田野的整个过程非常顺利。正当我们修改问卷准备大规模展开正式调研时，新冠疫情突如其来，席卷中华大地。全国各地迅速进入封控状态，调研无法成行，我们的研究被迫中断。本以为疫情几个月就会过去，不曾料想疫情反反复复，持续三年之久。其间，我们非常焦虑，因为没有调研数据和资料，我们的研究无法开展。为了获得调研数据资料，我们想尽了一切办法。每当疫情稍微向好时，我们便联系样本所在地区的疫情防控部门，试图进入田野接近采访对象。虽然有几次由于交通中断，被迫无功而返，但最终我们还是断断续续地完成了访谈和大部分问卷的发放。

课题调研得以完成，受惠于众人的帮助。首先要感谢盐城市滨海县通榆镇的赵明路副镇长。在朋友的介绍下，从课题的试调研开始，我们就和赵镇长认识了。此后我们又三次去滨海县调研，几乎每次都会去麻烦赵镇长，赵镇长不厌其烦，每次都会热情相迎。他不仅帮我们联系了他们镇的多位访谈对象，还给我们联系上了县农业干部学校的老师。老师们常年负责对新农民进行培训，他们掌握有本县的新农民资料和联系方式，由此我们的调研一下子就打开了局面。更难能可贵的是，农业干部学校的老师不仅帮我们把网络问卷通过微信推送给样本，还热心地把我们的问卷拿到培训课堂直接分发给的样本填写。此后，通过滨海县农业干部学校的老师，我们又联系上了射阳县和阜宁县的农技推广老师，他们也非常热心地帮我们推送问卷给本县的样本。以同样的方式，我们又在连云港、徐州和淮安等地的县区发放了一部分的问卷。我们曾经非常担忧的问卷发放难题，似乎一下子就解决了，现在回想起这些，内心还激动不已。在滨海还要感谢县融媒体中心的吕纯军主编。吕主编是一位山东人，他乐于助人，热情好客，为人爽快，曾亲自带领我们调研小组去与访谈对象对接。吕主编在滨海宣传部门工作多年，很多的新农民朋友都曾是其做记者时的采访对象，比较熟悉，所以对接起来非常方便。有了吕主编的大力协助，我们调研小组非常顺利地完成了在滨海的访谈任务。

在山东临沂和枣庄两地的调研也算顺利，在临沂费县新庄镇我们联系到在镇政府工作的王雪主任和驻村的薛聚才书记。王雪主任把我们的问卷推送给了各村的网格员，网格员按照我们的要求推送给了样本户。薛书记既是村干部，又是一位新农民，个人承包了村里50亩山地种植脆枣。新品种新技术都是先在他的枣园试种试用，成功了，免费就推广，不成功，个人承担损失。大公无私的薛书记，堪称振兴乡村的表率。薛书记不仅接受了我们的访谈，还给我们介绍了周边村里的其他新农民接受我们的访谈，他热情真诚的帮助让我们无比感动。

还要特别感谢访谈对象费县金满田地瓜专业种植合作社负责人（董事长）小吴。小吴是响应国家号召返乡创业者。他经营甘薯秧苗繁育和甘薯种植，因规模巨大，被同学朋友戏称"超级大地主"。小吴非常健谈，用他自己的话说是由于经常接受媒体采访锻炼出来的。从创业史到未来规划，小吴和我们聊了近两个小时。我们感叹他创业时的艰辛和不易，同时又惊叹他面向未来的规划和蓝图。采访完毕，时近中午，小吴又邀请我们一起到镇上饭店吃了午饭。离开时，看着繁育基地一排排的温室大棚和一望无际的平整待种的高效农田，我们不仅感慨：农村广阔天地，大有可为，乡村振兴，未来可期。

还有很多需要感谢的"新农民"朋友，如滨海家庭农场的唐女士、古桩月季园王经理、柱子村家庭农场负责人王先生等等，谢谢你们抽出时间接受我们的采访。

感谢上海交通大学的刘锐师姐和山东政法学院的翟真师姐，他们一直关心着课题的进展，并多次给予指导和鼓励。感谢我所指导的研究生苑晓英、张雅捷、解彩妮、傅晓芳、高丽娜、杨帆、徐琪斐，他们在课题调研、资料收集、论文发表和本书写作过程中付出了很多。

最后，要感谢我的家人，我岳母承担起了一家人饮食和照顾两个孩子的责任，非常辛苦；我爱人在辛苦的工作之余还能把家打理得井井有条，实属难得。正是你们的辛苦付出，使我免除了后顾之忧，谢谢你们。

2023年8月10日
河海大学江宁校区厚学楼